图书在版编目（CIP）数据

大运河（扬州段）保护与发展 / 相秉军，王佳编著 .
上海：同济大学出版社，2023.3
ISBN 978-7-5765-0534-4

Ⅰ . ①大… Ⅱ . ①相… ②王… Ⅲ . ①大运河—文化
遗产—保护—研究—扬州 Ⅳ . ① K928.42

中国版本图书馆 CIP 数据核字（2022）第 241634 号

清华同衡系列专著

大运河（扬州段）保护与发展

著　　作　相秉军　王　佳
责任编辑：陈立群（clq8384@126.com）
装帧设计：景嵘设计
电脑制作：朱丹天
责任校对：徐春莲

出版发行：同济大学出版社
地　　址：上海市杨浦区四平路 1239 号
电　　话：021-65985622
邮政编码：200092
网　　址：www.tongjipress.com.cn
经　　销：全国各地新华书店
印　　刷：上海锦良印刷厂
成品尺寸：188mm × 260mm　176 面
字　　数：229 000
版　　次：2023 年 3 月第 1 版
印　　次：2023 年 3 月第 1 次印刷
书　　号：ISBN 978-7-5765-0534-4
定　　价：98.00 元

大运河（扬州段）保护与发展

相秉军　王　佳　编著

同济大学出版社・上海

项目指导

尹　稚

编写组

相秉军　王　佳　狄文莉　柳　青　马双全　金费婷

项目组

清华同衡：

相秉军　王　佳　马双全　邱晓翔　林凯旋　狄文莉　王　凯

郭永成　柳　青　高浥尘　曹彦斌　李晓晨　屠黄桔　董燕楠

柏　林　杨祝鹏　施　刚　张春叶　许　涛　王　倩　佟　旭

扬　州：

裴东伟　蒋献忠　朱向国　徐莉君　高　魁　张旭明

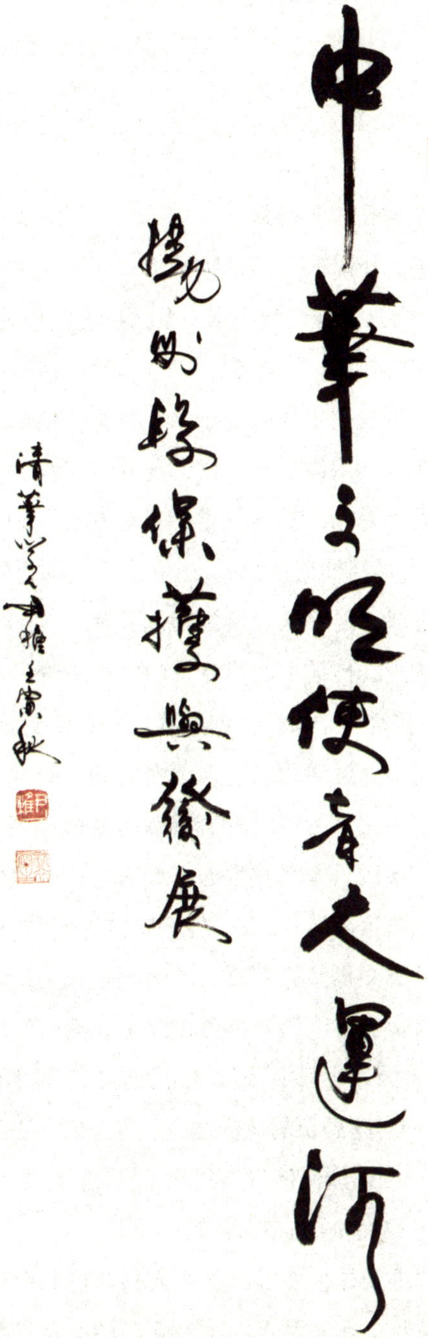
中華文明使者大運河
保護與發展

序　言

尹　稚

本书源于“大运河扬州段文化旅游带概念规划”项目的编制，项目组秉持清华同衡学术研究的传统，“产学研一体”推进，历时两年多汇编成书。正值党的二十大召开之际，书中很多内容现在看来也是对“全面建设社会主义现代化国家、全面推进中华民族伟大复兴”大会主题的响应，体现了清华同衡一直秉持的“家国天下”情怀。

其一，书中第一句话就提到：“生命起源于水，人类文明起源于水，人类的进步与发展都得益于水的哺育滋养。”世界四大文明体系的发源都与水息息相关，唯有中华文明延续至今，并从未间断，这与中华文明坚持海纳百川、兼容并蓄、平等互惠原则，致力“促进世界和平与发展，推动构建人类命运共同体”的大国精神息息相关，这在世界面临百年未有之大变局的时代尤为重要。大运河是中国历史变迁的见证者，是一条流淌的时间长河。正如书中所述，大运河是中华文明的缩影，可以成为“讲好中国故事、传播中国声音”的文化媒介，也将成为“增强中华文明传播力影响力，深化文明交流互鉴，推动中华文化走向世界”的重要文化标识与推动者。

扬州是一座“因运河而生，因运河而兴，因运河而盛”的城市，运河基因在其城市发展历程中不断渗透，也使得扬州对中华文明的传承有着特殊的使命担当。诚如书中所言：“扬州是运河之城，是城河同生共长的杰出案例、人水共生的经典表达；是帝国理政、江河交汇、扼南北咽喉的战略要地；是商业繁华的工商贸港埠、国家经济命脉的经济重心；是水城共生、水绿共融、园林雅致的人居典范；是中外经济文化交流重要见证的国际都会；是南北文化交融，市井生活丰富多彩的文化宝库。”大运河扬州段的价值和特色在整个大运河流域有着特殊的重要地位和特定的历史价值。她是有文字记载的中国大运河中开凿时间最早的运河之一，境内河道涵盖多个历史时期，不断延续、动态发展；也是使用时间最长的运河之一，至今仍在正常使用；是一条承担灌溉、排涝、航运和旅游功能的综合性河道，与两岸经济发展仍联系密切；更是大运河水利工程的关键节点之一，是水利工程技术与管理先进性、独特性的杰出代表。

其二，党的二十大提出“推动绿色发展，促进人与自然和谐共生”。绿色发展道路是宏观战略模式的选择问题，既是全球从工业文明走向生态文明的大背景共识，也有着我国鲜明的国情特征。“中国速度”带来我国经济高速发展的同时，非绿色发展的问题也日益凸显，所以尊重自然，走绿色发展道路是我国迈出的重要一步。大运河作为重要的自然生态要素，其沿线生态治理和环境污染防治工作，不仅对沿线城镇生态环境改善起到重要作用，也对沿线城镇生产空间、生活空间布局产生重大影响。在绿色发展、生态文明理念下，推进大运河国家文化公园建设，使大运河回归城市、回归人民生活，既体现国家对自然生态的重视与价值观转变，也是我国立足大国格局，坚持走可持续发展道路的整体部署。

其三，《河流是部文明史》一书中提到："大约三分之二的世界人口生活在距离大河 20 公里的范围内；大约 84% 的大城市（人口大于 100 万但少于 1000 万）位于一条大河的沿岸地带。"我国众多城市群都是沿黄河、长江流域布局，而南北贯通的大运河，也是串联众多城市群（京津冀城市群、长三角城市群等）的空间线索。我国提出以"城市群、都市圈为依托促进大中小城市和小城镇协调联动、特色发展"的新型城镇化战略，而大运河与沿线众多城镇、乡村的特色发展及空间格局塑造紧密相关。从这个角度看，大运河对推动城乡统筹、完善新型城镇化格局也有着重要影响，同时也是促进区域协调、高质量发展的空间纽带。

大运河是中华文明的缩影，是彰显中国文化自信的重要标识；是中国在新时期走绿色发展，体现生态文明价值观的重要抓手；也是我国新型城镇化格局形成与推动的空间线索。本书对大运河从时间与空间、物质与精神，进行多维度系统总结，包括以大运河扬州段为例做的一些规划实践，是对大运河保护与发展及相关内容的一次有益探索。

清华同衡长三角分院的建设已渐入佳境，产学研结合的步伐越来越快。清华同衡创建二十多年来，一直在努力回答一个非常具有挑战性的问题：高校应当办什么样的产业？怎样办好高校的产业？如何努力，高校的产业才具有未来？所以从政、产、学、研密切结合的角度来说，同衡已走过二十多年，长三角分院也走过了五年。一方面，其国有资产实现稳定增长，无论是在数量还是质量上，有了非常好的提升。另一方面，面向中国的实践，研究真问题的能力有了大幅提升，且研究成果日益精进。也非常欣喜地看到，我们形成了一批面对中国实践的学术成果，开始反哺规划学科教育的发展。同时，从建筑咨询到国家智库，以学术界的敏感和批判精神，同衡参与、倡导、推进利国利民各级政策的实施，也不回避前进中遇到的问题和挑战，以不断自我革命的精神来实践我们创立企业时立下的方针。尤其近两三年来，长三角分院在这方面再上了一个台阶，本书的出版正是这种现象的体现。

唯有积极主动参与国家社会经济发展主战场的生产实践，才能发现和解决真问题；唯有解决真问题才能推动管用、够用、好用的科技创新和理论积淀，才能产生植根中国大地的真学问和富有真知灼见的政策建言。善于解决真问题才能选对正确的科研方向，推动技术科学进步，才能使产学研有源头活水。而善于总结积累才能使学术与日俱进而不崇高洋泥古，立足中国实践的丰厚的产学研积淀才能产生好用、管用、够用的政策建言和卓越洞见。"以学兴产，以产促研，产研助学，研产辅政"这条路清华同衡坚守了 20 余年，还将继续坚守下去，这才是高校办企业的核心意义所在。

目　录

上 篇 · 运河与文明

从文明的角度，探索运河与人类发展的紧密联系；通过中国大运河的历史变迁及其历史价值，阐述大运河对中华文明及世界文明的重要意义；并结合中国对于大运河遗产保护利用的工作思路，希望能构建运河保护治理的中国样板。

第一章 人类文明的运河渊源

一、人类文明与自然河流

生命起源于水，人类文明起源于水，人类的进步与发展都得益于水的哺育滋养。自古以来，水与人类的生存和栖息密切相关，人类最早的定居者需要用水来灌溉植物，又需要驾驶小船通过自然河流出行来进行商品交换，因此他们总是逐水而居。水对于人类的农业生产、城市建设、经济发展和文明进步有着深远的影响，世界上几乎所有的国家和民族甚至每个城市都把自己土地上流淌的河流比作自己的母亲，正是这些河流孕育了那里的生命、城市和文明，成为不同文化的发祥之地，繁衍出灿烂的人类文明。

在非洲东北部，气候干燥炎热，沙漠广布，六千多公里的尼罗河，由南至北流经撒哈拉大沙漠后注入地中海。发源于非洲屋脊埃塞俄比亚高原的青尼罗河，在夏季，上游降水充足，河水水量大、流速急，两岸大量泥沙和有机物顺流而下进入下游平原，沉积在两岸的低地，形成了广阔的尼罗河三角洲平原。此外，河水定期泛滥使河谷地带和河口三角洲淤积了肥沃的土壤，为古埃及人的生产与生活提供了可靠保障，孕育了辉煌的古埃及文明。

在亚洲西部，发源于安纳托利亚高原的底格里斯河和幼发拉底河沿途不断接纳融雪、山泉和各条支流的补给，形成浩荡的大河，冲出高原，蜿蜒于辽阔的平原之上，几经曲折注入波斯湾。正是两河丰富的水量，滋润了平原大地，带来丰富的植物营养，形成得天独厚的自然环境，动植物得以繁衍生息，养育了苏美尔人，在美索不达米亚平原创造了灿烂的古巴比伦文明。

在亚洲南部，发源于冈底斯山以西的印度河，向西流经塔尔沙漠注入阿拉伯海，这条以水流变化为显著特征的大河，每年都有两次涨水期，而这两个时期正好有利于农作物的灌溉与生长。另一条发源于喜马拉雅山南坡的恒河，则以水势平缓著称，它的中游谷地尤其富饶。受印度河、恒河冲积形成的印度河恒河平原是南亚地区土壤最为肥沃的区域，这无疑又是大自然对人类一次慷慨的馈赠，从而诞生了历史厚重的古印度文明。

在亚洲东部，黄河发源于青藏高原巴颜喀拉山脉，经青藏高原、黄土高原和华北大平原注入渤海。在进入黄土高原时，一遇夏季暴雨，就有大量泥沙汇入，黄河经三门峡后地势平缓，大量泥沙沉淀下来，河床不断淤高，河流不断改道。整个华北大平原主要就是由黄河的泥沙淤积而成，土壤发育良好，含矿物养分较高，适于发展旱地农业，水洼地带也适于发展水田农业。黄河是中华民族的母亲河，也是中国的第二大河。同样发源于青藏高原的长江，是中国的第一大河，全长六千多公里，有多条支流汇入，其流量是黄河的 20 倍，流域涵盖华中、华东地区，西南地区部分也属于长江流域。长江流域河湖纵横、土地肥沃，水热条件十分优越，历来是我国农业和多种经济最发达的地区。长江、黄河两大流域地区是农业发生与发展的两大温床，这两大温床紧相毗连，各有特色而又相互补充，这在世界上是独一无二的。它们的发展对于中华文明的发源、文明特点的形成以及往后的发展道路都有十分深远的影响，是伟大的延绵不断的中华文明的摇篮。

1. 两河流域文明

在西亚境内，幼发拉底河和底格里斯河由北向南奔流直下，进入波斯湾。幼发拉底河平和温顺，不紧不慢地由北向南缓缓流动；底格里斯河则显得暴躁而任性。两河下游的冲积平原被称为美索不达米亚，希腊语意思是两河之间，因其形状似一弯新月，西方人又称为“新月沃地”。

在古时的两河流域，人们用泥土来建造房屋和器皿。泥土是基本的生活资源，更是古代两河流域文明的载体，他们在泥土上写字，泥土成为古代两河流域文明传向四方的媒介。这一文明最早的创造者是苏美尔人，他们还创造了一种全新的农业生产方式：灌溉农业。大规模的灌溉系统始建于公元前6000年左右，但真正发展起来是在公元前3000年以后，正式的大规模灌溉，造就了两河流域文明。苏美尔人、阿卡德人、巴比伦人等，先后生活在今伊拉克南部。1877年至1900年间，人们在两河交汇点的特罗共发掘出三万多块刻有文字的泥版、刻有两千多行铭文的圆筒形印章及各式雕像。特罗的考古发现，揭开了现今认知中最早的人类文明起源之一——苏美尔文明的面纱。

大约在6500年前，苏美尔人来到两河流域的最南端，他们在冲积平原上建起房屋、耕种粮食、栽种果树。大约在公元前4900年，苏美尔人建立了世界上最早的城邦国家。在苏美尔地区，先后产生了十几个城邦。

图 1-1 泥版

（图片来源：https://baijiahao.baidu.comsid=1666598536055756052&wfr=spider&for=pc）

汉谟拉比是巴比伦文明最重要的缔造者，他颁布的《汉谟拉比法典》，是世界历史上第一部完备的成文法典。《汉谟拉比法典》全文刻在一块黑色石碑的下半部分，共有282条法律条文，包括对刑事犯罪的处罚规定、对民事纠纷的处理原则，甚至还规定了房屋土地出让的租金等；后记再次宣扬汉谟拉比王的公正，希望法典传之后世，并诅咒违抗法典的人。古代两河流域居民是非常重视法律的，在两河流域地区考古发掘的文献中，各种各样的契约和合同占据绝大多数，土地买卖、房屋租赁、婚姻合同甚至耕牛租借当事人双方都要签订契约或者合同并有证人作证签名。汉谟拉比王开辟的巴比伦王朝在历史上被称为巴比伦第一王朝或古巴比伦王朝。

接替古巴比伦王朝的中巴比伦王朝是由来自北方山区的加喜特人创立，又称加喜特王朝，它是古代两河流域历史上统治时间最长的一个王朝。当新巴比伦王国重新控制两河流域南部地区时，已经是在六七百年之后了。新巴比伦王国的辉煌超过了汉谟拉比王统治时期，新巴比伦王国的创建者是迦勒底人，他们是人类科学史上值得大书特书的民族。他们编辑整理的《巴比伦日志》记载了每月的天文现象、货物价格、水位和天气状况，是世界上最早的记录之一。新巴比伦王国最著名的王是尼布甲尼撒二世，尼布甲尼撒二世在四处征战之余，将国家的财政储备几乎全部用于巴比伦城的建设之中。著名的空中花园据说就是他为来自米底的王妃建造的。

图 1-2 《汉谟拉比法典》石碑复制品（图片来源：https://qqpublic.qpic.cnqq_public00-2276417720-215D6B093C342D259CA467879BD084E20fmt=jpg&size=159&h=1200&w=800&ppv=1.jpg）

苏美尔人开创的两河流域文明经过巴比伦人的继承发扬向更广阔的地区传播，当亚述人取代巴比伦人成为两河流域新主人时，他们也同时接过了传播两河流域文明的接力棒。亚述人统治两河流域时期，发端于西部巴勒斯坦地区的犹太文明和东部的波斯文明摆脱长期在两河流域文明笼罩下的阴影，开始形成独特的犹太文明和波斯文明。亚述帝国的灭亡，使古代两河流域文明失去了文明发展的独立载体，而两河流域文明的精髓，却在犹太文明和波斯文明中保存下来。

古代两河流域文明创造了许多世界第一：世界已知最古老的文字之一——楔形文字，以巴比伦为中心的第一张世界地图，最早的数学和几何学记录，最早的天文学记录，最早的图书馆，最早的青铜冶炼技术和象牙雕刻。此外，两河文明同样创造出灿烂的城建成果：古代两河流域的建筑，或古朴凝重如神庙，或华丽辉煌如王宫；而在其城邦建设中，规划思想初见雏形，受两河频繁改道影响，城邦随着河道的改变此消彼长，在代表性城邦乌尔，城市分区开始出现，神庙区与手工业区相对独立，在部分城邦中，甚至出现了较为完善的给排水系统。

两河流域人民也通过多种渠道将自己的文化向世界传播，他们通过贸易、战争、政府间交往与北非、爱琴海、小亚细亚、南亚次大陆都建立了广泛的联系，为后世带来深远的影响。

2. 尼罗河流域与古埃及文明

纵贯埃及全境的尼罗河催生出璀璨的古埃及文明。上古时期，北非气候较为温和，水量充沛，尼罗河周边满布森林、沼泽，食物充足，人们以采集与狩猎为生。随着气候干旱程度加剧，食物逐渐减少，人们的生活、生产方式随之发生改变，原有的采集狩猎模式难以为继，农耕定居模式开始萌芽，生产力的大幅提高催生了城邦的建立，从而推动氏族公社向统一国家过渡，由此，文明诞生的必备条件已基本齐聚。

尼罗河的自然条件，促进了古埃及经济的产生与发展。尼罗河每年 5 ～ 10 月的洪水期，不仅提供了生活、生产用水，还将上游大量的营养土带到埃及，孕育出肥沃的耕种土壤。当然，这种幸运不是无条件的，破坏性洪水导致古埃及人必须付出巨大精力、年复一年进行灾后重建。为了改变这一局面，古埃及人修建大量建筑渠道、水库等以调节水位、水量，这些密布的网状水利系统极大改变了埃及的面貌，并深刻影响了古埃及人的生产生活，促进了农耕生产力飞速发展。

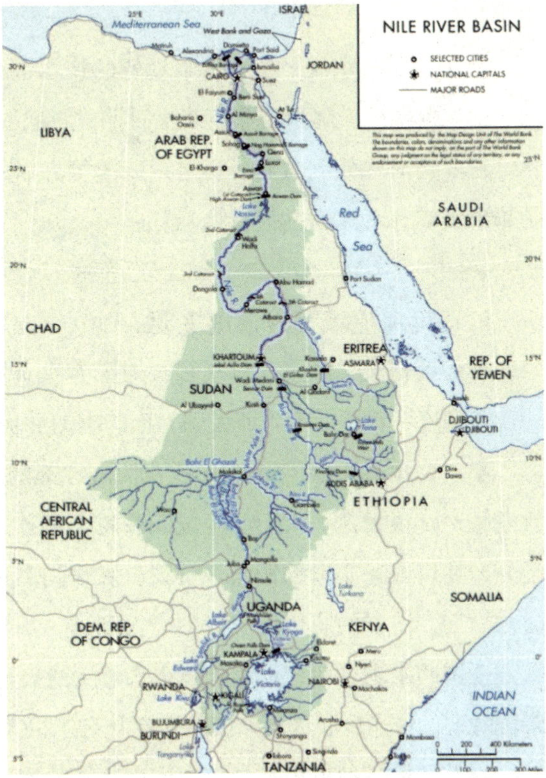

图 1–3　尼罗河流域示意图

（图片来源：https://sitem.btime.com05knp4918qvipds2h21utdomrto）

尼罗河谷的环境造就了特殊的生产关系和上层建筑。古埃及的奴隶制与其他文明是有很大区别的，它的生产关系与其他文明也很不同，主要生产资料——土地，原则上每一寸都归法老所有。只要是健全的男子，成年后国家都会分给其土地，土地本身不得世袭。在人身关系上，古埃及也显示了极大的宽容性，任何人，只要依靠诚实的劳动和智慧，就可以改变自己的地位，奴隶可变农奴，农奴可变自由民。在产品分配形式上，古埃及也贯彻着中央直辖和相对公平的原则，国家每两年定期清查黄金和土地，确定征税比例。这个特色也可以追溯到尼罗河水利文明，古埃及有着高效的农业，但维持这个农业的基础是保证水利系统的可靠性，也必须保证其他事关国计民生的重要生产资料，按照最有效的规范分配。而能完成这样任务的，只有强有力的中央政权，因此，在古埃及，政治体系从来就是高度集权，法老身兼政治、经济和军事最高权力。埃及的奴隶制是一种国家奴隶制，奴隶关系仅指国家与个人的关系，而非人与人之间的经济关系。

尼罗河催生了古埃及的科学与文化。尼罗河的起起落落不仅有利于农业生产，还有利于历法形成。由于选择播种粮食的最佳时机需要掌握尼罗河的涨落，古埃及人开始研究历法。这是第一个建立在每年 365 天基础上的历法。它把一年分成 12 个月，每个月又分成 30 天，另外每年再加 5 天节日。每年天狼星出现的那天，就是新年初始，这一般与尼罗河每年泛滥的时间相吻合。需要经常测量被尼罗河泛滥冲毁田亩的面积催生了数字与几何学。尼罗河边生长的纸草为古埃及发明造纸创造了条件（当然不能与中国造纸术媲美），这使古埃及的文明拥有了平价记载与传播的介质。对于庞大的水利系统的管理催生了管理科学和法律学，在制作木乃伊的过程中古埃及的医学也诞生了。

由于尼罗河水流平稳，用桨划船的技术也最早出现于尼罗河，因此，“旅游”一词也最早出现于尼罗河地区。阿米诺菲斯三世时期，从尼罗河到古代金字塔存在专门的游览线路。

尼罗河对气候、农业、历法、旅游等方面的形成与发展均有促进作用，为推动文明发展做出了重要贡献。

3. 印度河流域与古印度文明

古印度幅员辽阔、人口众多，为了养活众多人口，各个时期的统治阶级都把农业生产放在第一位，印度一直是一个农业大国，而印度河和恒河流域也正好为农业发展提供了优越条件。

早在公元前3500年前，印度次大陆北部的居民就已经开始了种植业。在哈拉巴文化时期，农牧业生产都很发达，人们已经发明畜耕，饲养了水牛、山羊、绵羊、猪、狗和象等动物，而且已经开始使用青铜制造的锄头和镰刀。农作物品种也非常丰富，有小麦、大麦、水稻等。到了吠陀时代后期，铁器的使用使农业生产得到进一步发展。在相对统一的孔雀王朝，政府设有高级官吏管理全国的水利事业，动用大量人力物力进行较大规模的水利建设。到封建社会以后，即曷利沙帝国时期，古印度农业生产的水平更是有了很大提高，为科学技术的发展创造了条件。

世界上最早种植棉花的是古印度人，他们不仅掌握棉花种植技术，并能用棉花纺线织布。在哈拉巴文化遗址中发现的一些棉布残片，虽然做工还很粗糙，但从棉布上的各种颜色中可以看到当时的织染技术已经相当成熟。古印度的棉纺织技术到孔雀王朝时已非常发达，大量手工纺织者和纺织商人遍布各大城市，其产品远销世界各地，成为古印度最重要的出口货物之一。后来，古印度人从中国学到了养蚕和丝织技术，到笈多王朝时他们已经可以织出薄如蝉翼的丝织品了，并配有各种色彩和图案。

由于印度三面环海，海岸线非常长，因此古印度的造船业也十分发达。从发现于哈拉巴文化遗址中的一座造船台来看，那时人们已经掌握了高超的造船和航海技术。到笈多王朝时，人们已经可以建造可容纳数百人的大海船，向东航行通过马六甲海峡直达中国，向西则经阿拉伯海直到红海沿岸。

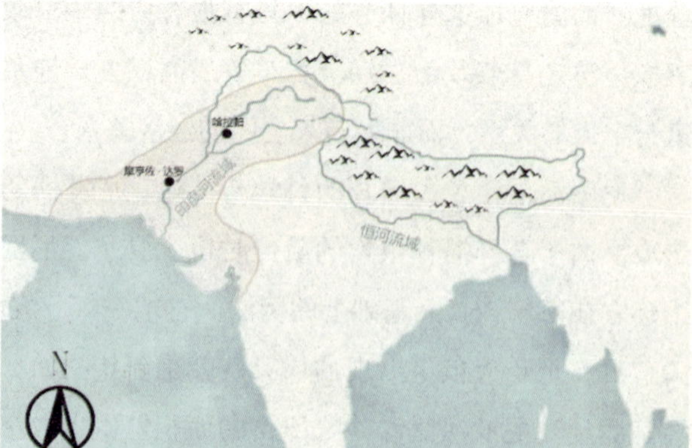

图 1-4　印度河流域示意图

（图片来源：自绘）

烧砖是古印度人发明的一项伟大的建筑材料制作技术。他们用烧制的砖建造房屋，使之牢固耐久。现在发掘出来的哈拉巴文化时期的建筑遗迹大多是砖木结构。哈拉巴和摩亨约·达罗是已知的那时最大的两座城市，尤其是达罗城，几乎可以和巴比伦城相媲美。

但是，自从哈拉巴文化中断以后，随着佛教盛行，建筑技术的应用和发展更多转向宗教色彩极浓的寺庙、佛塔，以及开山凿石而成的石窟等。例如佛塔的“塔”字在印度文里的原意即“坟墓”的意思，原是人死后埋藏骨灰处所，后来又成为储藏“舍利”（僧人死后遗骨火化结出的结晶体）的地方。到了德苏丹国时，信奉伊斯兰教为国教，因此又出现了许多伊斯兰式建筑。古印度最具伊斯兰风格的华丽建筑物是建于公元17世纪的莫卧尔帝国、埋葬泰吉・玛哈尔的陵墓。这座著名陵墓，是由土耳其、波斯等多国及当地建筑师和工匠共同设计建造，它位于今印度北方邦亚格拉附近，为白色大理石砌成，典雅肃穆，又镶嵌以各种宝石，以显示主人的尊贵，成为穆斯林建筑的代表之作。

在吠陀时代，人们把一年定为360日，12个月，还有置闰的方法。为了观察日月运动，他们把黄道附近的恒星划分为27宿。“宿”在梵文里是“月站”的意思，是为了区分月亮在天空中所处的位置。到我国唐代时，移居我国的古印度天文学家后裔瞿昙悉达所著《开元占经》一书里介绍了印度的“扫执历”，规定一恒星年为365.2726日（今测值为365.25637日），一朔望月为29.530583日（今测值为29.530589日），并采用19年7闰的置闰方法，是典型的阴阳合历，表明印度的天文历法已经达到了相当高的水平。

现今世界上通用的，每个人都知道的“阿拉伯记数法”，即1、2、3、4……最初并非阿拉伯人所发明，而是起源于印度。大约在哈拉巴文化时期，印度人采用了十进制记数法，在公元876年的一个古老碑文中，考古学家发现了“零”的符号，写作“0”，说明那时古印度的十进制位计法记数已趋于完备。后来这种记数法为中亚地区许多民族所采用，又经阿拉伯人传到欧洲，成为著名的“阿拉伯记数法”。公元6世纪至13世纪，古印度的数学成就到了顶峰。出现了梵藏、大雄、室利驮罗和作明等著名学者，他们已经会解一元一次方程和多种方程组。古印度人的数学知识源于生产生活实践，同时也应用于生产生活实践，有力促进了生产力的发展。

古印度的医学相当发达。因为古印度素有大慈大悲、普度众生的仁爱思想，看重救死扶伤的医学。在古印度历史上出现了许多著名的医学家和医学著作。出现于公元前1世纪左右的《阿育吠陀》，是目前已知古印度最早的医学著作，记载有内科、外科、儿科等许多疾病的治疗方法。该书认为人体有躯干、体液、胆汁、气和体腔等五大要素，与自然界中的地、水、火、风、空五大要素相对应。躯干和体腔比较稳定，其余三者比较活泼，如果五者失调，人就会生病，这种观点成为古印度医学的理论基础之一。

印度是世界三大宗教之一的佛教的发源地。佛教在世界上有非常广泛的影响。公元前6世纪，恒河流域的迦毗罗卫国（今尼泊尔境内）的王子乔达摩・悉达多抛弃王室的荣华富贵，离家出走，远行求道。他游历了印度各个地方、各个寺庙，求教了许多学者和高僧，积累了大量宗教知识和实践经历。相传，经过多年苦苦修行，有一天他在恒河边的菩提树下静坐时终于大彻大悟，从此创立了世界三大宗教之一的佛教，他被信徒尊称为释迦牟尼，意为“释迦族的圣人”。

4. 黄河、长江流域与中华文明

中国的地形西高东低，好像三级巨大的台阶。第一级台阶，在东南沿海和近海地区，包括东北平原、华北平原、长江中下游平原、江南丘陵和珠江三角洲平原。第二级台阶，包括云贵高原、四川盆地、黄土高原、新疆和内蒙古高原等。第三级台阶，就是号称世界屋脊的青藏高原。

黄河是中华民族的母亲河，也是中国的第二大河，它发源于青藏高原巴颜喀拉山脉，经青藏高原、黄土高原和华北大平原注入渤海。

黄河进入黄土高原时，一遇夏季暴雨就有大量泥沙汇入，时常泛滥，据有历史记载的2000多年中，黄河决口泛滥就有1500多次，大幅度改道有26次。其向北的缺口破坏了海河水系，甚至夺海河从天津注入渤海；向南的缺口破坏了淮河水系，有时甚至夺淮入江。黄河的“反复无常”形成了广大的泥沙淤积范围，造就了以郑州西北的沁河口为起点，北至天津，南至淮阴大约25万平方公里的平原地带。换句话说，整个华北大平原主要就是由黄河的泥沙淤积而成，这一地区土地发育良好，含矿物养分较高，适于发展旱地农业，水洼地带，也可以发展水田农业。

中国最大的河流长江，其流量是黄河的20倍。中国的四大淡水湖，鄱阳湖、洞庭湖、太湖和洪泽湖都在华东地区，湖泊最多的湖北省更有千湖之省的称誉，加上有较长的海岸线和众多岛屿，所以中国水产资源十分丰富，水上交通也十分方便。

有肥沃土壤的长江中下游平原，水热条件都很优越，适宜于种植水稻等农作物，历来是我国农业和多种经济最发达的地区。中国有两个农业起源的温床，实际上形成了两个农业起源中心，这两个农业起源中心，后来发展为两大农业区，并且形成两大农业体系。至此，整个中国的经济区划，以及由不同经济的文化影响而形成的格局，事实上已经基本奠定了。

以黄河流域为主的华北地区为旱地农业区，主要种植粟和黍，也有少量水稻，可能还有大豆，有适应耜耕农业的成套农具，饲养家畜以猪为主，其次有狗、牛、羊，但没有马。居室多采用单间半窑洞式，可以称为旱地农业经济区。

以长江流域为主的华东地区为水田农业区，主要种植水稻，也有少量粟和黍，有适应水田耕作的成套农具，主要养猪、牛、狗和羊。居室多为分间长屋，采用台基式或干栏式，可以称为水田农业经济区。

在华北和华中地区，不但农业经济比较发达，手工业也比较发达，正是农业经济的发展，为手工业发展提供了坚实的物质基础。手工业是与农业紧密结合在一起的。一个人农忙时务农；农闲时从事各种生活必需品的制造，早先，没有专门的手工业者，只有一些在某些专业上比较能干的人，然而进入铜石并用时代，情况发生了明显变化。

一些高档的、技术要求很高、并非日常生活所必需的手工业品发展起来了。例如玉器、漆器、

图 1-5　新石器时代主要文化遗存示意图

（http://www.gov.cn/test/2005-08/11/content_27116.htm 地图为基础绘制）

象牙雕刻、丝绸、铜器和高档陶器等。其中大部分早在新石器时代中晚期就已出现，只是规模不大，技术水平也不高，这时则完全为贵族所控制，不但有了一定规模，技术水平也大为提高。这样就出现了两种手工业，一种是与一般人日常生活与生产紧密相连的，例如石器、木器、陶器、骨角器的制造，筐篮的编织和普通的纺织与衣服制作等，不一定要专门的手工业者，普通人就可以做，可以叫作普通手工业。一种是高档手工业，必须有专门的手艺匠人，他们也有较高的记忆智慧和文化素养，却是专门为贵族服务的。

手工业的分化加强了社会等级分化，进而促进了社会文明化的进程。由于农业和手工业的发展，导致所有制关系、交换关系和分配关系的发展，进而推动社会进步，促进了从村落到国家的演变历程。

中华文明的发祥地，不仅局限在黄河、长江流域，越来越多的考古发现证实，中华大地各处都散落着星星点点的文化遗存。黄河和长江这两条横贯中华大地的河流，哺育了古老中华文明的核心，即以农业为主要生活来源的华夏文明。此外，中国文明也包括若干以游牧为主要生活来源的少数民族文明。中华文明的演进过程是多元文明相互沟通、整合的过程，其最大特点在于包容，不同文明间并非相互灭绝，而是在交流过程中互相融合。可以说，中华文明的演进过程便是不同地域文明与不同民族文明，在交往过程中合而为一的过程。这种文明整合的模式是以中原华夏文明为核心，向四周扩散，周边向核心趋同，核心与周边互相补充、互相吸收、互相融合。

距今大约 7000 年至 5000 年前，这一时期被称为中国的五帝时代，也叫作传说时代。多种文化在中华大地上萌芽兴起，黄河流域以仰韶文化、龙山文化为代表，长江流域则以河姆渡文化、马家浜文化为代表。此时的社会结构以部落为主，形成了独特的四方部落格局，北方为“狄”、东方为“夷”、南方为“蛮”、西方为“戎”，多部落间争斗不断，著名的尧舜禅让传说便出自四方部落的首领推举。

及至夏商周三代，中原部族不断吸收周围的东夷、南蛮、西戎、北狄等各族族人，逐渐形成了华夏民族。相传周文王的伯父泰伯、仲庸与当地结合，形成兼有商周和当地特点的吴文化。吴和越开发了东南地区。

秦人和西戎诸族，共同开发了西北地区土地。楚地的华夏族和许多少数民族相融合，共同开发了长江中游地区。最后秦灭六国统一了中国，这个统一的过程也可以视为多民族融合的过程。到了汉代，华夏族进一步吸收其他民族的成分，扩大成为人口近6000万的民族，后来遂称为汉族。

二、人类文明与人工运河

1. 古代运河

随着人类社会不断发展，需要建立更多的联系，仅凭自然河流已经不能满足人类聚居区互相之间的联系，于是人类开始自己挖掘人工运河，来更好地串联、沟通人类的聚居区。因而，运河能促进人类聚居区之间的联系。同时，运河的开通能带动沿线地区的农业、贸易等发展，从区域范围内带动整体经济、社会水平的提高。

1）古巴比伦开凿古运河，促进经济发展、巩固中央集权

古巴比伦位于美索不达米亚平原，是四大文明古国之一，古巴比伦文明是两河流域文明的重要组成部分。汉谟拉比是古巴比伦第六位君王，他在统一巴比伦尼亚的过程中，建立起强大的中央集权的奴隶制国家。为了发展农业，汉谟拉比大兴水利。在他统治的第八、九、二十四、三十二年里，都在开凿水渠。汉谟拉比开凿的水渠促进了经济发展，巩固了中央集权，促进了两河流域的统一。

2）古埃及开凿“法老运河”，促进贸易发展、沟通人类聚居区

为了发展海外贸易，公元前600年左右，法老尼科曾下令在尼罗河与红海之间开凿一条运河（现被称为“法老运河”），但因战争导致资金匮乏而未竣工。公元前518年，波斯帝国的大流士一世来到埃及，为了扩大贸易，下令完成法老尼科时代开凿的“法老运河”，运河长度为四日航程，宽度足以容下两艘大船并排行驶。这条运河断断续续、分分合合了600多年，给予来往商船避开好望角进行商品贸易的可能，对沟通地中海和红海地区有着重要的作用，也极大促进了北非和西

亚的经济往来和文化交融。同时，这条运河是现代苏伊士运河的前身，对后世有极大的意义。

3）古代中国开凿大运河，对中国影响深远

黄河、长江的漕运固然发达，但遗憾的是黄河、长江的流向均是自西向东，在南北向上缺乏相互沟通的天然航道。可见，仅仅依靠黄河和长江的水路运输具有局限性。

随着经济的发展、人口的增加，历朝历代统治者为了加强自己的统治地位，或因满足战争时期的军事目的、或因解决和平年代的漕运和灌溉，开凿了大量人工运河。

经过历朝历代的共同努力，最终于隋朝时期形成了沟通海河、黄河、淮河、长江、钱塘江五大体系的南北大运河，贯通了我国水运交通的大动脉，也成就了世界上开凿最早、航运最长的一条雄伟的人工运河。隋代形成的南北大运河，毫无疑问，对唐代来说是一笔宝贵的财富，带来了空前的繁荣。在唐代，对南北大运河进行了大量修缮和补充，这条南北大运河，也就是我国古代历史上赫赫有名的隋唐大运河。

元代，政府又下令在隋唐大运河基础上开凿，形成如今我们看到的京杭大运河，并长久保存下来，绵延至今。京杭大运河真正做到把我国北方和南方紧密联系起来，对中国的民族融合、经济发展、社会稳定和文化交流都起到了积极作用。

2. 现代运河

1）现代运河的形成

古代运河形成于农业技术体系，使用有限的土、木、砖石乃至芦苇等材料，在没有现代化机械、测绘和泥沙动力学等科学技术的支撑下，依靠长年累积的经验进行地质勘探和规划选址，依靠大量的人力、畜力进行开凿，形成宏伟的古代水上交通枢纽。

对比古代运河，现代运河多建于 17 ～ 19 世纪。经历了工业革命之后，现代科学技术得到了空前发展，能源动力和建筑材料取得了革命性的突破，采用现代科学技术开凿和运营的现代运河在欧、美各地应运而生。比如，法国的米迪运河，于 1667 年到 1694 年间开挖，蜿蜒流淌 360 千米，各类船只通过运河在地中海和大西洋间穿梭往来，整个航运水系涵盖了船闸、沟渠、桥梁、隧道等 328 个大小不等的人工建筑，创造了世界现代史上最辉煌的土木工程奇迹。米迪运河既是民用工程建设的标志性创造，也为工业革命开辟了一条航线。再如，加拿大的里多运河全长 202 千米，是最早专为通行蒸汽轮船而开辟的运河之一。在里多运河申遗的过程中强调："里多运河是人类的工程技术杰作，它体现在建造运河的技术转型过程中，先进建设技术被运用，特别是船闸技术、建坝技术、军事技术。"

2）现代运河的意义

现代运河更加便捷地沟通了地区之间的联系，促进了水上贸易的发展，为沿岸城市甚至全球都提供了极大的经济效益和社会效益。同时，现代运河在传承地方文化特色和融合生态旅游方面也有卓越的贡献。

世界有520多条运河，分布在52个国家，沿线有近3000座城市，运河与城市相生相荣。

（1）沟通地区之间联系的重要纽带

运河沿线串联了多个城市，沟通了地区与地区之间的联系。在世界范围内看，世界十大运河（除中国大运河外）的沿河城市情况如下：

伊利运河沟通了布法罗、锡拉丘兹和奥尔巴尼等城市；苏伊士运河沟通了塞得港、费尔丹、阿布苏丹和苏伊士等城市；圣劳伦斯海道沟通了蒙特利尔、朗基尔和威兰等城市；巴拿马运河沟通了科隆和巴拿马等城市；莱茵—马恩运河沟通了埃佩尔奈、巴勒杜克、蒂尔、弗鲁阿尔、南锡、吕内维尔和斯特拉斯堡等城市；约塔运河沟通了哥德堡、卡尔斯塔德、南雪平、舍托普、梅姆和斯德哥尔摩等城市；基尔运河沟通了布伦斯比特尔科格、伦茨堡和霍尔特瑙等城市；伏尔加河－顿河运河沟通了伏尔加格勒、伏尔加斯基和伏尔加顿斯克等城市；阿尔伯特运河沟通了列日、哈瑟尔特、马斯特里赫特和安特卫普等城市。

（2）促进本国经济发展的重要渠道

现代运河促进贸易的快速发展，为沿岸城市提供了极大的经济效益和社会效益，助推本国经济快速发展。

埃及的苏伊士运河是世界使用最频繁的航线之一，埃及收复苏伊士运河后，控制了世界航运量的8%，当前每天可收入200万美元外汇。埃及每年可收取非常可观的“过路费”，根据2008年的数据，当年埃及在苏伊士运河上共为2.1万艘船只提供服务，收取了53亿美元，当年埃及的GDP是1600亿美元，运河通行费竟然占了3.3%；到2019年苏伊士运河收入达到创纪录的58亿美元，增长了1.3%，而当年埃及全年GDP为3329亿美元，运河通航费占GDP的1.8%。此外，苏伊士运河带动的“苏伊士商圈”也给埃及的经济带来促进作用。埃及计划在苏伊士运河沿岸地区修建机场、港口、公路等基础设施，以及数个高科技工程项目，计划建设“苏伊士运河走廊经济带”，届时整个工程将为埃及提供超过1000亿美元的收入，占埃及GDP的1/3。对于经济领域而言，苏伊士运河是多方共赢的“黄金水道”，据统计，中东地区出口西欧的石油，有70%通过苏伊士运河运输。它还承担了全球海运贸易量的14%，以及全球集装箱运输量的22%。2019年，苏伊士运河货物运输量达12亿吨，依旧保持在高位运行。

俄罗斯的伏尔加—顿河运河通航后，缩短了波罗的海、白海、亚速海和黑海沿岸各港口间的运输距离，加快了运输速度。而且，伏尔加—顿河运河也用来灌溉罗斯托夫和伏尔加格勒地区的80万公顷农田，在农业灌溉上具有显著的经济效益。

此外，比利时的阿尔伯特运河可通航2000吨级船只，用以连接安特卫普和列日两个重要工业区，对比利时的经济发展具有重要的推动作用；伊利运河对美国尤其是纽约的经济、地位、人口都有极大的促进作用；巴拿马运河成了巴拿马的三大经济支柱之一；约塔运河对促进瑞典国内贸易的发展也起到了巨大作用。

（3）促进世界贸易繁荣的关键通道

现代运河的开通不仅带动了地区经济，还带动了世界贸易的繁荣发展，它大大缩短了国与国、洲与洲之间的距离，对促进世界经济繁荣具有不可替代的作用。

苏伊士运河是亚、非、欧人民来往的主要通道，在世界范围内具有独一无二的战略地位。运河建成后，大大缩短了从亚洲各港口到欧洲的航程（大致可缩短 8000 ～ 10 000 千米以上）。据统计，每年都有 100 多个国家和地区需要利用苏伊士运河通航，其货物量占世界海运贸易的 14%，其中，中东地区出口西欧的石油，其中七成都是经由苏伊士运河运送的。可以说，苏伊士运河成就了真正意义上的现代世界贸易。

同样具有世界意义的还有巴拿马运河。巴拿马运河的开通，使太平洋和大西洋沿岸各港之间的航程比原绕行麦哲伦海峡缩短了 5000 ～ 10 000 千米，具体来说：纽约至旧金山可缩短 16%，利物浦至旧金山可缩短 43%，纽约至悉尼可缩短 28%。缩短贸易距离，可大大加快世界经济发展速度，具有非凡的意义。

基尔运河开凿于 1895 年，目前是仅次于巴拿马运河和苏伊士运河的世界第三繁忙的运河。基尔运河也是通过缩短航线（比绕日德兰半岛经卡特加特海峡和斯卡格拉克海峡约缩短 370 ～ 650 千米）来提高经济效益的人工运河。目前，基尔运河是通过船只最多的国际运河，主要运输煤、石油、矿石、钢铁等货物。

此外，莱茵—马恩运河通航于 1985 年，运河的开通大大缩短了北海和黑海之间的航程，沟通了两大水系沿岸的国家，并且该运河在跨流域调水、农业灌溉和水力发电等方面也具有一定的经济效益；圣劳伦斯海道，已于 1959 年全面通航，至今所处理过的货物流已超过 20 亿吨，构成了北美五大湖区经济的重要一环。

（4）传承地域文化特色的重要场所

在运河上，不仅能游览到独具地方特色的美景，还能体验各地特色文化及节庆活动。现代运河已然成为传承地方文化特色的重要场所。

在米迪运河流淌过的法国南部地区，散布着众多中世纪的小镇，罗马时期、中世纪和文艺复兴时期的教堂，远古洞穴遗址，古老的葡萄酒庄园，以及小巧精致的特色博物馆。坐船在米迪运河上游览，可以深深体会到法国独特的文化和田园气息。

里多运河具有“世界最长滑冰场”的美誉。每年 2 月中旬，渥太华都会在冰封后的里多运河举办热闹非凡的冬季狂欢节，狂欢项目包括冰雕展、雪橇活动、破冰船之旅、冰上曲棍球赛、雪鞋竞走和冰上驾马比赛等。如今，在世界上最长的溜冰场滑冰已经成为一种地方文化，冬季狂欢节也成为渥太华的一个文化标志。

每年 8 月，阿姆斯特丹运河上都有一次举世闻名的音乐节。届时，世界各国顶尖的音乐家都会齐聚一堂，在阿姆斯特丹运河的船上、河畔、岸边建筑的露台、庭院甚至私家客厅，举办 70 多场别具特色的音乐会，来现场聆听的观众超 5 万人。阿姆斯特丹运河是音乐会举办的重要场地，更是传承音乐文化的重要场所。

米迪运河、里多运河、阿姆斯特丹运河均入选世界文化遗产，它们能被评为遗产运河与它们积极传承和传达地方文化特色是分不开的。

（5）融合生态景观环境的旅游通道

现代运河或其部分河段往往流淌于景色优美的自然环境之中，如今，随着交通的发展和旅游业的兴起，这些地区在一定的保护力度下被开发成旅游之地。

英国旁特基西斯特高架输水道桥与运河是世界文化遗产之一，整个遗产拥有全部可以完整表达其价值的必要元素。运河沿岸的建筑物与周围自然环境达到了完美融合。随着时代的发展，旅游业逐渐发达，旁特基西斯特高架输水道桥与运河以其悠久的历史、优美的自然环境和独特的工程结构闻名于世，吸引了来自世界各地的游客。如今，每年接待的游客已经超过 20 万人次。

三、小结

人类文明起源于水，人类的进步与发展都得益于水的哺育滋养。四大文明的形成离不开自然河流的孕育，自然河流沟通了人类聚居区之间的联系，推动了人类文明产生，影响人们的生产和生活方式，促进了经济、科学、文化等方面的产生与发展。

人工运河进一步促进、推动人类文明发展。不仅加强了地区之间的沟通与联系，而且是促进国家、地区经济繁荣发展的重要渠道，同时也是世界贸易交流的重要通道，在传承地域特色文化、促进城市文旅发展方面也起着重要的作用。可见，人类发展与运河紧密相关，运河从古至今对人类文明的产生与发展都有至关重要的意义。

第二章 中华文明的运河篇章

一、中国大运河历史变迁

中国大运河，是古代劳动人民创造的一项伟大水利工程，也是世界上长度最长、开凿最早、规模最大、遗产最多的人工运河。

中国大运河包括隋唐大运河、京杭大运河和浙东大运河三部分，全长3000千米，跨越地球10多个纬度，地跨北京、天津、河北、山东、河南、安徽、江苏、浙江8个省和直辖市，纵贯在中国华北大平原上，通达海河、黄河、淮河、长江、钱塘江五大水系，是中国古代南北交通的大动脉。

邗沟开挖的记载最早见于《左传·哀公九年》："秋，吴城邗沟，通江淮。"晋代杜预注曰："于邗江筑城穿沟，东北通射阳湖，西北至末口入淮，通粮道也。今广陵韩江是。"这是文献中最早出现"邗沟"的记载。中国大运河申遗文本据此表述为：中国大运河的开掘始于春秋战国时代。公元前486年，为北上争霸，吴国在今扬州附近开挖邗沟，沟通长江与淮河水系，成为中国历史文献中记载的第一条有确切开凿年代的运河。到战国中期，魏国为争雄称霸，于公元前361年前后开始挖掘改造鸿沟，北接黄河，南边沟通了淮河北岸的几条主要支流，构成了黄、淮之间的水路交通网络。

秦代，在西北地区开凿郑国渠，"于是关中为沃野，无凶年，秦以富强，卒并诸侯"（《史记·河渠书》），使这一地区成为中国土壤最肥沃的地区，对秦的崛起起到了重要作用。而后秦继续向南方拓展疆土，为沟通湘江和漓江，将粮草运输至岭南，秦始皇下令开凿灵渠（最早称为"秦凿渠"或"秦渠"）。此外，秦始皇为了加强中央集权，多次巡视天下，为此大开水路和陆路，其中就包括保持保留至今的丹徒水道和陵水道。

1. 初创时期（东汉时期）

汉朝时期，连年征战，需要中原和江淮一带的大量粮草支持。然而，都城长安沟通中原和江淮的水运仅有湍急的黄河和难行的渭水，尤其是汉武帝时期，除了漕运数量激增之外，行船速度更是有了更高的要求，仅仅依靠黄河与渭水的漕运已难以维系。于是，汉武帝刘彻令水利专家徐伯设计了关中漕渠，令数万士卒开挖漕渠，历时三年终于完工。关中漕渠沟通了京城和关东地区，大大提高了漕运速度，也间接满足关中地区的农业灌溉需要，促进经济发展和文化交流。这一开凿，促使了中国政治中心和经济中心首次明确分离。

东汉末年，狼烟四起，曹操"挟天子以令诸侯"。公元204年，曹操为了进攻袁绍的居所邺城（今河北省临漳县邺镇），开凿了白沟；公元206年，曹操为了北征乌桓，先后开凿了平虏渠和泉州渠。公元213年，曹操为了改善都城邺城的水上交通环境，加强邺城对周围地区的辐射和控制作用，开凿了利漕渠。公元220年，正式进入魏、蜀、吴三国鼎立时期。同年，曹丕篡汉称帝，定都洛阳，史称曹魏。次年刘备称帝，定都成都，史称蜀汉。公元229年孙权称帝，定都建业（今南京），史称东吴。公元245年，孙权为了提升都城建业的漕运能力，下令在建业开凿了破冈渎。

到了两晋时期，东晋吴兴太守殷康为了发展农业，开凿頔塘运河。頔塘运河对杭嘉湖地区的水运和农业具有重要作用。西晋永嘉年间，同样是出于农业生产为目的，会稽内史贺循主持开凿了西兴运河。西兴运河不仅改善了会稽郡的水环境，提高了鉴湖的水利功能，且对整个浙东地区的农业、交通、军事都有益处。

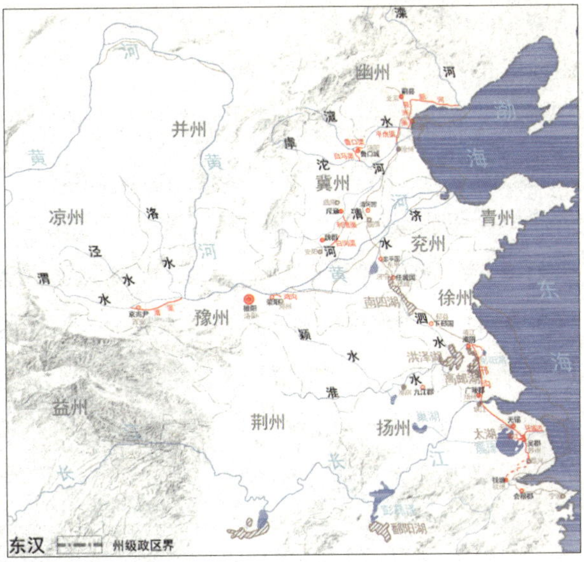

图 2-1　东汉运河图

（图片来源：《中国大运河遗产管理规划》）

2. 第一次大沟通（隋代时期）

隋代（581～618）是中国历史上承南北朝，下启唐朝的大一统朝代，仅仅享国38年，在中国漫长的历史长河中犹如昙花一现。然而如此短暂的朝代却影响深远，其中最夺目的成就就是开凿贯通运河。隋朝是我国大规模开凿人工运河的高峰时期，这一时期的运河承前启后，既修浚和贯通了前朝开凿的人工运河，又形成了北至涿郡（今北京），南至余杭（今杭州）浩浩荡荡的南北大运河，成为京杭大运河的雏形，为我国大运河的历史添上浓墨重彩的一笔。公元586年，隋文帝为了解决漕粮运输的问题，在汉代开凿的关中漕渠基础上修建广通渠（后改名为永通渠）。第二年，为了攻打江南的陈国，隋文帝下令重开了春秋时期夫差所凿的邗沟，并改名为山阳渎。隋炀帝时期，对邗沟西道进行了整治，同样改名为山阳渎，自此，山阳渎的东、西两道均已形成。此外，为了建立洛阳与江淮地区的连接通道，隋炀帝开凿了通济渠；为了满足隋炀帝通行大船并畅行龙舟的要求，开凿了江南运河；为了攻打高句丽，隋炀帝开通了永济渠。自此，雄伟的南北大运河就已形成，以洛阳（隋炀帝时期都城所在地）为中心，自北向南分别为永济渠、通济渠、山阳渎和江南运河。不仅如此，

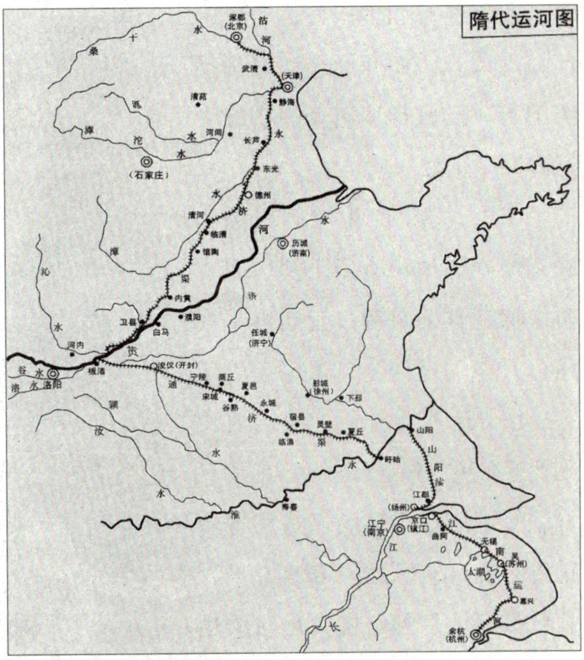

图 2-2　隋代运河图

（图片来源：《中国运河文化史》）

隋朝还继续向南在山阴水古道和西兴运河基础上修浚了浙东运河，与南北大运河贯通，形成了东南地区和中原地区的水上之路。

前人栽树，后人乘凉。正如唐朝诗人皮日休所说，大运河“在隋之民，不胜其害也；在唐之民，不胜其利也”。隋代开凿的大运河对唐代来说是一笔巨大的财富，唐玄宗下令对大运河进行了大量的修浚和补充，并于公元736年完成。唐代运河主要整治工程有：四次治理通济渠、五次整治山阳渎、新开伊娄河（新河）、改善江南运河和浙东运河等。唐代还为隋代开凿的永济渠开辟了许多支流以改善农业灌溉，丰富了水运交通，还因此提高了运河水位。隋唐大运河极大地促进了唐代的政治稳定、经济发展和文化繁荣。

3. 第二次大沟通（元代）

元代，大运河又有了新的进展。元定都大都（今北京），为了避免从江浙一带向大都运送粮食必须绕经洛阳的问题，对大运河裁弯取直，还开通会通河和通惠河等，形成延续至今的京杭大运河。

明初，朱元璋定都南京，大运河交通地位有所下降。明成祖朱棣迁都北京后，朝廷再一次斥资开凿大运河。自永乐十三年（1415）运河重开后，大运河比元代通行更为畅通。

大运河在清早期仍然发挥着重要作用。清代设置了漕运总督，驻扎淮安，主管京杭大运河漕运事宜。此时的大运河是政治统治强有力的纽带，朝廷政令、地方消息、军事命令等都依托大运河传送，康熙、乾隆十二次下江南同样由运河水路出行。待到清晚期，运河水流萎缩、泥沙淤塞、

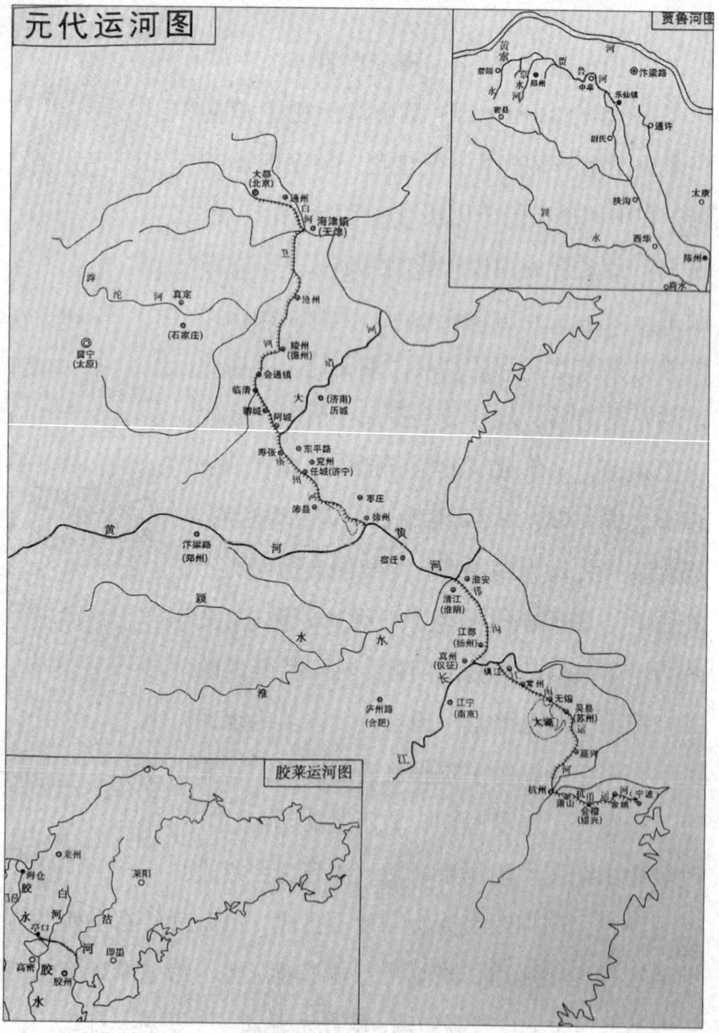

图 2-3　元代运河图
（图片来源：《中国运河文化史》）

航运环境不断恶化，加之外敌入侵、农民起义等战乱频发，运河航线被迫中断。1855年黄河改道后，漕运逐步由河运改为海运，大运河开始走向衰败。1872年，洋务派建立轮船招商局，漕运规模进一步缩小。1901年，清政府正式停止运河漕运，及至1904年撤废漕运总督，大运河的辉煌终于走向末路。1912年，清政府也走向终结。可见，大运河的兴盛是一个时代的兴盛，大运河的没落也是一个时代的没落。

二、中国大运河的历史价值

中国大运河作为活态遗产，伴随着中华文明从农耕文明走向生态文明，见证中华文明的兴衰交替。自古以来，大运河展示了在国家治理、民族融合、经济文化、对外交往、城市格局等多方面的中国智慧，是中华民族的国家象征，也是中华文明的伟大代表，更是中华文明对人类文明的杰出贡献。

在中国向世界遗产中心提交的申遗文本中，对大运河是这样描述的：

中国大运河的开凿始于公元前5世纪的春秋时期，隋代完成第一次全线贯通，形成以洛阳为中心的大运河漕粮运输通道。元代由于中国政治中心的迁移，将大运河裁弯取直为直接沟通北京与江南地区的内陆运输水道，形成第二次南北大沟通。

中国大运河地跨北京、天津、河北、山东、江苏、浙江、河南和安徽8个省级行政区，南北绵延3000多千米，沟通了海河、黄河、淮河、长江、钱塘江五大水系。

中国大运河是世界上唯一一个为确保粮食运输安全，维持帝国统一的目的，由国家投资开凿、国家管理的超大规模的运河工程。它是解决中国南北社会和自然资源不平衡的重要措施，实现了在广大国土范围内南北资源和物产的大跨度调配，沟通了国家的政治中心与经济中心，促进了不同地域间的经济、文化交流。在国家统一、政权稳定、经济繁荣、文化交流和科技发展等方面发挥了不可替代的作用，对中国乃至世界历史都产生了巨大和深远的影响。

中国大运河在2000余年的时间里，针对不同的自然、社会条件变迁做出了有效的应对，开创了许多古代水利水运技术的先河，并以其独特的东方技术哲学观，形成了在农业文明时代特有的运河工程范例。沿中国大运河持续运行的漕运这一独特的制度和体系，跨越多个朝代，超越了时代、族群，稳定地延续了1000多年，对古代中国的发展产生了巨大的影响，形成了近2000年的文化传统，对古代中国大一统观念的产生和传播起到了重要的作用，更加强了地区间民族间的文化交流。运河沿岸也衍生出独特的城市与村镇。那些历代曾扮演过运河重要节点的城镇，均受到运河的影响，经济不断繁荣，城市逐渐发展，为今天留下了独特的历史文化遗产。

中国大运河因其独有的技术特征、文化传统，与其他重要的人工水道，包括已列入《世界遗产名录》或《世界遗产预备名录》的运河遗产，有着较大的差异，具备本身不可取代的特征和成就。

历经2000余年的持续发展与演变，中国大运河直到今天都发挥着重要的交通、运输、行洪、灌溉、输水等作用，是大运河沿线地区不可缺少的重要交通运输方式。

中国大运河是人类历史上超大规模巨系统工程的杰作。大运河以其世所罕见的时间与空间尺度，证明了人类的智慧、决心与勇气，是在农业文明技术体系之下难以想象的人类非凡创造力的杰出例证。

中国大运河见证了中国历史上已消失的一个特殊的制度体系和文化传统——漕运，大运河是因漕运而修建的全国性的内陆水运交通线，它的线路变迁是随漕运和需求而不断调整的。现存的中国大运河遗产包括了河道、水工设施、配套设施等，这些丰富的申报遗产和相关的不可移动遗产、历史文献一起，从航运、水利设施、管理机构等多个方面，直接见证了漕运文化传统的形成、发展、运行和衰落。此外，多处会馆等相关历史遗迹反映了因大运河漕运而发展繁荣的运河沿岸经济，进一步佐证了中国大运河与漕运这一中国业已消失的文化传统的紧密联系。

中国大运河是世界上最长、使用时间最久的运河，被《国际运河国际名录》列入世界上“具有重大科技价值的运河”，是世界运河史上的里程碑。中国大运河的历史最晚可上溯至公元前5世纪初，直至19世纪中期的2300余年间不断发展和完善。针对中国大运河开展的工程难以计数，几乎聚集了人工水道和水工程的规划、设计、建造技术在农业文明时期的全部发展成就，作为公元6世纪至19世纪中国最重要的运输干线，大运河显示了水路运输对于国家和区域发展的最强大的影响力。

大运河是中国自古以来大一统哲学思想的印证，并成为中国人共有的大一统价值观形成的重要纽带。大运河促进了沿线城市的形成与经济的繁荣，与一批在世界规划史上具有重要地位的城市的形成与发展密切相关。其塑造的城区段运河景观，以及展现着“枕河人家”的生活方式的历史街区，是运河在经济社会发展的历史中所留下的深刻印记。

1. 凝结国家治理与中国智慧的伟大工程

大运河是凝结国家治理与中国智慧的核心载体。在国家治理层面，是国家一统的文脉象征、中国漕运盐运的经济命脉、古代帝王南巡视察的必经之路，也是科举时期士子赶考的交通要道。同时也是我国古代信息传递的主要通道，孕育了中国邮驿文化。

1）经济治理——漕运盐运

在运河航运之中，漕运占有非常重要的位置。中国古代向农户征收地租和田赋，在很长时间内采取征收粮食、布匹、丝绸等实物的办法。

漕运就是利用水路把这些实物运输到京师、军营等地方，供皇室贵族、百官和军队等消费。中国历史上将人工沟渠与自然河道串联起来的运河有很多，其中最著名的就是隋朝大运河与元代的京杭大运河。隋代大运河是隋代、唐代、宋代等各个朝代全国交通的大动脉，极大促进了隋代至宋代的农业、商业和航运业发展，是中国封建社会繁荣发展的重要条件之一，为中国大一统的政治局面提供了物质保障。

春秋战国时期，各诸侯国为了争霸而争相开凿人工运河，用于军事、运输、灌溉和防洪等目的。"三代以下，国用之资莫大于漕运，漕运之气莫大于舟楫"，司马迁在《史记·河渠书》中概括了这一时期运河工程开凿的盛况。

两汉时期楚汉之争时，秦代的漕运仓库敖仓关系重大，占领漕运仓库附近地区是刘邦最后战胜项羽的重要原因之一。

汉代建都长安(今陕西西安)，通漕运以供京师，是开凿运河的重要原因。汉代以江淮为奉地，鱼、盐、谷、帛，多从东南漕运而来。汉武帝时期，汉代的统治者已十分重视漕运、灌溉等水利工程了。《史记·河渠书》载："自是之后，用事者争言水利。"

公元581年2月，杨坚代周称帝，建立隋王朝，建都长安，改元开皇，开皇九年（589），隋军南下，一举消灭了南朝的陈国，结束了魏晋南北朝300多年的分裂局面。中国复归统一，为南北各段运河的大规模开凿整治和南北大规模的漕运奠定了基础。

通过南北朝之间的长期战争，隋文帝杨坚和隋炀帝杨广认识到，水上航运对于加强朝廷和地方的关系具有重大的意义。隋文帝和隋炀帝父子继承和发展了南北朝的仓储制度和运河漕运制度，大力开凿整治人工运河。

从隋代开始，欲统一中原，必先取洛阳。南朝以来，江南经济地位不断提高，到隋朝之前，江南经济已赶上北方，而京师仍然设在北方，由东南向西北运输粮食的漕运制度由此产生。

大运河的开凿和航运的畅通，促进了大运河两岸经济的繁荣发展，也促进了隋代的海外交往。隋炀帝亲自打开了丝绸之路，把张掖与西京长安、东都洛阳连接起来，从此西域的高昌、焉耆、龟兹、疏勒、于阗、康国、安国、米国、吐火罗等国的商贾使者来往于长安、洛阳，络绎不绝。大运河及其航运在长安、洛阳两京的繁荣发展和对外交流中发挥了重要作用。两京是中西丝绸之路的起点，西域诸国的商贾通过丝绸之路来两京的常达数千人。海外诸国商船由广州、泉州或扬州寻通济河前来两京的也络绎不绝。大运河航运把西北的陆上交通与东南的海上交通连接起来，使东西两京均发展成为当时举世闻名的国际大都会。

唐代仍然定都长安，但南方经济兴起，唐代的漕运主要是把江淮诸道的财富运往长安。唐代国土辽阔，财政上更加依赖南北大运河的漕运，这大大推动了运河航运的发展。唐代把东南的财富通过水路运输到长安，主要有两条运道，一是由东南向西北，自长江、淮河进入汴河、黄河，至东都含嘉仓，经陆运至陕（今河南陕县），再陆运或水运至长安。唐代把隋代各段运河统称为漕渠或漕河，通济渠东段被称为汴渠、汴河或汴水，邗沟、江南河则被称为官河，永济渠名称依旧。连接长安、洛阳与江淮地区的汴渠和官河最为重要，是唐朝的生命线。据记载，汴渠及官河上每年的漕运量由唐初的 20 万石，逐渐增大到 400 万石，最高可达 700 万石。二是江汉运道，安史之乱时，唐肃宗在凤翔，江淮租赋自汉江至南郑，转输以济军需之用。据《新唐书》第三十五卷《食货志》记载："肃宗末年，史朝义分兵出宋州，淮运于是阻绝，租庸盐铁溯江汉而上。河南尹刘晏为户部侍郎兼勾当度支转运盐铁使，江淮粟帛由湘汉越商于，以输京师"。宋州，就是今河南商丘，商于，就是今陕西商县。

唐代实行两京制，西京长安、东京洛阳。洛阳作为东京，为天下之枢纽，陆行漕引，省费万计，由于运河航运更加便利，洛阳经济更加繁荣，形成著名的北市和南市。武则天在洛阳立德坊南营建新潭，"天下舟船所集，常万余艘，填河路，商旅贸易，车马填塞"。那时，"半天下之财赋，悉由此路而进"，洛河上"漕船往来，千里不绝"。到开元年间，洛阳的商业发展水平已经超过了隋代。

北宋漕运路线比隋唐时期缩短了近一半，漕运量达到中国漕运史上的高峰，常年稳定在 600 万石，最高达 800 万石。然而，由于冗官、冗兵太多，京师粮食仍然储备不足，形成了北宋所谓的"积贫"现象。

北宋时期，"国家根本，仰给东南"。军政大事多在大运河沿线地区发生，大运河及其航运地位变得越来越重要。东京聚集着皇帝、贵族、文武、官吏和军队，皇室消耗着大量粮食。宋代皇帝大肆封官行赏，滥职冗员现象严重，机构重叠庞大，国用日巨。京畿大量驻军，需要漕运大量军粮和物资，不仅都城汴京的粮食需由南方供应，就连南京（今河南商丘）、陈州（今河南淮阳）等地也要仰赖于漕粮。此外，北宋朝廷向辽、金交纳的"岁币"也需要漕运。由于上述大量需求，再加上北宋的漕运线路比唐朝要近大约一半。所以宋代的年漕运量创造了中国航运史上的最高纪录。

元至元八年（1271），忽必烈改燕京为大都（今北京），建国号元，至元十六年，元灭宋，统一全国，建都大都。为了把南方的粮食运到北方，元朝廷非常重视漕运，于是大力开凿和整治运河，建造船只，充实漕运机构。

至元二十八年（1291），忽必烈采用郭守敬的建议，引大都西北诸泉水进入金代旧运粮河道，东至通州，进入白河，全程 82 千米，命名通惠河。这样元朝廷，把隋唐大运河裁弯取直，把原来以洛阳为中心的隋代横向运河，修筑成以元大都为中心，南下直达杭州的纵向大运河。

京杭大运河的开通，使元王朝加强了对江南地区的统治，把江南地区的贡赋漕运到元大都，更加便利。元代开凿从山东临清至淮安的会通（济州）河，以及从北京通县至直沽的北运河，使隋代南北大运河缩短了 900 多千米，从而形成了全长 1750 多千米的京杭大运河。

在唐宋运河航道管理的基础上，元代的运河与航运管理已经比较完善。对于元朝来讲，运河漕运非常重要。元初，元大都人口已逾 40 万，到了元中后期，大都人口已达百万，是当时世界上最大的国际都会，每年要从南方漕运粮米百万石，以及数量巨大的丝帛、竹木、茶、盐、糖等商货。

此外还要海运粮食 300 万石以上，才能维持日常运转。

元朝政府除了着力开发运河外，还注重建造船只、充实漕运机构。元朝初年，元中央政府中主要主管水运的是户部，另外兵部、通政院、工部也监管其中的一部分业务，至元二十八年（1291），在京师设立督水监，管理全国水政，其中运河与漕运是管理的重点。

明永乐十八年（1420）始至永乐十九年（1421），明成祖迁都北平，改金陵应天府为南京，改北平顺天府为京师，以南京为留都[1]，北京至南京的干线变成了全国最重要的交通线路。从北京往南、东南、西南的三条干线都要经过大运河，大运河作为两都市之间的官道发挥了重要作用。京杭大运河航运是明廷的命脉，宫廷对大运河运输的依赖超过历史上任何一个王朝。从永乐十三年（1415）开始，完全进行河运。成化八年（1472）至成化二十二年（1486），每年运输额都是 370 万石，这样的运输额，与成化帝制定的财政政策有关，所有防御开支由华北地区承担，宫廷开支则由南方省份承担，前者不超过 800 万石粮食，后者不超过 400 万石。

清朝皇帝总结和吸收了历代封建王朝的统治经验，更加重视漕运，康熙帝曾将漕运与河务、三藩同列为“三大事”。顺治、康熙两朝着手整顿漕政，加强漕运官司，疏通河道等。康熙、雍正和乾隆前期，仓储充裕。康熙五十八年（1719），“京城通州仓内，贮米甚多，各省运至漕粮，亦无亏欠，在仓内堆积，恐致红朽”（《钦定四库全书·圣祖仁皇帝圣训·卷四十二》）。

清代沿袭了明代的漕运制度，每年从山东、河南、江苏、浙江、安徽、江西、湖北、湖南征收漕粮和白粮，沿着京杭大运河运输到北京，通州各官仓储存，清代漕运仍以长江流域，尤其是太湖流域为主，各地历年来起运交仓的漕粮数量甚巨。嘉庆（1796 ～ 1820）以前，每年平均在 400 万石以上，道光以后逐渐减到 300 万石乃至 200 多万石。清代全年财政收入约 7000 万两白银，其中 5000 万要通过京杭大运河漕运到北京，至光绪二十七年（1901），清廷颁布命令，漕粮全部改征钱币。

在历代王朝治理漕运的基础上，清廷对大运河与漕运的管理更加完善。清朝在地方上专门设置了两套直属中央的大运河管理机构，漕运总督和河道总督，使得漕运管理和河道管理职责分明。

在大运河漕运中，盐运也是大运河的主要功能之一。明代的经济中，食盐占据首要位置，食盐的运输与大运河密不可分，两大产盐区都在京杭大运河东面的海岸上。渤海湾每年食盐产量价值银子 18 万两。淮河和长江下游盐场的产量价值 68 万两。上述盐场所产食盐，绝大部分要经过大运河运输，才能分散到内陆各地市场。按照明朝规定，产于山东半岛的食盐，专门供应徐州、邳州地区，也是需要经过大运河运输的。

明中后期，占统治地位的有两大商人集团，徽商和晋商。徽商以茶叶贸易起家，晋商以贩卖

1　根据《皇明史概》记载，永乐十八年九月，“北京宫殿将成，命夏原吉召：皇太子期十二月终至北京”……“丁亥谕礼部明年元旦定北京为京师，去行在之称”。

食盐起家，沧州、张秋镇、清江浦、扬州、仪真都是盐商船只经常停靠的口岸，运输食盐的船只一般只经过大运河的一段路程。

到了清代，在明朝从事食盐贸易的几十个商人家族，其后代继续从事食盐贸易，积累了巨额财富。18世纪盐商是中国不可匹敌的“盐王”，30家盐场每年可获利200万两银子。清代的盐课（盐税）岁入，是清政府除田赋之外最重要的财政收入之一，达数百万两白银。长江流域各省每年的田赋，居全国田赋的半数以上。两淮、两浙盐商盐课在道光年间达到500多万两，这两项占到清政府每年财政收入的2/3左右。清代两淮盐商每年将百万“引”的食盐，营销苏、皖、鄂、湘、赣、豫各省。

扬州是两淮盐商的大本营，两淮盐商通过大运河贩卖米、盐、丝、茶、纸、墨、木材等货物发家致富。在江浙地区运河两岸的城镇，两淮盐商建设园林书院，刊刻书籍，蓄养戏曲艺班，兴修水利等。

两淮盐商还到北京帮助皇家建设园林。如乾隆二十六年（1761）、乾隆三十六年（1771），乾隆皇帝为其母皇太后祝寿时，每次均要两淮盐商去北京负责装修京师西华门至西直门地段的景点，耗银达七八十万两。

2）水利治理——水工技术

京杭大运河的工程技术是中国传统水利技术水平的集中体现。京杭大运河的工程规划是古代规划的典范，在不同的水资源和各种地形地质条件的区段，做出了各具特色的高水平的工程规划，综合解决了汇水、引水、节水、行船、防洪等难题，实现全线通航，成为国家沟通南北、枝蔓全国的交通网络，其中白浮引水、引汶济运、南旺分水、清口枢纽等，乃至延伸工程灵渠，至今仍为国内外所赞赏。

京杭大运河使中国古代工程技术走向世界前列。这里出现了当时世界上最大的水库——洪泽湖，它综合解决了蓄水、运河供水、冲沙、分水、防洪等多项水利需求；这里出现了世界上最早的斜面升船机，其中最大的瓜州堰，以22头牛作为升船的动力，实现长江中的航船进入苏北运河；这里出现了早期的通航闸门，特别是北宋时期，在今淮安附近修建的复闸，是世界上最早的两个闸门的通航船闸。此外，在元代的运河上已经有了通惠河、会通河、济州河等多个全面渠化河段。

京杭大运河为顶级科学家搭建了施展才华的舞台，在工程上的巨大成就背后，还有相应的科学技术成就作为支撑，其中包括元代郭守敬在运河规划中提出的“海拔”概念和中国特色的渠化工程都走在世界的最前列。明代潘季驯“束水攻沙”理论，在黄淮运综合治理中得到有效的实践，等等。

白浮引水工程所引泉水，《元一统志》有详细记载：“至元三十年浚通惠河成，上自昌平白浮之神山泉，下流有王家山泉、昌平西虎眼泉、孟村一亩泉、西来马眼泉、侯家庄石河泉、灌石村南泉、榆河温汤龙泉、冷水泉、玉泉诸水毕合，遂建澄清闸与海子之东。”

会通河所经地势的最高处，在今山东汶上县南旺镇，这里布置枢纽工程可以较好地控制和调

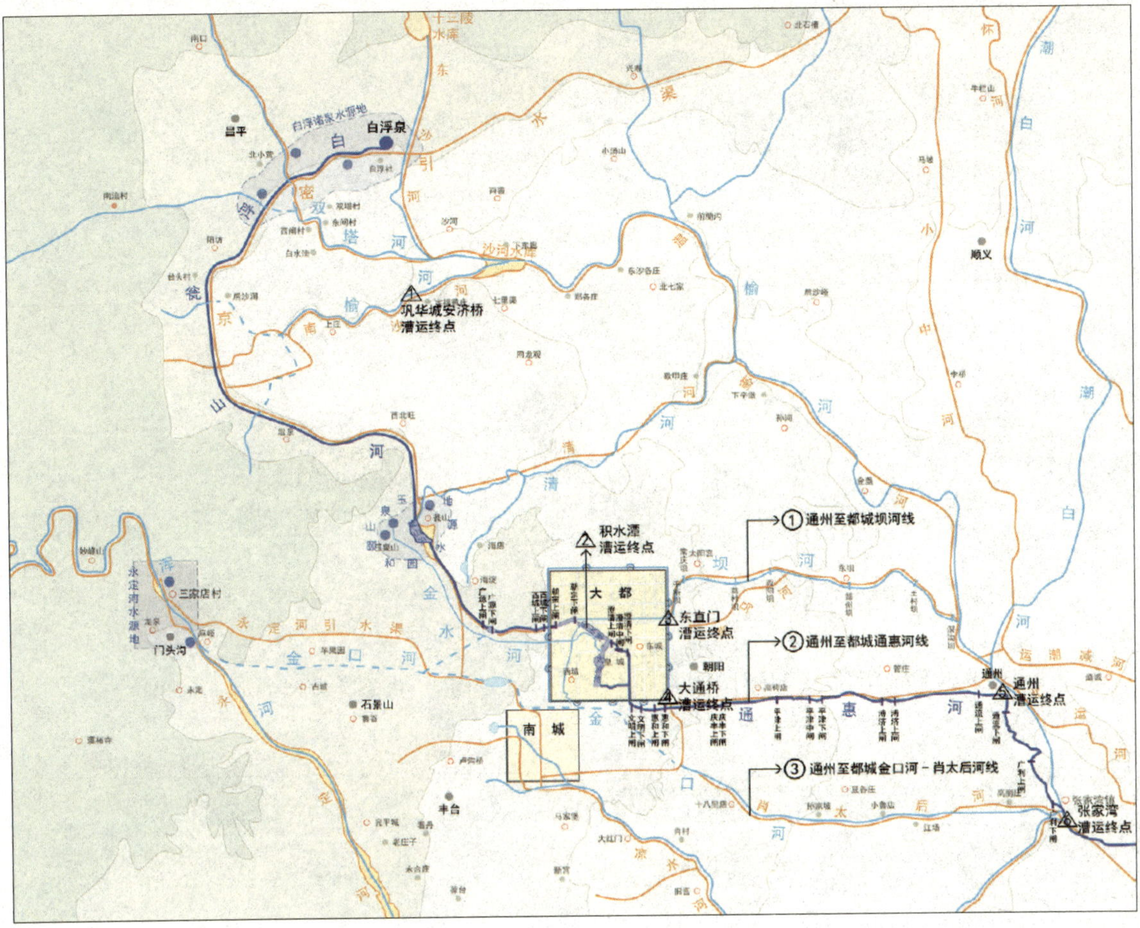

图 2-4　元代水利设计及元、明、清通州至都城漕运通道及水源点分析

（图片来源：朱颖．大运河北京段（元）通惠河与白浮“源的认知”[J]. 建筑创作，2017:48.）

节南北分流的水量。因此汶、泗分水枢纽工程位置和南旺蓄水调节工程布置是运河工程技术的关键。会通河跨越南旺高地的水量供给分为两级实现：第一级引水工程将汶、泗二水分别引入分水枢纽，由第二级枢纽分流，向运河南北供水。

元代会源闸枢纽引汶泗济运，实现了会通河跨越山东南北分水。明初继续沿用会源闸枢纽，直到永乐九年（1411），工部尚书宋礼主持重开会通河，山东汶上县老人白英建议分位置北移南旺，“筑堽城及戴村坝”，引汶水全部西南流至汶上县鹅河口入运河。汶水在南旺分流后，“南接流徐邳者十之四，北流达临清十之六。南旺地势高，决其水，南北皆注，所谓水脊也，因相地置闸，以时蓄泄”（《明史·宋礼传》卷一百五十三，中华书局）。至此，终于解决了越岭运河段济宁以北水源不足的问题。

由于明清两代京杭大运河是国家南北交通的大动脉，清口是漕运咽喉，成为最受关注的地点，为保证运河通航，这里逐渐形成了庞大的水工建筑群。黄河南徙夺淮以后，泗淮故道逐渐淤高，淮水入黄河渐渐困难，为此潘季驯采取蓄清刷黄、束水攻沙的治河战略：堵塞黄淮诸决口，坚筑

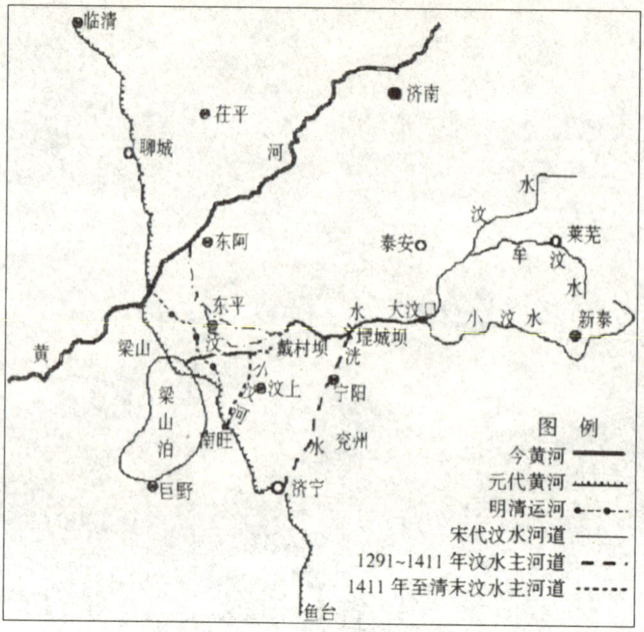

图 2-5 元明清汶水河道变迁情况

（图片来源：王元林等 . 元明清时期引汶济运及其影响 [J]. 人民黄河 ,2009，31（4）:5.）

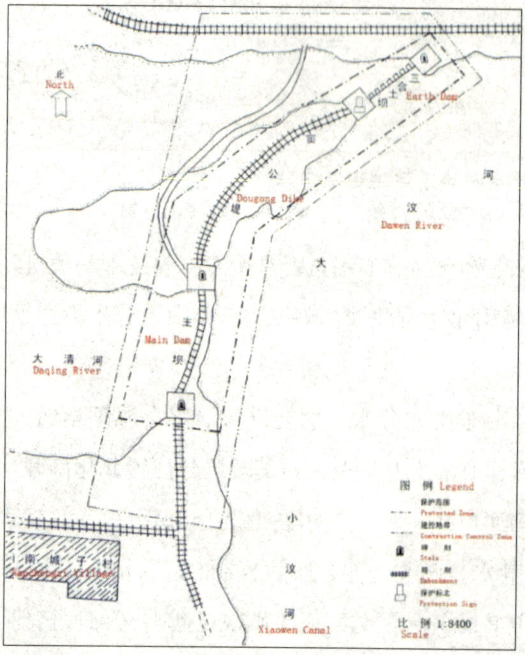

图 2-6 戴村坝平面图

（图片来源：国家文物局 . 中国大运河申报世界文化遗产文本 . 186、272.）

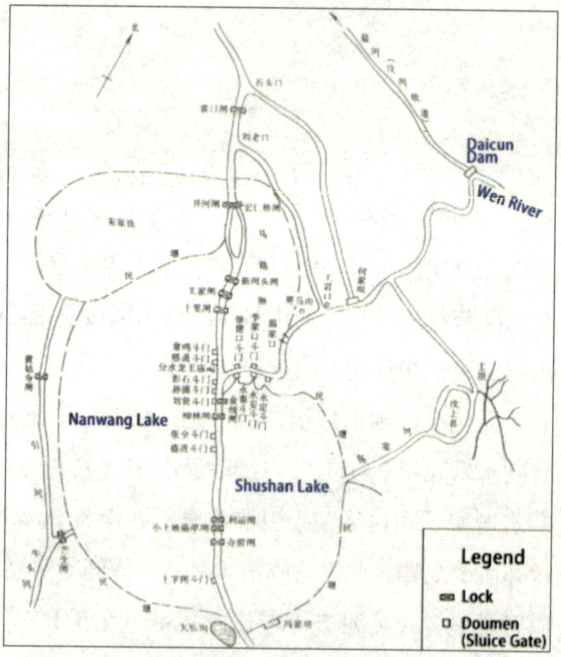

图 2-7 清乾隆时南旺分水坝枢纽示意图

（图片来源：国家文物局 . 中国大运河申报世界文化遗产文本 . 186、272.）

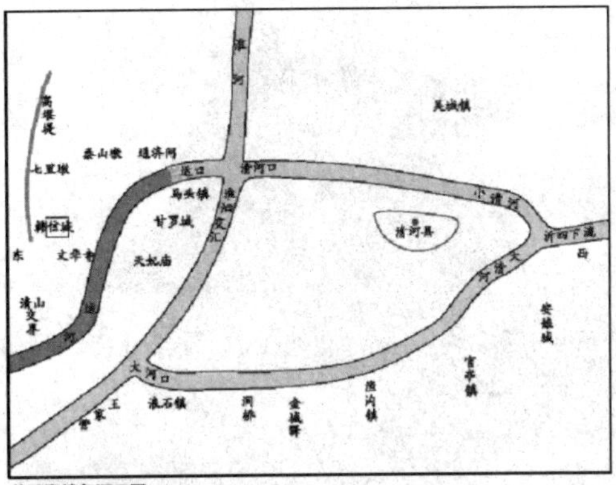

前明嘉靖年河口图

弘治六年(1493年)黄河决口，八年筑成黄陵岗长堤，使黄河南下入淮。正德二年增设清江浦、新坝闸二座，以解决清江浦淤浅，内外河水高差问题。嘉靖以后，黄河连年决溢，河患移向下游，三十年清闭清河口，开三里沟至通济桥，船由此出淮河达黄河，所谓的改口。

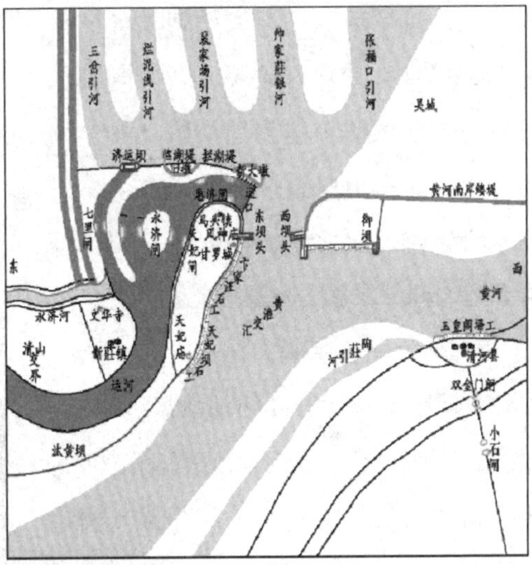

康熙四十一年前河口图

筑临湖堤一道，堤上建济运坝，引三岔河水由文华寺入运河。此后四十二年、四十四年、四十六年进行了康熙三南巡，对这一段运河工程做了一些补偏救弊等维修加补措施。

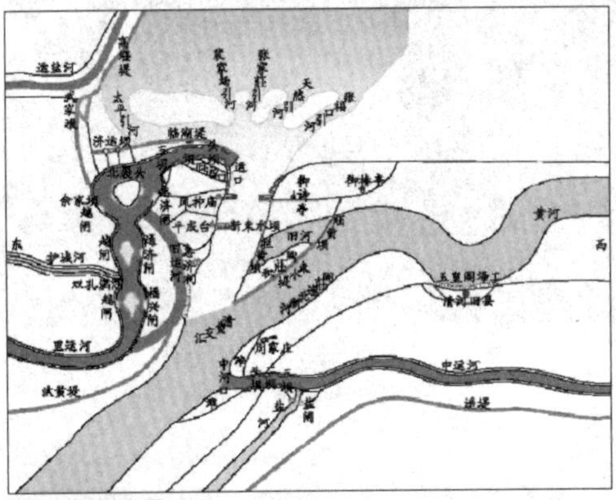

乾隆四十二年河口图

乾隆五年以后历次增建木龙河势益未北趋。四十一年与陶庄积土以北开新河一道，将清口东西坝下移，改建于平成台。并在旧河内筑拦坝堵截断流。又自拦黄坝至御坝顺水堤一片筑拦堰、撑堤、顺黄坝等以为重障。

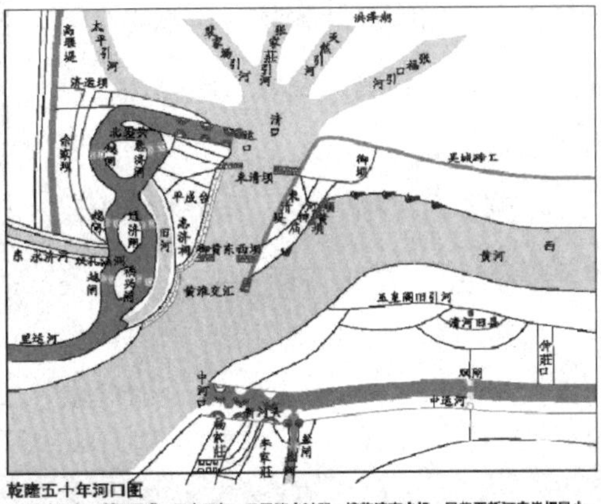

乾隆五十年河口图

四十二年，新河既成。四十四年，又因清水过弱，接临清束水堤，尾起至新河南岸堤尾止，筑束水堤长六百九十二丈，又改建东西束水坝于惠济祠前。四十六年，筑东西兜水坝于清口风神庙前，要展东接。四十九年，黄水倒漾，以清口之兜水坝与束清相宜，每年拆筑，改名束清坝，其旧有之东西束水坝。

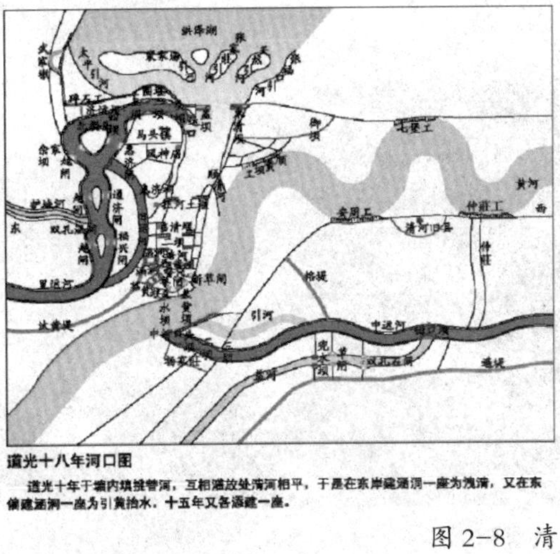

道光十八年河口图

道光十年于墙内填拱管河，互相灌放处清河相平，于是在东岸建涵洞一座为泄清，又在东偏建涵洞一座为引黄抬水。十五年又各添建一座。

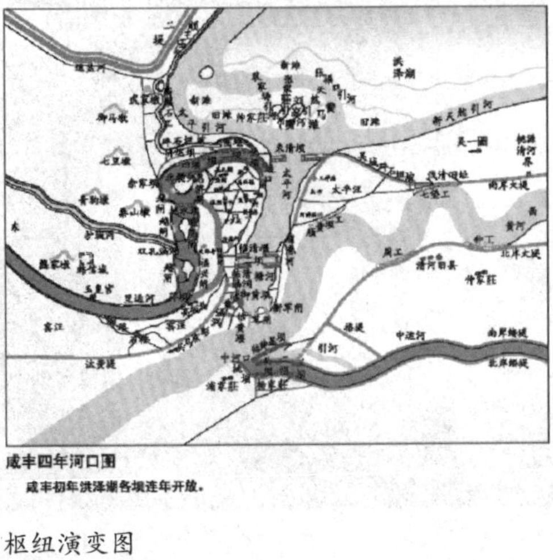

咸丰四年河口图

咸丰初年洪泽湖各坝连年开放。

图 2-8　清口枢纽演变图

（图片来源：乔娜 . 清口枢纽水工遗产保护研究 [D]. 西安 : 西安建筑科技大学 ,2012:14-16.）

两岸堤防；大筑高家堰，于洪泽湖大量积蓄淮河水，束窄清口，放水入黄河，以冲深河床，使清口成为黄淮运的集中治理场所。潘季驯又将运口南移，由清口直接向运河供水，少受黄河水流影响。至此，清口枢纽，彻底解决了黄淮运之间的淤积、冲刷、航运等关系。

3）信息传递——邮驿文化

邮驿，即中国古代官办的邮政组织系统。始自殷商，有邮、传、遽、驲、置等不同名称，至汉朝才定名为邮驿。早在春秋时期，中国邮驿制度已具雏形。秦始皇统一六国后，规定十里设亭，邮驿制度逐步完善，通邮规模不断扩大。中国古代的邮驿分为水路与陆路两种交通方式，当时交通较为闭塞，通过大运河传递信息成为当时最直接有效的方法之一，苏、皖、浙、粤、湘、鄂等省份的运河网络四通八达，均设船以供差使，朝廷政令通过大运河由北至南传达，地方消息倚靠大运河由南至北传送，大运河成为当时政治

图 2-9　盂城驿
（图片来源：自摄）

图 2-10　横塘驿
（图片来源：自摄）

统治的强力纽带。据估算，明代水陆驿道总长达 143 700 里（约 71 850 千米），一个官员坐船从北京到南京需 40 日。

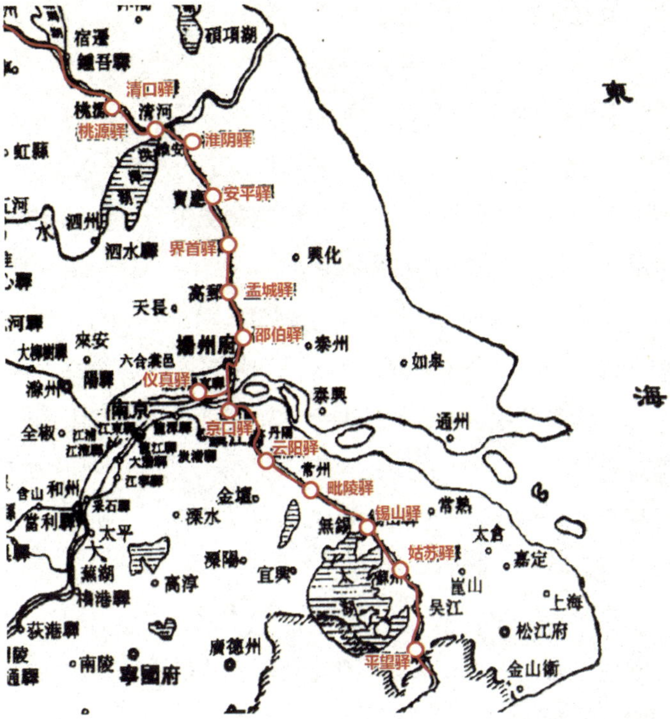

图 2–11　明代大运河（淮扬段、江南运河段）沿线驿站分布图
（图片来源：根据 1857 年明代驿路图之南京驿路分布图绘制）

唐宋时期，江苏北部的邮驿干线，基本上沿水运干线布置。唐代于水上干线航道多设水驿，高邮位于古邗沟之旁，四周湖沼密布，是典型的水乡，故其最初无疑为水驿站。邗沟沿线有千年以上历史的古城、古镇，除两端的楚州、扬州以外，尚有宝应、界首、高邮、邵伯等，大体都有水驿和马驿。

元代实行站赤制度。平原、高原、山地以马驿为主，水网地区则以水驿或复合式的水马驿为主。该时期江苏北部地区邮驿干线的变化，主要还是以大运河的变化为变化。元代建都大都，淮河以南地区的线路基本沿袭前朝，淮河以北地区的大运河有较大改变，原来汴河沿线的邮驿线路基本废弃，而泗水沿线的驿路得以延续和加强。文天祥被俘后押解大都，由清口北上，所走线路大体是前朝的古驿道，他的《指南录》所反映出来的驿传节点中，就有清口驿、桃源驿、崔镇驿、钟吾驿、下邳驿、新安驿等古驿站所在地或临近处。

明洪武元年（1368），朱元璋颁布诏令，设置各处水马站及递运所、急递铺。每 30 千米或 40 千米设置一个驿站，水边的驿站有马船、站船、红船、坐船等，驿站设船数不等。驿站的任务就是递送使客、飞报军务、转运军需物资等。大运河从张家湾到仪真（今仪征），总共有 42 个驿站，它们之间的距离相当，都是大约一天的行程。按照明廷的规定，每个驿站需要 5～20 艘船只供换乘，每艘需要 10～11 名船夫来驾驶，驿站不仅为官船提供纤夫等苦力，而且按照等级向途中官吏提供食品。

大运河沿岸，其他著名驿站还有三河县三河驿站、兖州滋阳县昌平驿站、南直隶徐州黄河东岸驿站、丹徒县京口驿站、苏州姑苏驿站、嘉兴西水驿站、杭州武林驿站等。苏州运河边上的姑苏驿，在明代进行了移建，建屋六十楹，前有皇华亭，后有重屋、名昭赐楼，尽得山川之胜，成为苏州一大景观。

邮驿文化资源是大运河无形文化遗产的重要组成部分，邮驿文化线路对古代运河沿线以及驿站所在地的经济、文化起到促进作用。

4）人才治理——科举制度

科举制度是中国历史上通过考试选拔官员的一种基本制度，是中国官制史上的巨大进步。它创始于隋，确立于唐，完备于宋，兴盛于明、清，废除于清末，整整延续了1300余年，在国内外有着广泛而深远的影响。从中国的官制史上看，科举制度的产生是历史的必然和巨大进步，也有人认为这是一次深刻的革命。

从隋至明清的科举制度，一直坚持“自由报名，统一考试，平等竞争，择优录取，公开张榜”的原则，彻底打破了血缘世袭关系和世族垄断，对我国古代社会的选官制度，特别是对汉代的察举、征辟制及魏晋南北朝的九品中正制是一个强有力的改革和否定，给中小地主阶级和平民百姓通过科举入仕提供了一个公平竞争的平台，使大批地位低下和出身寒微的优秀人才脱颖而出，“朝为田舍郎，暮登天子堂”“十年寒窗无人问，一举成名天下知”，他们一一登上政治舞台，成为统治阶级的栋梁之才。

在绵延1300余年的科举历史上，曾产生700多名状元，近11万名进士，数百万名举人。隋唐以后，几乎每一名知识分子都与科举考试有着不解之缘，都有过科举生涯，从未参加过科举考试的是极少数。

科举制度选拔出一批善于治国安邦的名臣、名相；一批雄才大略的政治家；一批有杰出贡献的思想家、文学家、艺术家、诗人、学者、教育家、科学家、外交家等，如唐代的王维、张九龄、韩愈、柳宗元、刘禹锡、颜真卿、柳公权、白居易，宋代的欧阳修、王安石、苏东坡、司马光、朱熹、包拯、寇准，明代的杨慎、汤显祖、张居正、海瑞、徐光启，清代的纪晓岚、刘墉、郑板桥、翁同龢、洪钧、钱大昕、林则徐、张謇等，这些文化名人都是出身状元、进士，至少是举人，都是中华民族的英才。中国实行科举制度的1300余年，几乎占据了中国封建社会两千多年的一半，而从中国五千年文明史来看，更是占了近三分之一时间，其历史之长、影响之大，可谓家喻户晓、妇孺皆知。

科举制度对于维护中国统一、社会稳定、各民族团结和融合，促进中华文明的传播和建设，特别是对儒家文化和古代教育的发展都曾产生巨大作用。我国的科举制度从宋元以后开始东渐西传，越南、日本、韩国、朝鲜等国都曾仿照中国推行过科举制度，并持续了较长时间；法国、美国、英国等国家选拔官吏的政治制度也都曾直接受到中国科举制度的影响；西方现代文官选拔制度、我国现代教育制度和干部选拔制度更是对中国科举制度的继承和发展。因此，孙中山先生曾充分肯定中国的科举制度“是世界各国中所用以拔取真才之最古最好的制度”（《五权宪法》），西方人更是将中国的科举制度称为“中国第五大发明”。由此看来，中国科举制度无疑对中华民族乃至对全人类均作出了了不起的贡献。

隋炀帝时期，科举制度正式诞生，之后的历朝历代虽对科举制度有一定的发展和革新，但其总体框架并没有发生根本性的变革。以明清时期为例，正式的科举考试分为三级，即乡试、会试和殿试，其中会试和殿试都在京城进行，所有省外学子都要赶赴京城考试，所以有“进京赶考”一说。

进京赶考分走水路和陆路两种方式，从便利性上来看，受大运河影响，水路普遍优于陆路，这也导致了各省份间赶考人数产生了较为明显的差异。明清两代，由于接驳大运河较为方便，江苏、浙江、湖南、湖北等省赴京赶考的举人往往络绎不绝，而其他偏远省份，例如云南、贵州等地，因为路途遥远、水路不便而放弃赶考的人却比比皆是。沿水路进京，基本可以被认为是最为便捷的通道，例如，一个广东佛山镇的考生，从佛山上船，沿北江北上，到清远、韶关，溯江而上，抵达南岭，这个时候下船，步行或者骑骡马，翻过梅岭，进入江西，在江西的大余县上船，船沿着复杂的水系进入赣江。经过吉安、南昌水域，进入鄱阳湖，入长江，船顺长江而下，经安徽抵达江苏，到瓜洲，进入京杭大运河，一路经江苏，入山东境内的运河段，再进入大运河的河北段，抵达通州，然后进北京。

清代，江苏籍的读书人进京赶考，基本都走水路，沿岸风土人情，路途的情感变化，都是诗歌的表现内容。如清代诗人兼学者沈德潜，17 次进京科考，每次都从运河坐船，一路上留下了许多描写两岸风光、脍炙人口的诗句。

大运河自古以来运送着千千万万进京赶考的寒门学子，运的不只是人，运的更是文化的根、文学的魂。

5）巡察文化——帝王南巡

清朝康熙在位 61 年间，曾六次到江南巡游，根据史书和清宫档案显示，勤政的康熙帝南巡最为主要的目的是治理黄河与淮河。

清初，黄河从西向东，大运河从南往北，两者汇聚在洪泽湖以东的清口。那里水情复杂，河流交错，极易发生水患。所以河南、安徽、江苏、山东等省水灾不断，而这也直接影响了南粮北运。因此，康熙在亲政初期，便“以三藩及河务、漕运三大事，书宫中柱上”，将其作为亟待解决的重大问题。

康熙二十三年（1684），三藩平定，台湾收复，中国统一局面基本稳固，康熙决心对黄河、淮河进行治理：“今天下无事，治河最重要”，由此，康熙开始了他治理河道的第一次南巡。

在山东登泰山祭祀后，康熙询问黄河情形，并与大臣讨论治河方略。他以“黄河屡岁冲决，欲亲至其地，相度形势，察视河工”为由，南下江苏，在桃源检查河工，慰劳纤夫，告诫当地官吏不要侵扰渔业。其后，他又来到高邮，彼时当地正闹水灾，农田、房屋都浸泡在水中。康熙弃舟上岸，沿路访察十余里，询问百姓疾苦。

康熙通过亲自考察河务，钦定治河方略，在几十年治理后，终于使两河水患减少，黄河、淮河两岸人民安居乐业，漕运无阻，这项历史功绩与其平定三藩之乱、收复台湾、击败俄罗斯等相比，同样彪炳青史。

当然，在六次南巡中，康熙帝还顺便查访了江南的吏治民情，会见了当地士绅、名士，奖励义学，还谒明陵、祭孔子等。

乾隆也曾六下江南，大体工作包括以下几个方面：蠲赋（即免除赋役）恩赏、巡视河工、观民察吏、加恩士绅、培植士族、阅兵祭陵。

乾隆多次下谕，蠲免江浙、安徽上千万两税银。第一次南巡时，谕免乾隆元年至十三年江苏积欠税银 228 万两、安徽积欠 30 万余两以及浙江应征银 30 万两，之后的每次南巡，都谕免江苏、安徽欠银。其总计六次南巡，免银总额在 1000 万两以上。

乾隆也像其祖父康熙那样，极其重视河工海防，把它视为巡视江南的主要任务。在乾隆所作的《万寿重宁寺碑记》和《南巡记》里载："南巡之事，莫大于河工"，"六巡江浙，计民生之最要，

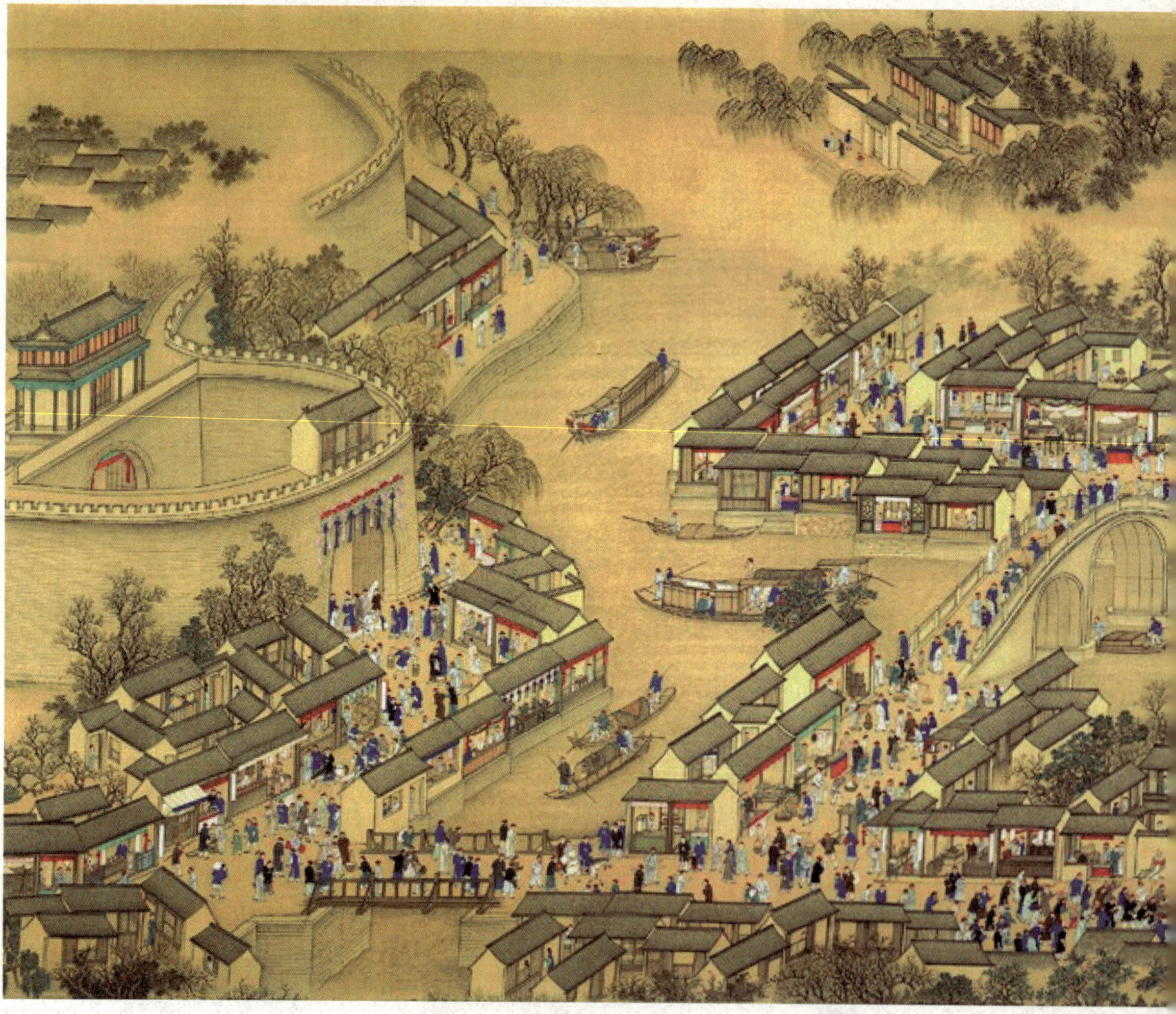

图 2-12　康熙南巡图（局部）
（图片来源：百度图片）

莫如河工海防”，“临幸江浙，原因廑念河工海塘，亲临阅视”。这些话并非空谈，而是乾隆倾尽全力、大兴河工的真实概括。

南巡期间，乾隆还在礼遇致仕大臣和“培养士类”方面做了大量工作。他重新起用或擢用办事实心、颇有政绩的大臣，像原任大学士的陈世倌、史贻直和大学士管江南河道总督的高斌，都是当时的能臣，仅因小过或一时不顺上意，而被降职、革职或致仕，使其才干无所施展，乾隆借南巡之机，谕命他们三人都官复原职。

针对更重要的“培植士类”，乾隆主要采取两大措施：一是增加生员名额。六次南巡，大约增加江苏、浙江、安徽三省生员名额5664名。也就是说，每次南巡增录的生员，相当于每三年一次录取的名额1/4左右。二是考试敬献诗赋的士子。试题均由乾隆亲出。第一次考试江苏、安徽、浙江进献诗赋的士子时，江南（江苏、安徽）取了一等5名，依名次顺序是蒋雍植、钱大昕、吴烺、褚寅亮、吴志鸿。浙江取中一等3名，即谢墉、陈鸿宝、王右曾，均特赐举人，授为内阁中书。以后五次南巡，每次取中的士子，名额又多了一些。

南巡期间，乾隆还在苏州、杭州、江宁、嘉兴等地多次阅兵，检阅军队操练，整饬营务，对所到之地的地方官员予以考核奖惩升降。另外，他还游遍江南名胜，观古赏景、悦目怡心、赋诗唱和、题字留念、广写匾额。

康乾二帝的十二次南巡，对稳定江南，巩固国家统一起到了关键性的作用。大运河承载了我国帝王南巡的巡察文化。

2. 促进南北沟通与民族融合的重要纽带

大运河作为千年水道，横跨中国五大水系、纵贯中国最富饶的华北平原与江南水乡。在中国差异多元的文化地理格局中，大运河是加强民族互通和团结凝聚力的重要纽带。大运河的开凿和贯通加深了南北地域的联系，特别是促进汉族与少数民族的文化融合。南北和东西文化在大运河的流波中聚汇融通，充满了生机和活力，既加强了南北文化的融合，同时也推动了中华各民族之间的互通，增强了民族的团结凝聚力。

1）促进南北沟通

如果说长江和黄河沟通的是东、西，那么人工开凿的大运河沟通的则是南、北。大运河串联了我国大部分地区，是沟通南北的大动脉。

南北沟通包括人口流动、文化融合，以及经济交流。比如，南北朝时期，烽烟四起、常年战乱，北方地区被少数民族占领，汉族人口在大运河的助推下，大规模向南方移动，形成人口流动，中华文明从黄河流域扩展到长江流域，其中运河成为文明串联、地域扩展和统一融合的纽带，从而进一步加深两地文化交融。在此基础上，大运河助推大宗贸易发展，“南粮北运”将江南富饶的粮产运到缺粮的北方，不仅解决了中国北方地区温饱问题，还大大促进了南北地区经济交流。

2）促进民族融合

民族融合的前提条件是民族人口的迁徙和杂居。大运河以其特有的沟通功能为各民族提供了大迁徙的通道，推动了各族人民之间的交往，在民族大融合过程中发挥了积极作用，为民族融合做出了重要贡献。

大运河一经开凿，就极大缩短了各流域之间的时空距离，便利各流域居民之间的频繁交往，促进了各民族间的经济文化交流，进而加速了民族融合的步伐。

当北方人口转移至南方时，新晋南方人群与南方原住人群之间将不可避免产生文化磨合与交融。比如，南北方生活饮食方式的融合：北方民族吃羊肉、饮酸奶的风俗与南方食鱼虾、饮绿茶的习惯相融合。

大运河更是联结民俗文化纽带。从隋唐开始，大运河便把运河两岸、黄河中下游及长江南北文化有序联结起来，吸纳东西民俗文化精华，融汇南北各地饮食、宗教、信仰、人生、礼俗、生活生产习俗等，形成运河文化带独特的民俗事项。

运河民俗文化所包含的事项有许多，涉及饮食、礼仪、生产、节日等诸多方面。比如，在节日方面，有元宵节的汤圆、端午节的粽子等；在礼仪方面，有婚嫁的“说媒”“拜堂”“闹洞房”、有丧葬的“送终”“守灵”“成殓”等。

运河民俗文化影响深远，时至今日。随着时代发展，我们取其精华，去其糟粕，将一些诸如“裹小脚”“童养媳”等恶俗的民俗文化连根拔除，又留下诸如“过春节”“闹元宵”等好的民俗文化予以传承，并且发扬光大。

3. 造就经济繁荣与文化璀璨的国家命脉

大运河促进水路运输的发展，不仅带来了沿线城镇的经济、文化繁荣，助推中国商贸发展，还带来了社会职业的发展和生活方式的改变，造就了中国经济繁荣与文化璀璨的国家命脉。

1）促进沿线城镇发展

在古代，大运量的货物运输基本依靠水路，沿线城市因水而兴。隋开大运河，自此以后，设转存仓，存粮运粮，促进了运河沿线城镇发展。尤其是水网密布的长江以南地区，贸易线上的城市规模逐渐壮大，也变得更为富有。唐代，大运河大宗贸易商品从奢侈品逐渐转向生活必需品，如大米、木材以及各地的特产等，促使水上贸易呈现繁华之景，有“水国逾千里，风帆过万艘”之势。

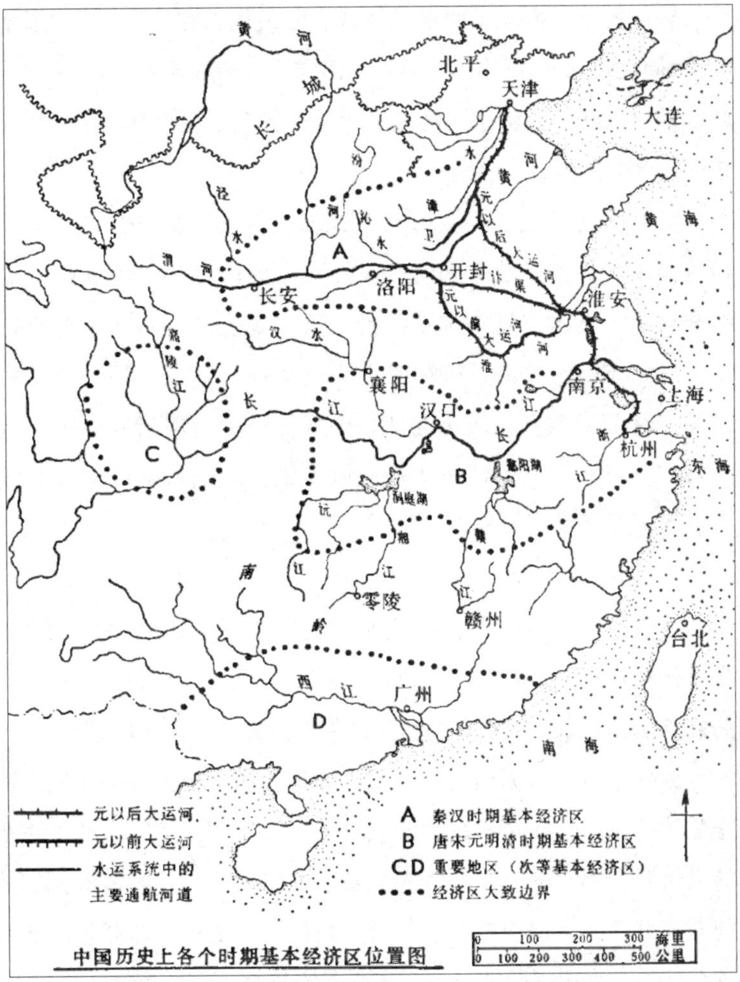

图 2-13 中国历史上各个时期基本经济区与大运河位置关系
（图片来源：冀朝鼎．中国历史上的基本经济区 [M]. 商务印书馆，2014.）

作为中国一条川流不息的大动脉，大运河一直起到沟通中国南北方经济文化、维护国家统一、促进社会进步的重要作用，民命国脉攸关，意义十分重大。大运河是中国历史上联系“经济要区”的通道。冀朝鼎在《中国历史中的基本经济区》一书中阐述了中国历史上的“经济要区”（Key Economic Area）的概念，认为它是我国历史上统一与分裂的经济基础和地方区划的地理基础。京杭大运河则是都城与“经济要区”相联系的通道，京杭大运河自元至元二十六年（1289）开通至今已经有700多年历史，大运河工程运行时间超过500多年，是当时中国经济中心与政治中心紧密连接的重要纽带，是元、明、清时期都城的命脉，是保卫边防、巩固统一的保障，是中华民族经济文化交流而繁荣的渠道。

大运河是古代中国“中枢区域”的枢纽，在中国历史上，都城往往是一定时期内国家的政治、军事和文化中心。因此都城区位的选择必须掌握全局，眼光高远，沙学浚（1943）认为，都城所在区域应该是国家的“中枢区域”。从地理上看，古代中国的中枢区域大致相当于南岭以北、长城以南，西起太行山及贵州高原东缘，东迄于海的区域，面积约占全国1/5，人口则占3/5。其中南京与北京分居中国核心地区南北枢纽位置，而大运河正是联系两者的重要途径。

运河的畅通带动了两岸经济社会的发展，使这一区域逐渐形成以运河为商品流通主干线的城乡市场网络，这个网络由流通枢纽城市（北京、临清、扬州、苏州、杭州等）、中等商业城镇（德州、聊城、张秋、济宁、淮安、镇江、无锡、常州等）和农村集市相互连接而成，覆盖华北、华东的大部分地区。

沿大运河形成了诸多都市、城镇，其中许多至今仍是重要的中心城市（镇）或历史文化名城（镇）。例如：位于邗沟、长江交汇处的江都（即扬州）成了当时国内最大的贸易城市。所有来自南方的大宗货物都要沿着大运河经过江都转运，这使得扬州从中等城市一跃成为大运河枢纽和全国经济中心，晚唐时期更有“扬一益二”的说法。从江都过长江口就是京口，当时京口的来往商船数量仅次于江都。同样作为大运河沿线城镇，位于江都东南方位的苏州和杭州，经济快速发展，人口快速增长，城市繁花似锦。宋代诗人范成大对这两座城市有“上有苏杭，下有天堂”的美誉。

2）助推中国商贸发展

隋唐之前，中国历代帝王只注重地区内部的发展，跨区贸易少之甚少。随着隋唐大运河的形成，大宗货物远距离运输兴起。唐代，一个地区可以致力于生产其他地区缺乏的产品，通过贸易获得高额利润，之后再用获得的利润购买生活必需品。中国跨区域长距离商贸逐步发展。

宋代具有相对宽松的经济政策，是中国历史上唯一鼓励经商的封建王朝。著名历史学家漆侠先生曾指出：“在两宋统治的三百年中，我国经济、文化的发展，居于世界的最前列……”宋代的经济繁荣离不开长距离跨地域贸易的发展。宋代有着我国历史上最大规模的长距离跨区贸易，同时又开启了东南亚的海外贸易。跨区贸易商品大多是丝、香料、药草及瓷器、漆器、金属器具等奢侈品。大运河助推宋代经济革命的产生，这是我国经济历史上最重要的一次转型。

清代，中国又进行了比宋代商业革命幅度更大的第二次经济转型，史称“流通经济”或者“商品经济”。商业化扩展至地方及乡村，首次出现大量农业家庭，将相当比例的农产品出售，跨区域贸易开始涵盖主食、棉花、豆类、动物产品与肥料。这也得益于大运河的长距离运输以及国内交通运输业（尤其是水运行业）的发展。

随着商品经济的不断发展，从明代起，开始出现以徽商和晋商为代表的地缘性商人集团，人们称其为商帮。

永乐年间运河南北贯通后，徽商相机而动，凭借地理之便最先进入京杭运河区域，地处运河最南端的杭州是丝织业中心、木材集散地，又是两浙盐业经营中心。徽州的丝绸商、木商、盐商在这里拥有极大势力。运河之滨的商业都会苏州，也是徽商最早的云集地，他们在该地的米、布、茶、木、丝绸、颜料等行业中都占有极为重要的地位。扬州是运河区域最繁盛的商业都会，徽商在此称雄一方，主要经营两淮盐业。淮安地处黄河、运河、淮河交汇之处，是运河沿线重要的商业枢纽，徽商与山西商人一起垄断了这里的盐、布经营。地处漕运咽喉的临清，明中后期成为徽商在北方的大本营，以致有“山东临清，十九皆徽商占籍”之说。运河最北端的京师，徽商也趋之若鹜。到明末来京经营的徽州人已达万余。清代北京的徽商会馆有 36 所。

明初随着“开中法”的实施[1]，山西商人通过运粮到边镇换取盐引，进而销售食盐获得利润，势力迅速崛起，他们与陕西商人一道，向淮浙地区大批移民，靠近两淮盐场的扬州，成为山陕商帮麇集之地。杭州、苏州等运河重镇，寄居着难以计数的山陕商人，以至于明朝不得不在此设立“商籍”，以解决山陕商人子弟异地参加科举考试的困难。入清以后，山陕商人在南方的势力有所减弱，但在北方，特别是运河沿线仍处于独执市场牛耳的地位。北京、通州、天津、德州、临清、聊城、章丘、济宁、台儿庄等，到处都有山陕商帮站建立的会馆。据不完全统计，清代北京的山陕商人会馆多达 71 所。

江西商帮素以人数众多、吃苦耐劳、活动范围广泛著称。在运河区域到处都有他们的商号和会馆。明代北京的会馆见于文献记载者有 41 所，其中江西商人会馆 14 所，占 34%，居各省之冠。在运河南段的苏州，江西商帮的势力也很强盛。嘉庆年间重修会馆时，共有 11 种行业多达 101 家商户参与捐资，江西商人把临清作为运销瓷器的重镇，瓷器铺在明代多达20余家，清代亦有10余家。此外还有山东商帮、福建商帮、洞庭商帮、宁波商帮和龙游商帮等。

各地商帮借助运河交通的便利和市场网络的完善，腾挪辗转，多方经营，在自己获利的同时，也给中国东部地区带来了极大的生机与活力，推进了运河区域社会的发展与繁荣。首先，促进了各地物资的大流通。其次，加强了不同地域间的文化交流与融会。商人在外经商，为了营造良好的贸易环境，往往结交官府士绅，兴办义举善事，参与地方公益活动，这些活动有效拉近了客商与当地社会的距离，消弭了因不同地域不同风俗造成的文化隔阂。最后，推动了运河区域社会发展的进程。各地商帮的经营活动将运河区域农产品、手工业品等带入了更大的市场流通领域，由此也带来了该区域产业结构的调整，工商业城镇的繁荣，世情民风的变化。明清时期的京杭运河区域是中国东部的一条经济繁荣带、文化兴盛带、城镇隆起带和人才流动带。无疑，在此剧烈的运河区域社会变迁中，商人商帮的活动起到了推波助澜的作用。

3）带来社会职业变化

长途水运促进沿线城镇发展，也促生了一种新的社会职业——船商。船商以船为家，主要负责提供船只运输大宗货物和运人，成为大运河水运线上必不可少的角色。每条小船都归属于大船队，每个大船队都会定期联合。

随着水上运输业的发展，船队形式也变得更加复杂，进而产生了管理人员和组织团队的新式专家。随着储存水上运输的商品成为独立行业，货栈管理者在运河沿岸城镇建设仓库，在那里买

1　盐商不得再以货币购买食盐，要获得食盐经营权，必须通过为边塞军队运输粮食来换取。简单地说就是为政府解决问题，换取食盐特许经营权。

进及储存船只带来的货物。大运河的修建，带来社会职业的变化，催生新的生活方式。

4）实现南北文化交融，造就中国璀璨文化

南北文化之间的巨大差异，在魏晋南北朝时期表现尤为突出，而且在南北朝后期就已经出现了南北地域文化体系。南方文化即江左文化，北方文化即山东、关陇文化，因受地域等因素的影响，南北文化和审美情趣大不相同，各具特色。江左人士受两晋以来的观念影响，门阀意识浓厚，家学渊源较深，显示了家族文化的巨大威力，具有较高的艺术修养，所以他们更注重文学艺术才华，体现在性格上就是，江左人士清俊、秀逸。而山东关陇多崇尚礼乐经术传家，或是出于军事贵族，重军功，体现了强劲的政治文化，因而体现在性格上为多儒雅、敦厚、质朴或刚直而豪爽。这种南北文化的交流与融合，在隋唐统一之后，表现得十分突出和明显。大运河的开凿和贯通，无疑对这种南北文化交流起到了促进作用。

隋代已经实现了政治和地理上的南北统一，但文化意义上的南北统一未能在短期内完成。隋文帝杨坚的政权建立在关陇军事贵族集团的基础上，因而他以关陇文化为本位，吸收山东文化而排抑江左文化。南北文化的融合是在隋炀帝时期开始的，由于他长期居住在扬州，对江左文化有密切的接触与认识。正式继位后，他改变了隋文帝排斥江左文化的策略，致力于南北文化的融会与交流，任用江南著名的大儒徐文远、褚辉、陆德明、鲁世达及包恺为学官。由于大运河的开通，加之隋炀帝的诏令，江浙地区一大批文学之士来到长安。受北人经世致用、建功立业意识的影响，其思想和文化观念发生重大转变。同时江左文化逐渐受到重视，并且在南北交往中开始与北方文化融合。

大运河对南北文化的交流还体现在思想艺术和文学等主流文化上。首先是通过人员的流动而实现的。江南大量名士沿着运河北上，希冀得到朝廷重用，将南方文化带到北方，但安史之乱对运河流域的北方文化而言，是一次极其重大的破坏。战乱中，大批北方人纷纷南迁，形成三道波痕。第一道达湖南、岭南和闽南，第二道集中于长江沿线，第三道在淮南江北、鄂北和川中地区，包括官吏、音乐家、画家、诗人等。安史之乱所造成的人员大量迁徙，以及一些到南方做官的文人士大夫，他们一方面将一些音乐、绘画、诗歌创作等带到南方；另一方面加强了与南方文人学士的交流，激发了新的创作热情，极大促进了南北文化交流。其次，在广义的文化交流方面，还包括宗教信仰、民间习俗、手工技艺等多个方面，他们通过商贸交通、人口迁徙等方式，在大运河上进行频繁的交流，在礼俗文化方面促进了地区间的统一，这也是一个重要的方面。南北文化的充分交流与融合，造就了璀璨的中华文化。

受运河影响，文化中心逐渐转向南方，造就了我国政治中心在北，经济、文化中心在南的历史格局。对比洛阳和长安，洛阳在文化上比长安更为优越，这与洛阳便捷的水运系统分不开。洛阳三个市场均邻水——北市位于洛水北面，南市通过运河连接洛水，西市位于通济渠附近——这有利于来自南方的船运和贸易，满足贸易和交往的需求。故而洛阳城也由水而兴，造就文化繁荣。

反之，长安的市场却远离运河，文化不如洛阳繁荣。

历史上，有关大运河的典故及名人颇多。比如“隋炀帝下江南”，隋炀帝为了下江南而开凿了大运河，声势浩荡江南。又如“舟楫之胜可敌长城之雄”，乾隆年间，朝鲜祝寿团成员朴趾源，过山海关时被长城所折服，过大运河时被运河之上百米长的舟船旗帆所折服，认为其不输长城之雄伟，故有此佳句。再如“漂来的北京城”。古代建造建筑所需要的珍贵木材和砖石都产自江南地区，明成祖朱棣迁都至北京后，委派官员从江南各地沿大运河运送木材、城砖和金砖，材料积累，形成规模，进而产生了“皇木厂”和“金砖厂”，十三陵长陵的享殿、北海公园的真如殿等宫殿的材料就是通过大运河从南方漂来北京的，故而民间甚至有“先有皇木厂，后有北京城”一说。

此外，大运河与文学艺术的发展与传播息息相关。大运河推动京剧、淮剧等戏剧以及一些地方民歌的传播与发展，同时，又促进诗歌、小说等大量文学作品的传播与繁荣。

4. 推动对外交往与文明对话的关键通道

1）鉴真东渡——宗教文化

公元 742 年，鉴真在扬州面见了两位特殊的客人——日本留学僧荣睿、普照，二人力邀鉴真前往日本弘扬佛法。荣睿和普照是在 733 年来到中国的，此行的任务就是邀请唐朝高僧前往日本教授戒律。742 年，两人为寻求归国之船来到了扬州，并拜见了鉴真。

根据《唐大和尚东征传》的记载，荣睿告诉鉴真日本虽有佛法，但无传法人，并称圣德太子曾预言佛教会在日本兴盛，恳请鉴真东渡弘扬佛法。当时从中国至日本路途遥远、艰险，众弟子都沉默不语，鉴真却毅然答应前往。

日本方面的邀请只是外因，鉴真做出东渡决定还有其内在原因。当时唐朝的当政者是唐玄宗李隆基，推行崇道抑佛政策，每年依照规定举行考试，名为“道举”。相较而言，佛教的境遇惨淡了些，修筑佛寺和佛像都遭到禁止。

此时佛教虽未被完全禁止，但其发展前景并不乐观。荣睿、普照来访时提到日本正急需佛教高僧，鉴真思量后认为日本乃是“佛法兴隆有缘之国”，欲前去日本更好地宣传佛教。值得一提的是在鉴真之前，一名法号道璿的僧人已经随遣唐使抵达日本，道璿是鉴真的后辈，他的行为或多或少鼓舞了鉴真。

佛教中，僧侣逝世后遗留下的头发、骨骼等均可被称作舍利，僧侣尸体火化后残留的结晶物体则被称为舍利子。舍利子皆被佛教徒视为圣物，鉴真亦是如此，他东渡日本就携带了大量舍利子。舍利子信仰同转世相关联，《唐京师大安国寺子邻传》中载有生者朝拜舍利子，助堕入地狱的死者早日转世的故事。在东渡日本之前，鉴真曾多次参拜供奉有舍利子的寺庙。鉴真东渡时携带的舍利子则被供奉在其主持修建的唐招提寺中。鉴真对舍利的信仰背后有着对转世的渴求，其在日本推行舍利子信仰的行为亦受这种渴求的推动。

实际上，不止是鉴真，历史上很多有修为的高僧都崇尚亲身实践来弘扬佛法、提高自身修为。鉴真决心东渡之后就没有改变过自己的决定，支撑他的更多的是坚定的信仰和不屈的意志。

鉴真带去很多佛经和医书到日本。他主持重要佛教仪式，系统讲授佛经，成为日本佛学界的一代宗师。他指导日本医生鉴定药物，传播唐朝的建筑技术和雕塑艺术，设计和主持修建了唐招提寺。这座以唐代结构佛殿为蓝本建造的寺庙是世界的一颗明珠，保存至今。鉴真死后，其弟子为他制作的坐像。至今仍供奉在寺中，被定为“国宝”。

2）丝绸之路——丝路文化

自秦汉以来，中国就以丝绸打开了通往世界的大门。隋炀帝开凿了贯通南北的大运河后，中国又有了这条扬州、杭州通往世界的新丝绸之路。唐朝是真正发挥大运河作用的第一个王朝。唐代，国门四开，世界商人不断从南方、沿江南运河、邗沟、汴河前往王朝的首都长安，隔海相望的新罗、日本，远隔重洋的阿拉伯帝国、波斯、天竺与我国交往频繁，而经过不断疏浚的大运河，也能够接受他们庞大的船队。从这个角度来说，大运河在作为经济贸易往来通道的同时，也带来了丰富多彩的文化交流。

隋唐时期，大运河联通东南亚四邻与西亚国家的线路主要有以下几条：

与新罗的连接线路有两条，一条是由朝鲜半岛经过黄海到达唐登州文登县赤山镇，后经路青、齐（济南）、汴州（开封），到达长安，这是一条陆路。另一条是沿山东、苏北沿海南下至楚州，再转行运河，或由此西去汴、洛，或南下扬州，此水程沿途多有新罗移民居住，建有“新罗坊”“新罗馆”。

与日本的连接线路有三条，第一条是先经朝鲜半岛渡海，至登州上岸，再沿前述新罗入唐道抵达长安。第二条是由日本出发，直接跨海西行，至中国长江口及苏北沿海一带登陆，入扬州、楚州（淮安），利用运河（山阳渎、汴水），直达长安。第三条是从日本直接横渡中国东海，南下至明州及浙江沿海登陆，溯钱塘江或由浙东运河经过越州（绍兴）至杭州，再由江南运河、淮阳运河、汴水等运道北上至长安。

中国在唐宋时期与西亚及南亚国家的交通，基本上是依靠京杭大运河与海上丝绸之路一起完成的。外域国家的航船经由海道首先抵达广州，从广州可经过多条线路到达关中。第一条是自广州溯浈水（北江）至浈昌（南雄），翻越大庾岭而入江西，集于洪州（南昌），由此分为两道，或出彭蠡湖（鄱阳湖），顺江而下至扬州；或东经仙霞岭至衢州，循钱塘江下至杭州，入江南运河，至扬州，再由扬州沿山阳渎、汴水前往洛阳、长安。其中也有一部分物品在扬州装上海船，转向日本、新罗。

可以说大运河助推了丝路文化的形成，对东西方两大文明对话起到了关键作用。

3）中国之旅——文明对话

大运河是外来使者、商人来往的重要通道，也是展现城市繁华景象的重要途径。在大运河的助推下，唐代的中国出现了海上丝绸之路，使得中国成为一个更大的通过水路交通联系的世界体系中的一部分。唐代的经济发展、佛教传播以及唐代的包容性，使遣唐使者和朝圣者络绎不绝，唐代的中国呈现了国际性的特点。

隋唐时期中外文化交流的突出特点是以政治交流、宗教传播、商业贸易为主要纽带，其中留学生、僧侣、遣唐使、商人等往来不绝，文化交流的内容极为丰富，既有佛教、景教、祆教、伊斯兰教等宗教方面的传播，又有语言、文学、文史、典籍、音乐、舞蹈、书法、绘画、体育、杂技、天文、立法、算学、医学、律令、官制，乃至服饰饮食、居室、礼仪等各个方面的相互学习、交流与影响，科学发明在这一时期也得到了相互交流，及时传播。

经由大运河的文化交流主要有以下四类，一是海外商贸来往，联通广州的线路主要是阿拉伯商人，入唐贸易。另外新罗商人在唐土上也有很频繁的商业活动。二是政治交流，例如东亚的日本、新罗多次派遣留学生来唐学习、做官，其中日本多次组织遣唐使来华。这一时期因为日本完全效仿唐代的制度与文化，因此被称为“唐风时代”。三是宗教交流，其中最重要的是佛教交流。佛教文化首先由陆上丝绸之路东传至唐朝中土，然后以大运河为主要通道，继续东传日本、新罗，这两国的学法僧人越洋至唐，基本沿运河上溯至宗教中心长安。四是学术艺术交流，这一时期天竺的数学、天文学逐渐传入中国。同时，中国的重要科学发明也在这个时期传播到了世界许多国家，如造纸术经由阿拉伯人传到埃及、摩洛哥及欧洲。

到了元代，不仅中国的国家制度与文化地理形势发生了很大变化，世界的形势也发生了革命性的变革。首先是元朝政府将国都设置于东北部的大都，使得国家的政治经济中心，全都偏向于东部，再加上西北的丝绸之路，自宋代起就交通不畅。因此自元代开始，中国与外域的交流，除通过蒙古帝国境内的草原丝路之外，基本上依靠东部的海上交通。元代时世界的格局也有所变化，阿拉伯国家开始衰落，欧洲的基督教国家逐渐兴起，因此这些基督教国家开始了对东方的贸易、政治与宗教的交流。另外日本、高丽也与中国维持着往来，主要以宗教文化交流为主。

元代时，马可波罗来华，受到元世祖忽必烈的礼遇和重用，先后代表元政府出使过波斯、印度、安南等地，并在扬州任官三年（1282～1284）。马可波罗驳船在大运河上航行时，只见“沿河城市、村庄甚众，到处皆有民居，人家尽枕河大概也不为过。沿途物资——米、面、肉、鱼、水果、时蔬、美酒之属，供应一应充足，且价格低廉”。城市居民“恃工商为活，商货繁盛，人民赖之收入甚丰，舟船往来不绝”，其生产力之强超出欧洲人想象。明代，朝鲜官员崔溥借助大运河返回朝鲜时，也被大运河两岸的富奢景象所震撼：“海陆珍宝，若纱罗绫缎、金银珠玉，百工技艺、富商大贾，皆萃于此。”

明清时期，基督教在华的传播也基本遵循了前朝的交通方式，即以京杭大运河为主线，在这次中西文化交流的高潮中，运河不仅把传教士送进了北京，也把西方先进的科技引进了中国，同时又把中国传统文化的精华输送到了西方。此时的文化交流涉及信仰和科学各方面，它所产生的影响相比唐宋时期来说更加广泛和深远。明代后期，西方传教士纷纷来到中国，传播上帝的福音，但真正打开在华传播局面的是利玛窦，他采取灵活务实的传教方针，结交中国士大夫，取得他们的支持，特别是他两度由运河北上进京，终于见到了皇帝，并博得了皇帝的好感，因此取得在华传教的合法权利。由于运河在南北交通中的特殊地位，所以来华的传教士，都由运河往来于中国南北的运河沿岸商业城市，这些城市也是他们早期传教的主要地方。

为了便于传教，传教士以科学知识为敲门砖，从而将西方的自然科学技术介绍到中国来。有些传教士还参与修历或供奉朝廷，从事科技工作。他们充当了中外文化交流的桥梁和媒介，通过运河往来中国南北的传教士们，在传播“福音”的同时，也拉开了“西学东渐”的序幕，与此同时，传教士也把中国文化传入西方，促使“中学西渐”，从而谱写了17、18世纪中西文化交流的新篇章。

大运河促进中华文明与世界文明的交流，影响中国与外部世界的关系与格局。

5. 影响我国古代城市整体格局的形成和发展

1）影响政治中心转移

运河的修建成为都城转移、政治中心转移的重要因素。东汉时期，建都洛阳，导致大兴(即长安)地位衰落，大兴附近的运河也因此常年失修而丧失水运功能。隋代，隋文帝统一中国，重新建都大兴，但此时的经济中心正不可逆转地向南转移，大兴可谓物资匮乏、百废待兴。为解决都城用粮问题，隋朝皇帝重修运河，把都城和除四川之外的全国每一个生产粮食的区域连接起来，并以“大运河”之名为世人所熟知。到了元、明、清时期，北京成为此时的首都，这也是隋炀帝决定运河延伸到东北的结果。可以说，大运河的修建对帝国帝都的选址产生重要影响。

2）影响城市地位变化

大运河对城市地位变化起着重要作用。北宋末年，杭州是京杭大运河的终点，城市地位不高。南宋时期，杭州为首都，绍兴为陪都，因此连接两地的浙东运河不断发展并迎来黄金时期，就这样，杭州成为浙东运河的起点。通过运河，各地的商品被运往杭州销售，各地的造船厂为运河提供船只，此时的杭州既作为京杭大运河的终点，又作为浙东运河的起点，水运发达、贸易频繁，城市地位大大提升。

当然，也有不少地区因大运河废弃和漕运的废弃而没落。山东临清曾经是因水而兴的城市，直到19世纪初期，政府放弃该地区大运河的漕运，直接导致了该地区走向衰败。

3）影响城市空间布局

大运河助推新的城市特征出现。洛阳与南方城市以大运河相连，其市场和跨区域贸易主要依靠水上交通体系。隋唐时期，洛阳三个官方设立的市场，都有水上运输的便利，而市场临水更易于贸易往来，促使城市出现新的特征，贸易的中心性开始凸显，特别是以水运为基础的水上贸易，成为城市规划中一个非常重要的特征，也是中国城市格局变革过程中一个重要的进步。

大运河影响城市空间布局。唐代，江都（即扬州）受大运河影响，水运发达，商业繁荣。为了方便水运，两条南北向的商业大街沿运河形成，商业建筑也沿河而建；东西向的大街将市场与市场相互串联在一起，并延伸至城外，就连城门外也有许多用于交易的坊。商业市集越来越多，商业建筑物逐渐延伸到大街上，城市规模也随之越来越大，大量北方人口随着大运河南下流入江都，江都也因此修建了新的外墙，以容纳迁徙之人。夜市也随之兴起，当地市场在午夜之后继续开市，水上交通在午夜之后仍然维持。826年，城中运河水浅，故修建环城运河，以方便盐运。

三、中国大运河的当代意义

1. 大运河之中华文明的价值意义

1）彰显中华文化的重要标识

党的十九大作出“坚定文化自信，推动社会主义文化繁荣兴盛”的重大部署，为将大运河打造成为中华文化重要标识提供了宝贵的历史机遇。

如果说长城是中华民族挺起的脊梁，那么大运河就是中华民族流动的血脉。大运河就像一条金丝线，将一颗颗璀璨的中华文化明珠串联起来。大运河是一条文化之河，它不但是纵贯南北的交通大动脉，而且在促进民族融合和社会发展，以及延续、传承和发展中华文明的发展过程中做出了卓越贡献。

大运河所承载的厚重历史文化是中华文明的重要组成部分。大运河文化彰显了中华传统文明的三个特点：一是道法自然，生生不息，天人合一；二是地方中央相互支撑，凝聚合力；三是贯通南北，连接东西，兼容并蓄。大运河文化是能突破地域文化局限性的统一文化标识，其“多元一体、开放包容”的文化特征也完全符合当代评价优秀文化、先进文化的衡量标准。以大运河文化为脉，重构运河沿岸城市的标志性文化，可以彰显运河特色风貌，延续运河历史文脉，使当地民众在重构文化中找到对中华文化的归属感和认同感，增强文化自信。现在，大运河已经成为国家文化形象的重要标识，也是长三角地区重要文化基础之一。

2）落实国家战略的重要载体

2017年5月，中办、国办共同印发的《国家“十三五”时期文化发展改革规划纲要》中明确提出，我国将依托长城、大运河、黄帝陵、孔府、卢沟桥等重大历史文化遗产，规划建设一批国家文化公园，形成中华文化的重要标识。这是我国第一次提出大运河国家文化公园的概念。建设大运河国家文化公园，作为一项重要的国家文化工程，其目的在于扬弃继承、转化创新，推动中华文化现代化，让中华优秀传统文化拥有更多的传承载体、传播渠道和传习人群，增强做中国人的骨气和底气。大运河文化公园的建设使大运河成为中华优秀文化传承的重要载体，也成为落实国家战略的重要载体。

以国家文化公园建设为入手，推动大运河文化带建设的全面展开，这对弘扬中华传统文化具有重大作用。2019 年 7 月 24 日，习近平主持中央全面深化改革委员会第九次会议，正式审议通过了《长城、长征、大运河国家文化公园建设方案》（以下称《方案》），标志着以长城、长征、大运河为核心的线性文化遗产保护传承与利用将进一步完善。《方案》强调，国家文化公园是国家推进实施的重大文化工程，通过整合具有突出意义、重要影响、重大主题的文物和文化资源，实施公园化管理运营，实现保护传承利用、文化教育、公共服务、旅游观光、休闲娱乐、科学研究功能，形成具有特定开放空间的公共文化载体，以进一步坚定文化自信，充分彰显中华优秀传统文化持久影响力、社会主义先进文化强大生命力。可见，国家文化公园建设是进一步坚定文化自信，创造性转化并创新性发展中华传统文化，传承并弘扬革命文化，传播并弘扬社会主义先进文化，实现中华文化的繁荣兴盛、持久广远影响和中华民族伟大复兴的重要载体，也是社会主义精神文化和物质文明协调发展的重要推进器，在新的历史时期具有极其重要的意义。

同时，大运河文化公园的建设与区域协调战略有联动作用。我们只有立足新时代，注重其整体性、关联性和协调性发展，将大运河的建设统筹纳入国家重大战略，才能将大运河的价值发挥到最大。大运河是贯通南北的文化长廊，也是联系不同区域的经济命脉和生态长廊，在国家经济文化中占有举足轻重的地位，具有与“一带一路”发展战略、京津冀协同发战略展、长江经济带发展战略和长三角区域一体化战略等多个国家战略部署相互交叉重叠的特性。故而，打造大运河文化带，须与国家重大区域协调战略紧密结合，使其成为其中的重要组成部分，统筹大运河相关资源的合理开发与利用，将大运河国家文化公园的建设放在一个更宏阔的战略视野下综合施策，以更高规格和更大视角进行布局。

3）实现中华民族伟大复兴的重要抓手

大运河是实现中华民族伟大复兴的重要抓手。体现在三个方面，一则文化复兴，二则经济复兴，三则整体发展。

在文化方面，大运河助推打造文化强国。在庆祝中国共产党成立 95 周年大会上，习近平在“三个自信”的基础上新增了“文化自信”。在党的十九大报告中，习近平又将“文化”一词提及了整整 79 次。在这样的背景下，全国人民逐渐意识到科学认识和正确对待传统文化资源的重要作用。

大运河有利于推动优秀传统文化的传承。大运河具有生生不息的奋斗进取精神、与时俱进的创新协同精神、海纳百川的融合共生精神和忠义诚信的使命担当精神等。大运河所蕴含的伟大精神，正在鼓励着全国各族人民为中国梦而奋斗。

大运河有利于增强中华民族的文化自信。大运河文化内涵丰富，是蓄积了千年文化势能的超级 IP。大运河记录了中国写不完的厚重、壮美与辉煌，见证了中华文明的源远流长与勤劳智慧。大力建设大运河文化带，挖掘大运河文化资源，借助现代化科技与创意手段，将运河文化资源优势转变为优势文化产业，对外输出文化产品，宣传中华优秀文化，在世界文化的舞台上讲好中国大运河文化故事，达到提高文化软实力、助推文化强国的效果。

在经济方面，大运河助推打造经济强国。大运河流经我国三十多个城市，它北段联通京津冀，南段贯通长江经济带，是连接区域经济的动脉。大运河助推沿线区域的经济发展，以其深厚的文化底蕴带动沿线地区文化产业和旅游业发展，为我国区域协同合作提供示范样板，推动区域间更平衡更充分地发展。

在整体发展方面，大运河助推沿线城镇整体发展。历史上的中国，灿烂辉煌。周朝时期是礼制的鼎盛时期，隋唐时期是经济、文化、政治、对外交往等全方位全面鼎盛时期，宋代是文化的鼎盛时期；历史上的中国，同样也经受过战争摧残，经历过千疮百孔。而当今的中国，是新时代的中国，正在迎来中华民族的伟大复兴。进入 21 世纪后，经济、社会持续快速发展，中国在国际社会的影响举足轻重，中共十九大报告提出“把我国建成富强民主文明和谐美丽的社会主义现代化强国”的宏伟目标。在大运河的助推下，我们必然通过文化的复兴实现民族的自信，从而带来沿线城镇经济的复苏与社会的发展，以实现中华民族的全面辉煌。

2. 中华文明对世界文明的价值意义

1）助推世界文明交流互鉴

20 世纪 90 年代早期，美国政治家塞缪尔·亨廷顿提出了文明冲突论，他认为东西方之间的文化存在不可调和的矛盾。时隔二十余年后，中国在亚洲文明对话大会上提出了“文明对话”理念，有力反击了亨廷顿的观点。习近平在大会上强调：“我们应该秉持平等和尊重，摒弃傲慢和偏见，加深对自身文明和其他文明差异性的认知，推动不同文明交流对话、和谐共生。”

每一种文明都是在特定的自然环境、历史背景、民族传统中生长起来的，体现着独特的生产、生活方式，代表着一方文化的沃土和绿洲，都是人类文明的重要组成部分。习近平指出：“中华文明是在中国大地上产生的文明，也是同其他文明不断交融互鉴而形成的文明。”大运河铸就了民族的血脉，促使中国传统文化向外传播，助推中华文明与世界文明交流互鉴，使世界变得姹紫嫣红、千姿百态。

中华文明历经 5000 年，之所以能遇强则强、绵延至今，就是因为中华精神的“海纳百川，有容乃大”。中国大运河在申遗时，联合国教科文组织评价：“从历史深处流出的大运河，打通了文明水路，促进了国内各民族以及中国与邻近国家和地区人民之间的文化交流，逐渐形成了大运河的精神内涵——城市与自然、人与自然、人与人之间和谐共处，对人类文明发展产生了重大影响。”这种开放包容、互学互鉴的特性就是大运河精神的主旋律，与中国一贯倡导的“多彩、平等、包容”的文明观、“和而不同”的文明交流互鉴准则和相互尊重、和谐共处的中国理念一脉相承。

展开多层次国际文化交流，在世界舞台上讲好中国大运河的文化故事，取世界各国在运河文化保护传承利用之精华，可实现文明互鉴、互利共赢。

2）促进人类命运共同体构建

构建人类命运共同体，建设持久和平、普遍安全、共同繁荣、开放包容、清洁美丽的世界，是新时代中国共产党人为解决国际社会共同问题提出的中国方案。人类命运共同体意识超越种族、文化、国家与意识形态界限，为思考人类未来提供了全新视角，为推动世界和平发展给出了一个可行方案。

大运河是落实构建人类命运共同体理念的重要载体。人类文明的发展与水密不可分，自然河流孕育了人类文明，人工运河也同样助推了人类文明发展。据世界运河历史文化城市合作组织（WCCO）介绍，世界有 520 多条运河，分布在 52 个国家，沿线有近 3000 座城市，它们共同构成了璀璨的运河文化。如今，以运河为纽带，构建交流互鉴的世界运河文明共同体，正在成为一种可能。在 2019 年的世界运河城市论坛上，来自全球运河城市的代表济济一堂，凝聚全球运河力量，共话运河文化保护、传承和利用，共同致力于构建全球运河城市命运共同体。如何保护、传承和利用运河及其沿线城市不仅是一个国家的责任，更是世界上所有运河国家及地区的共同责任与担当。

大运河不仅是中国的，更是世界的。大运河，西挽陆上丝绸之路，东接海上丝绸之路，是推进“一带一路”的重要切入点，是推进全面开启“地球村”时代的重要助力。大运河文化带的建设有利于推动形成全面开放新格局，构建国际利益共同体乃至人类命运共同体。

3）提供世界治理的中国样板

中国共产党第十九届中央委员会第四次全体会议审议通过了《中共中央关于坚持和完善中国特色社会主义制度、推进国家治理体系和治理能力现代化若干重大问题的决定》（简称《决定》）。《决定》全面总结了中国特色社会主义制度建设的历史性成就，集中概括了中国特色社会主义制度和国家治理体系的显著优势，深刻阐述了支撑中国特色社会主义制度的根本制度、基本制度、重要制度。多位外国专家认为，中国治理制度和治理能力现代化将为广大发展中国家以及国际社会提供有用的参考经验。

我们必须守住国家治理的历史文化根基。鸦片战争以来，中国的全部历史告诉我们，中国国家治理必须按照中国的特点与实际来做。大运河，具有“汇文明活水，连中枢腹心，促区域协调”的历史性作用，穿越数千年华夏历史，跨越数千里中华疆土，积淀了古老又现代的大运河文化，可以说，没有大运河，就不可能有中国特色社会主义制度的勃勃生机。中华优秀传统文化已经成为中华民族的基因，植根在中国人内心，正在潜移默化影响着中国人的思想方式和行为方式，为中国特色社会主义制度培育了文化之根，更确立了制度自信的深层依据。

大运河是国家治理体系和治理能力现代化的重要体现。习近平明确指出："国家治理体系是在党领导下管理国家的制度体系，包括经济、政治、文化、社会、生态文明和党的建设等各领域体制机制、法律法规安排，也就是一整套紧密相连、相互协调的国家制度；国家治理能力则是运用国家制度管理社会各方面事务的能力，包括改革发展稳定、内政外交国防、治党治国治军等各个方面。"

国家在大运河的保护、传承和利用方面采取了很多措施。首先是大运河申遗的成功。大运河申遗的基本宗旨是保护大运河遗产、揭示和展示大运河遗产所蕴含的杰出的遗产价值以及深层次的中国文化特色并传至子孙后代。大运河申遗的成功绝对不是保护利用大运河的一个句号，而只是一个逗号。为贯彻落实大运河的保护、传承、利用，2019 年 2 月，中共中央办公厅、国务院办公厅印发了《大运河文化保护传承利用规划纲要》（以下称《纲要》）；7 月，中央全面深化改革委员会第九次会议审议通过了《长城、大运河、长征国家文化公园建设方案》。为此，国家发展和改革委联合国家文物局、水利部、生态环境部、文化和旅游部分别编制了《文化遗产保护传承》《河道水系治理管护》《生态环境保护修复》《文化和旅游融合发展》四个专项规划，指导沿线 8 个省市编制了 8 个地方专项规划。其中，《纲要》对大运河的基本情况、定位与目标、主要内容和组织实施做出了明确的规定，推动大运河的保护与管理工作走上科学化、规范化轨道。

同时，国家进一步强化了协调机制，将大运河治理作为一项全面而系统的工程，加强公众参与，聚集各方力量，建立健全大运河全方位保护的长效机制。国家对大运河治理制度的制定及完善，体现了国家治理体系的现代化。

习近平强调，制定出一个好的文件只是万里长征的第一步，关键还在于落实。制度执行力是国家治理的"最后一千米"。沿河各省市对大运河的保护传承利用规划落实都十分重视，以江苏省为例，为了统筹保护好、传承好、利用好大运河宝贵遗产，促进大运河文化带建设，江苏省十三届人大常委会第十二次会议全票通过《江苏省人民代表大会常务委员会关于促进大运河文化带建设的决定》。近年来，江苏省大运河沿线城市都纷纷建立了大运河专题展馆，从而有效增加了大运河遗产公共文化服务供给能力，提升了城市形象；淮安里运河、扬州双东历史街区、镇江西津渡、常州运河五号、无锡清名桥、苏州古城等具有大运河特色的文化景观，成功探索了运河遗产、文化创意和文化旅游等相结合的新的经济增长方式；作为大运河申遗工程的牵头城市，扬州建成了大运河扬州段遗产数字管理平台和遗产监测预警系统，中国大运河博物馆也于 2021 年 6 月 16 日在扬州建成开放。各地对大运河保护、传承和利用的落实，体现了国家治理能力的现代化。

中国对大运河的保护、传承和利用带动了城市治理，促进国家治理体系和治理能力现代化。建设大运河文化带，使以往单一价值取向的城市发展战略，转变为文化、经济、社会和生态效益为一体的城市发展战略。大运河文化带的建设，推动城市全面、协调、高质量和可持续发展，推动以文化传承和文化创新引领国家治理体系建设，为世界治理提供中国样板。

四、小结

中华民族长期发展形成源远流长的中华文明具有独特的价值，对人类文明进步和人类共同价值作出了重大贡献。在历史上，中华文明与世界其他文明曾有过丰富的交流，这种交流促进了中华文明和世界其他文明的多彩发展。这种文明对话，就中华文明来说，是依据于中华文明的价值观和世界观，尤其是“和而不同”的观念而开展的。中华文明作为世界文明的重要组成部分，尊重世界文明的多样性，与世界其他文明相互影响，交流互鉴，推动世界变得多姿多彩、姹紫嫣红，为构建人类命运共同体做出卓越的贡献，共书“美美与共”的新篇章。

第三章 运河遗产的国家期待

大运河孕育着中华文明，是国家文化形象的重要标识。长期以来，大运河以其开放包容、互学互鉴的精神，在“和而不同”的文明交流准则下，促进了国内外人民之间的文化交流，推动人类文明发展。大运河与当今社会“一带一路”等重要的国家战略紧密相连，体现中国治理的现代化，助力实现中华民族伟大复兴的中国梦，推动构建人类命运共同体。

一、大运河遗产

1. 大运河申遗过程

从 2006 年 12 月开始，大运河申报世界文化遗产工作正式开始，到 2014 年 6 月成功入选《世界文化遗产名录》，大运河申遗经历了漫长的过程。

20 世纪 50 年代，国家文物局罗哲文就提出了大运河文化遗产的保护问题，1986 年又明确提出申遗问题。

2005 年 12 月，郑孝燮、罗哲文、朱炳仁三名专家联名致信大运河沿线各市市长，呼吁加快大运河在申报物质文化和非物质文化两大遗产的进程拉开申遗的帷幕。

2006 年 3 月，全国“两会”58 位政协委员联合提交提案，呼吁启动对大运河的抢救性保护，并申报世界文化遗产。

2006 年 5 月，陈奎元带领全国政协委员对大运河进行了全面考察。

2006 年 6 月，大运河被公布为第六批全国重点文物保护单位。

2006 年 12 月，大运河被列入《中国世界文化遗产预备名单》，大运河申报世界文化遗产工作正式启动。

2007 年 4 月，国家文物局下发文件，要求保护好大运河，做好大运河申遗工作。

2007 年 9 月，扬州运河名城博览会上发表了《世界运河城市可持续发展扬州宣言》，扬州市被国家确定为中国大运河申遗牵头城市，“大运河联合申报世界文化遗产办公室”在扬州挂牌成立。

2008 年 3 月，国家文物局在扬州召开了大运河申报世界遗产工作会议暨大运河保护规划编制研讨会，决定以城市联盟的形式整体联合申报世界文化遗产，并达成《大运河保护与申遗扬州共识》。

2009 年 4 月，国务院牵头大运河申遗工作，成立由 8 个省、直辖市和 13 个部委联合组成的大运河保护和申遗省部际会商小组。

2011 年 3 月，公布了首批大运河申遗预备名单。

2012 年 3 月，通过了《大运河保护和申遗 2012—2013 年行动计划》。

2012 年 6 月，申遗办公室确定大运河首批申遗的范围和申报文本的核心内容。

2012 年 7 月，8 个省、直辖市人民政府颁布实施大运河遗产省级保护规划，督促所辖地市人民政府完成地市级保护规划的颁布实施工作。

2012 年 8 月，文化部令第 54 号公布《大运河遗产保护管理办法》。

2012 年 9 月 26 日，扬州代表大运河城市联盟向全线发出倡议，共同制定、签署并遵守《大运河遗产联合保护协定》，并完成申遗文本提交联合国教科文组织世界遗产中心预审。

2013 年 1 月，公布实施《中国大运河遗产管理规划》。

2013 年 6 月，完成遗产本体保护、环境整治、水资源保护和生态治理工程；建立大运河遗产监测系统，完成大运河遗产点段的展示工程。

2013 年 7 月、8 月，迎接国际专家现场考察、评估。

2013 年 9 月 26 日，联合国教科文组织世界遗产中心的国际专家正式完成对中国大运河全线 132 个遗产点和 43 段河道的现场评估。

2014 年 6 月 22 日，中国大运河申遗成功。

2. 大运河遗产构成

2014 年 6 月 22 日，中国大运河在第 38 届世界遗产大会上获准列入《世界遗产名录》，成为中国第 46 个世界遗产项目。中国大运河，涉及 8 个省级行政区，大运河河道遗产 27 段，以及运河水工遗存、运河附属遗存、运河相关遗产共计 58 处遗产点。这些遗产根据地理分布情况，分别位于 31 个遗产区内。

其中，27 段大运河河道遗产按照省份可划分为：①北京市：通惠河北京旧城段、通惠河通州段；②天津市：北、南运河天津三岔口段；③河北省：南运河沧州至德州段河道；④山东省：南运河德州段、会通河临清段（元运河、小运河）、会通河阳谷段、会通河南旺枢纽段、会通河微山段、中河台儿庄段；⑤河南省：通济渠郑州段、通济渠商丘南关段、通济渠商丘夏邑段、永济渠滑县浚县段；⑥江苏省：淮扬运河扬州段、江南运河常州城区段、江南运河无锡城区段、江南运河苏州段、中河宿迁段；⑦浙江省：江南运河嘉兴—杭州段、江南运河南浔段、浙东运河萧山—绍兴段、浙东运河上虞至余姚段、浙东运河宁波段；⑧安徽省：通济渠泗县段。

此外，58 处遗产点按照省份可划分为：①北京市：西城区澄清上闸（万宁桥）、东城区澄清中闸（东不压桥）；②河北省：沧州东光谢家坝、衡水景县华家口夯土险工；③山东省：临清运河钞关、阳谷古闸群（荆门上闸、荆门下闸、阿城上闸、阿城下闸）、东平戴村坝、汶上邢通斗门、汶上徐建口斗门、汶上十里闸、汶上柳林闸、汶上寺前铺闸、汶上南旺枢纽、汶上南旺分水龙王庙遗址、汶上运河砖砌河堤和微山县利建闸；④河南省：洛阳含嘉仓遗址、洛阳回洛仓遗址、浚县黎阳仓遗址；⑤江苏省：淮安清口枢纽、淮安双金闸、淮安清江大闸、淮安洪泽湖大堤、淮安总督漕运公署遗址、宝应刘堡减水闸、高邮盂城驿、江都邵伯古堤、江都邵伯码头、扬州天宁寺行宫、扬州个园、扬州盐业历史遗迹、扬州汪鲁门宅、扬州盐宗庙、扬州卢绍绪宅、无锡清名桥历史文化街区、苏州盘门、苏州宝带桥、苏州山塘河历史文化街区（含虎丘云岩寺塔）、苏州平江历史文化街区（含全晋会馆）、吴江古纤道、宿迁龙王庙行宫；⑥浙江省：湖州南浔镇历史文化街区、嘉兴长虹桥、嘉兴长安闸、杭州富义仓、杭州凤山水城门遗址、杭州桥西历史街区、杭州西兴过塘行码头、杭州拱宸桥、杭州广济桥、绍兴八字桥、绍兴八字桥历史街区、绍兴古纤道和宁波庆安会馆；⑦安徽省：淮北濉溪柳孜运河遗址。

除了有形文化遗产之外，沿线各省市还包含众多园林文化、戏曲文化、工艺文化、饮食文化、民俗文化等方面的无形文化遗产。

二、国家对大运河建设要求

1. 国家相关会议指示精神

2012 年 7 月 27 日，为加强对大运河遗产的保护，规范大运河遗产的利用行为，促进大运河沿线经济社会全面协调可持续发展，文化部部务会议审议通过《大运河遗产保护管理办法》。

2017 年 10 月，党的十九大作出“坚定文化自信，推动社会主义文化繁荣兴盛”的重大部署，为将大运河打造成为中华民族伟大复兴的标志性文化品牌提供了宝贵机遇。

2018 年，在第十三届全国人民代表大会第一次会议上，习近平将大运河与万里长城等伟大工程并提，强调其体现了中国人民的伟大创造精神。

2019 年 7 月 24 日，习近平主持召开中央全面深化改革委员会会议，审议通过了《长城、大运河、长征国家文化公园建设方案》，标志着以长城、长征、大运河为核心的线性文化遗产保护传承与利用将进一步完善。

2. 国家相关规划、建设文件解读

大运河距离长、规模大、涉及区域广、内容丰富，它的保护与利用是一项极其复杂的工作，这项工作离不开法律法规的保驾护航、顶层设计的指导引领。在大运河申遗与保护的过程中，我国政府不断持续探索，并不断公布一系列重要的法规、政策文件、规划设计等。

在法治化建设方面，2012 年 7 月文化部部务会议审议通过的《大运河遗产保护管理办法》（以下称《管理办法》），是运河唯一的国家级专项法规。《管理办法》主要对大运河遗产的部门职责划分、保护资金、保护规划编制要求、遗产标识系统、保护利用、监测管理、奖惩措施等方面，提出明确要求。《管理办法》对加强大运河遗产的保护与管理，规范大运河遗产的利用行为，促

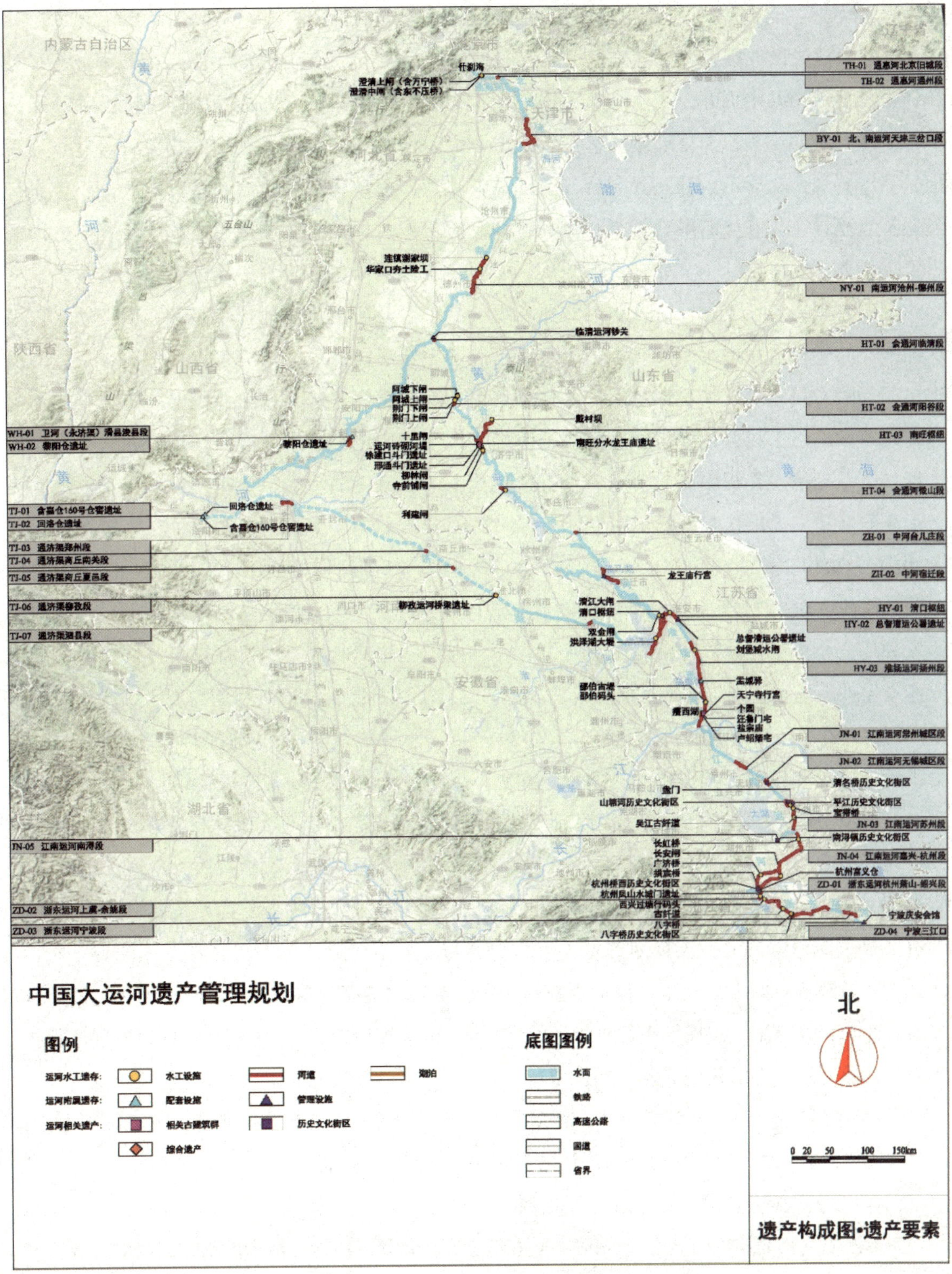

图 3-1 大运河遗产构成图

（图片来源：《中国大运河遗产管理规划》）

进大运河沿线经济社会全面协调可持续发展起到了至关重要的作用。

在加强顶层设计指引、规划先行引导方面，自2010年起编制并公布了一系列规划成果。如2019年2月，中共中央办公厅、国务院办公厅印发的《大运河文化保护传承利用规划纲要》（以下称《规划纲要》），《规划纲要》不仅提出了大运河文化保护传承利用的相关背景、指导思想、基本原则、功能定位和主要目标等，还从文化遗产保护传承、河道水系治理管护、生态环境保护修复、文化和旅游融合发展、城乡区域统筹协调、保护传承利用机制创新等6个方面提出重点任务，具体设计了文化遗产保护展示、河道水系资源条件改善、绿色生态廊道建设、文化旅游融合提升4项工程，以及精品线路和统一品牌、运河文化高地繁荣兴盛2项行动，更是从加强党的领导、做好组织实施、完善政策措施、健全法律保障、抓好督查评估等5个方面，提出了保障《规划纲要》贯彻落实的具体举措。《规划纲要》以大运河文化保护传承利用为引领，统筹大运河沿线区域经济社会发展，明确了大运河文化带的发展方向、目标和任务，对推进保护传承利用工作提出相应要求，为打造宣传中国形象、展示中华文明、彰显文化自信的大运河亮丽名片，提供强有力的顶层设计指导。2010年编制的《大运河遗产保护与管理总体规划（2010～2030）》（以下称《总体规划》），明确了大运河遗产的总体构成和“中国大运河遗产”的构成、对3211千米大运河沿线的遗产进行了遗产认定、价值评估和现状评估，并且依据国家和地方相关法律法规，参考国际有关文件与规范，与其他相关规划有效衔接，提出了大运河遗产保护的基本原则、规划目标与管理规定，编制了保护措施、遗产利用与展示、遗产管理、遗产研究、遗产环境保护规划以及近期规划等内容。《总体规划》正确处理了申遗和保护的关系，为大运河保护和申遗工作提供了科学指导和决策依据。《总体规划》是大运河遗产保护规划体系中的纲领文件，对遗产所在地大运河遗产保护规划编制与保护管理工作具有较强的指导意义。2013年公布的《中国大运河遗产管理规划》（以下称《管理规划》）是按照大运河保护和申遗省部际会商小组第三次会议的工作部署、《保护世界文化和自然遗产公约》及其《操作指南》的有关要求组织编制的，该规划的主要条款内容与《大运河遗产保护与管理总体规划（2010-2030）》以及各省级大运河遗产保护规划相一致，不同的是该规划仅适用于大运河申遗的27段河道遗产和58处遗产点，规划内容更为详细和具体。这些规划的公布，为遗产所在地的遗产保护、管理、发展利用等方面起到关键指导作用。

通观这些法规文件、规划成果等，可以看出对大运河遗产的保护要求重点体现在以下方面，同时这些方面也是我们进行大运河遗产保护工作的重点方向与内容。

1）多层次、全方位深化认知遗产文化内涵

大运河遗产具有构成内涵复杂、外延广泛的特点，多层次、全方位、清晰地认知遗产的构成要素、文化内涵，摸清家底，是保护好、传承好、利用好大运河遗产的根本前提。

《管理办法》中规定了大运河遗产的涵盖范围，包括隋唐运河、京杭大运河、浙东运河的水工遗存，各类伴生历史遗存、历史街区村镇，以及相关联的环境景观等。具有文化代表性和突出价值的近代以来兴建的大运河水工设施也属于办法所称的大运河遗产。

《规划纲要》提到大运河的文化内涵包括三个层次：①遗存承载的文化，各种遗存所代表、蕴含的文化，大运河沿线的运河文物遗存、水工遗存、运河附属遗存以及其他关联遗存，是大运河千年历史的真实印记。②流淌伴生的文化，指与大运河相关的各类无形文化遗产和传统习俗等为代表的文化，以大运河相关的“人”为基础，载体是大运河沿线的手工技艺、工程技术、戏曲文艺、生活习俗、传统节日、餐饮习惯、礼仪规制等。③历史凝练的文化，指大运河数千年历史中在推动南北融合、东西交汇、中外交流过程中逐步凝练、升华形成的文化精髓和价值观念，体现中华民族精神特质，其载体是大运河沿线乃至全体中国人所具有的伦理道德、理想信念、情感性格等。

随着大运河研究的不断发展，大运河遗产的构成与文化内涵也不断丰富、延伸与拓展。大运河是大运河文化形成和发展的根本载体，两者是不可分割的统一体。大运河文化是依托大运河而产生、发展、流传下来的物质财富和精神财富的共同体。大运河文化具有活态性、融合性、多样性等特质，这就要求我们应该关注既往，也要关注当下与未来；关注多元，也要关注一体；关注环境，也要关注生活。

2）坚持依法保护、科学保护、古为今用、合理利用的原则

《管理办法》强调，大运河遗产保护实行统一规划、分级负责和分段管理，保护和利用应严格遵循真实性、完整性、延续性原则，并且必须依照国家有关法律、行政法规和本办法的规定执行。

《规划纲要》的基本原则体现在保护、传承和利用三个方面。①在保护方面，提出科学规划，突出保护。规划强调，要坚持保护治理优先，统筹推进文化遗产保护、河道水系管护和生态环境修复。②在传承方面，提出古为今用，强化传承。规划强调，要挖掘大运河优秀传统文化精神内涵，全面阐释大运河文化当代价值和时代精神，增强文化自觉和文化自信，全面提升国家文化软实力。③在利用方面，提出优化布局，合理利用。规划强调，要统筹考虑大运河资源承载能力，优化文化遗产、河道水系、生态环境等保护传承利用的空间布局，明确空间管控要求，形成区域发展新模式。

《总体规划》提出大运河遗产保护与管理的三大原则：真实性与完整性原则、可持续性原则和统筹协调原则。规划要求保存所有遗产要素的真实性，对遗产本体、相关遗存及历史环境进行整体保护，要求坚持运河资源及保护事业的可持续发展，同时，要求统筹行业利用、统筹遗产本体与相关资源的保护与利用，统筹文化遗产资源与区域生态资源的保护与利用。规划的目标是真实完整地保护大运河遗产的历史信息和全部价值，延续、增进大运河的生机和活力，使之发挥促进遗产地文化、社会、经济与生态和谐演进的重要作用。

《管理规划》遵循整体保护原则、推动大运河遗产保护与永续利用并重的原则，以及保护、运营、

维护各行业统筹协调的原则。此三个规划原则与《总体规划》的三大规划原则基本一致。规划目标在《总体规划》要求的基础上，增加了对大运河保护能力的要求，提出要不断提高保护与维护大运河文化遗产价值的能力，促进实现大运河遗产的整体保护。

这些文件与成果，根据自身不同的特点，分别从管理、规划、发展等角度，对大运河遗产保护与管理提出相应的原则和目标。但总体来说，共同坚持大保护理念，依法依规保护，保护遗产与环境的真实和完整，并将大运河遗产保护、传承、利用与河道水系、生态环境、文化旅游、城乡基础设施建设等进行统筹协调。

3）全面、全要素、动态保护文化遗产

保护好大运河文化遗产是基础，《管理办法》《规划纲要》《总体规划》《管理规划》等均对保护内容与对象、保护规划、保护区划、保护措施等方面提出相应要求，体现全面保护、全要素保护大运河遗产，持续动态保护大运河遗产的要求。

《管理办法》明确要保护水工遗存、各类伴生的遗存、相关联的环境景观等，同时保护近代以来兴建的突出代表的大运河水工设施。由此可见在保护遗存的同时，要关注其所依赖的地理环境基础以及特色景观的保护；保护好古代遗存的同时，也要保护好近代乃至当代的大运河遗存，体现大运河的活态保护特征。对于遗产对象的认定，《管理办法》要求大运河沿线省级人民政府文物主管部门应当组织调查本行政区域内的大运河遗产。属于大运河遗产的不可移动文物，县级以上地方文物主管部门应当依法予以认定，并报同级人民政府核定公布为文物保护单位。大运河遗产中具有重大历史、艺术、科学价值的不可移动文物，应当确定为全国重点文物保护单位，报国务院核定公布。这也为大运河遗产保护对象的丰富与拓展、保护等级的提升等方面明确了要求，同时体现大运河遗产动态保护的重要特征。在遗产保护规划制度方面，《管理办法》规定，国家实行大运河遗产保护规划制度，大运河遗产保护规划由总体规划、省级规划和市级规划构成，并明确各层级保护规划的制定部门与相应的报批程序，为大运河遗产保护规划体系、规划组织编制、批准等提供法定依据。

《规划纲要》坚持大保护理念，重点保护文化遗产系统、河道水系、生态环境。这就更加丰富了大运河遗产保护的内容，同时也更加强调了对大运河及其相关联的物质环境的保护与修复，为大运河的安全、持续、动态保护提供保障。《规划纲要》提出：①加强文化遗产系统保护，应提升有形文化遗产保护水平，加强无形文化遗产保护，保护历史文化风貌。②推进河道水系治理管护，需改善河道水系资源条件，完善防洪排涝保障功能，促进岸线保护和服务提升。③ 加强生态环境保护修复，应建设绿色生态廊道，开展生态系统保护，推进水环境污染防治。

表 3-1　《规划纲要》保护重点内容梳理

序号	保护重点	保护措施	要点内容
1	加强文化遗产系统保护	提升有形文化遗产保护水平	• 依法依规，加强遗产与周边环境、文化生态的整体保护； • 完善文化遗产分级分类名录和档案，并按照阶段性需求动态调整； • 细化并公布大运河遗产和关联资源的保护范围和建设控制地带； • 建立保护管控清单，提出详细建设要求和约束条件； • 加强遗产本体修缮，设立统一的保护和展示标识系统等
		加强无形文化遗产保护	• 开展大运河沿线无形文化遗产记录工作，加强成果保存出版和转化利用； • 振兴大运河沿线传统工艺； • 加强对无形文化遗产重要载体和空间的保护等
		保护历史文化风貌	• 加强历史文化名城名镇名村、历史文化街区和传统村落保护修缮，推动历史文化街区认定、保护范围划定利历史建筑普查工作，建立保护档案，积极制定适应历史地段空间特征的市政、消防、环卫等设施的技术规范，科学合理确定修缮内容和规模； • 加强对大运河历史文化聚落整体保护
2	推进河道水系治理管护	改善河道水系资源条件	• 多措并举优化水资源配置：依托自然水系、调蓄工程、人工水系等，改善大运河及周边河湖水力联系，统筹实现大运河的生态、防洪、供水、文化、景观、航运等多种功能； • 分段施策打造大运河实体：主要分为京杭大运河黄河以北段（含雄安新区）、京杭大运河黄河以南段和浙东运河，以及隋唐大运河通济渠和永济渠
		完善防洪排涝保障功能	• 提升河道行洪能力：采取清淤疏浚、堤岸治理、除险加固及联合调度等措施，全面提升河道行洪能力； • 强化防洪体系建设：强化监测预警和洪水风险管理，加强大运河沿线蓄滞洪区安全建设和管理，加强大运河及沿线水利工程管理等
		促进岸线保护和服务提升	• 要集约保护岸线资源：统一规划大运河岸线，加强岸线保护与集约利用，统筹京杭大运河沿线港口的合理规划布局。明确水域岸线功能定位。 • 改善航运服务质量：充分利用物联网、大数据、云计算、人工智能、卫星遥感、移动互联网等技术，立足大运河保护工作，完善航道沿线养护修理设施和服务。 • 完善水利设施管控，加快完善水利工程体系。 • 加强沿线采砂管理：强化大运河沿线河湖采砂规划管理，严格采砂许可制度和配套监管措施，防止采砂对防洪安全和生态环境带来的不利影响
3	加强生态环境保护修复	建设绿色生态廊道	• 优化滨河生态空间。因地制宜划定或建设一批自然生态空间，纳入国土空间规划。根据自然生态空间的功能、区位等特点，建设不同类型的绿地、公园等。 • 加强生态空间管控。将京杭大运河和浙东运河主河道及隋唐大运河等具备条件的有水河道两岸各2000米内的核心区范围划定为核心监控区，严格自然生态环境和传统历史风貌保护，突出世界文化遗产保护
		开展生态系统保护	• 突出生态系统保护，即突出对大运河沿岸自然保护区、风景名胜区、森林公园、地质公园、湿地公园、饮用水水源保护区等重要生态空间的保护。将大运河河道两岸和森林、湖泊、湿地等生态重要区域纳入保护红线。 • 加大综合治理力度，即加大森林、湖泊、湿地等自然生态系统的修复治理力度，严格控制大运河地下水超采，推进核心区范围内采煤塌陷地综合治理和废弃矿山生态环境修复，加强大运河沿线平原沙土区水土流失预防和治理。 • 开展环境监测评估，即研究建立生态资源环境承载能力监测评价体系丰富完善监测指标体系和技术体系，加强对生态系统状况、环境质量变化、生态文明制度执行情况等方面的动态评价，开展常态化流域生态健康调查与评估
		推进水环境污染防治	• 开展重点单元污染防治。既要建立健全大运河水体污染防治机制，又要分级分类实施全流域、控制区、控制单元治理。 • 严格管控污染排放。划设水资源开发利用红线和水功能区限制纳污红线，加强大运河及相关重要河段入河排污口综合整治和监督管理，严格控制入河湖排污总量，严格工业点源污染防治、农业面源污染治理、船舶港口污染管控和城乡污水垃圾整治。 • 强化污染应急处置。建立健全应急预案体系，开展流域环境风险评估，制定流域应急预案，提升油品、危险化学品泄漏等水上污染事故联防联控和应急处置能力

《总体规划》强调应明确保护范围、建设控制地带的分级分类原则，并提出将运河水工遗存与附属遗存的保护范围划分为重点保护区和一般保护区，将建设控制地带划分为一类、二类、三类建设控制地带。规划还强调，要明确划定界线的原则，指导性区划界线在分段规划中体现，具体界线要求省级规划细化、落实。规划遵循保护的真实性和完整性原则，将设置文化遗产保护标识、信息保存、不可移动文物保护工程、在用运河水工遗存维护与保护、风险防范、环境整治等内容列入保护中。《管理规划》提出遗产保护应符合《总体规划》的保护要求。

4）推动文化引领、古为今用、合理利用的传承利用新模式

在大运河文化传承与利用层面，我们要意识到，大运河承载的文化价值和精神内涵随着大运河的历史变迁而逐步形成、发展、推陈出新，时至今日仍具有旺盛生命力。所以在深入挖掘和丰富大运河的文化内涵的基础上，要展现遗存承载的文化、活化流淌伴生的文化、弘扬历史凝练的文化；其次要增强文化遗产的传承活力，最后是阐发文化遗产当代价值。在当代城乡建设和经济社会发展中，更应在大保护的前提下，推动文化和旅游的融合发展，促进城乡区域协调发展。这在各文件与成果中也各有体现。

《管理办法》提出将大运河遗产所在地辟为参观游览区，必须保障公众和大运河遗产的安全。

《规划纲要》提到要传承好、利用好大运河文化，要通过建设分级分类的博物馆或展览馆、实施“国家记忆”工程、纳入国家文化公园试点工作等，构建大运河文化综合展示体系；通过各类文化场馆展示活动、传播活动、大型展演等，形成人人参与、人人共享的非遗宣传活态展示新格局；通过推动大运河文化进社区、进校园、进企业，强化社会教育引导，以此来增强文化遗产传承的活力。通过全面系统开展保护研究工作，挖掘运河当代价值和时代特色，推动运河文化价值的深化研究；通过开展各种文化艺术活动与创作、实施扶持工程等方式，来加强专题文艺创作；通过加大运河文化阐释力度，讲好大运河故事，切实增强文化自信，以此来阐发文化遗产的当代价值。在推动文化和旅游融合发展方面，提出要以高质量发展为导向，以文化旅游发展为工作重心，提升基础设施和配套服务，打造精品线路和统一品牌，完善旅游市场和发展环境，推动文化与相关产业融合，构建享誉中外的缤纷旅游带。坚持以人民为中心的发展理念，统筹保护传承利用与城乡建设、区域发展的关系，通过培育支点城市、强化城乡联动、打造文化高地，促进区域内部城乡协调发展；通过打造城乡人文风貌特色、做好城乡绿化美化、完善公共服务体系，推进美好运河家园的建设；通过对接京津冀协同发展、服务雄安新区建设、强化与长江经济带衔接、融入“一带一路”整体布局，强化区域的统筹协调发展。

表 3-2　　《规划纲要》传承与利用内容要点梳理

序号	类型	传承利用措施	要点内容
1	传承大运河文化	展现遗存承载的文化	• 通过遗存所承载文化的挖掘和展示，使人们充分了解运河沿线具有突出地域人文特征和时代特色的漕运文化、水利文化、船舶文化、商事文化等，系统认知周边城乡与运河关系的发展脉络，深入感受大运河的伟大历史
		活化流淌伴生的文化	• 准确认识其对形成共建共治共享社会治理格局的重要意义，加强记录保存，取其精华、传其精髓，倡导教育实践，强化古为今用，重塑活态传承、创新发展社会环境和文化空间。通过将这些非物质文化遗产和传统习俗等有效融入大运河沿线居民的生产生活，增强人们运用传统文化精髓解决当代人类面临难题的智慧，鼓励人们向上向善，营造和谐社会关系
		弘扬历史凝练的文化	• 强化精神内涵挖掘，结合时代条件加以继承和发扬，赋予其新的时代含义和文化价值，与时俱进，继承创新，使人们能够深刻认识和理解、自觉传承和弘扬大运河这一宝贵遗产所蕴含的丰富哲学思想、人文精神和道德理念
2	增强文化遗产传承活力	构建综合展示体系	• 分级分类建设大运河文化专题博物馆或展览馆，充分利用数字语音、全景影像、三维影像以及虚拟现实、增强现实等技术手段，提升大运河整体展示水平，形成特色突出、互为补充的综合博物馆展示体系
		开展非遗宣传活态展示	• 推动无形文化遗产与原有历史空间相结合，鼓励利用博物馆、图书馆、文化馆站、无形文化遗产（展示）馆等公共文化服务设施因地制宜开展宣传展示活动
		强化社会教育引导	• 推动大运河文化元素进社区、进校园、进企业，以大运河文化为主题，统筹利用大运河沿线的历史遗存、命文物、爱国主义教育基地等资源，开展丰富多彩的实践体验活动，广泛吸引社区居民、中小学生等参与
3	阐发文化遗产当代价值	深化文化价值研究	• 全面系统开展保护研究工作，开展大运河水工遗存和附属遗存科技保护研究，提高大运河遗产保护技术水平，持续开展在用河道、水工设施、古代水利技术等保护研究，开展文化价值研究和遗产价值评估工作，挖掘和弘扬大运河千年文化的当代价值和时代特色，推出更多优秀科研成果，加快研究成果转化，为展示推广大运河文化提供坚实支撑
		加强专题文艺创作	• 开展大运河舞台艺术和美术创作专题采风活动，鼓励电影、电视剧、纪录片等多种艺术形式创作，提升文艺原创力，推动文艺创新。《规划纲要》表示，要继续实施国家舞台艺术精品创作扶持工程，通过国家艺术基金等渠道，积极支持大运河题材文艺创作，不断推出大运河题材的精品力作
		讲好大运河故事	• 加大对运河商贸、历史名人、传统技艺、民间戏曲等阐释力度，挖掘大运河在数千年历史中逐步凝练、升华的中华优秀传统文化，讲述大运河水上文明史，讲活大运河历史和当代故事，深化全社会对大运河文化的认知，切实增强文化自信
4	推动文化和旅游融合发展	提升基础设施和配套服务	• 要构建水陆快速交通网络。依托大运河沿线风光，围绕重要自然和人文景观资源，改造提升现有旅游道路，建设沿绿色生态廊道高等级旅游公路，配套建设自行车道、旅游步道等，适应新型出行方式和绿色出行方式。 • 完善旅游公共服务配套。推动大运河沿线全域旅游发展，在核心区合理设置旅游咨询中心，游客集散中心、分中心和集散点，区域性旅游应急救援基地等旅游公共服务设施，改造提升沿线重点景区水电、安防消防、应急救援系统等设施条件
		打造精品线路和统一品牌	• 打造文化旅游精品线路。强化区域间旅游资源整合和旅游服务协作，以大运河为纽带"串珠成线，以点带面"，统筹水上游览、沿线自驾等旅游方式，开发培育世界文化遗产研学游、华夏历史文明体验游、大运河沿线古都游、运河古镇记忆传承游、运河故事特色专题游等，汇聚形成若干各具特色的精品线路。 • 塑造统一的"千年运河"品牌。彰显大运河文化神韵，塑造大运河文化形象，展示大运河文化名片，整体打造具有国际影响力的"千年运河"文化旅游品牌体系，重点培育运河城市旅游、运河旅游产品、运河旅游节庆、运河旅游企业（服务）等子品牌，不断推出富有创意、参与度高、市场欢迎的系列旅游产品
		完善旅游市场和发展环境	• 促进市场主体发展。推动大运河沿线有竞争力的旅游骨干企业实现规模化、品牌化、网络化经营，形成一批大型旅游企业集团。 • 提升产品服务质量。完善旅游产品和服务标准体系，打造内容经典、效益良好的大运河旅游产品和服务，同步提升与旅游业紧密相关的餐饮、住宿、购物、娱乐等相关业态的服务品质。 • 规范旅游市场秩序。强化旅游市场管理，创新监管方式，加大执法力度，完善不文明行为记录制度，倡导文明旅游
		推动文化与相关产业融合	• 提升文化产业发展质量，推进信息化与文化相融合，丰富休闲娱乐旅游产品，鼓励发展体育休闲产业，发展休闲农业和乡村旅游，推动工业遗产活化利用

续表

序号	类型	传承利用措施	要点内容
5	促进城乡区域统筹协调	促进域内城乡协调发展	· 培育支点城市。推动大运河沿线重要支点城市结合自身区位特点和发展基础，树立一盘棋思想，实现错位发展、协调发展、有机融合，以大运河文化价值和精神内涵为源泉，为大运河沿线支点城市提供精神文化支撑，夯实支点城市发展内生动力。 · 强化城乡联动。立足区域资源环境承载能力，利用支点城市各类要素资源集聚的突出优势，树立大运河文化保护传承利用的典型，发挥沿线重要支点城市的示范作用及区域发展辐射带动作用。 · 打造文化高地。突出大运河沿线不同地区特色，围绕京津、燕赵、齐鲁、中原、淮扬、吴越等地域文化，以核心区的文化生态资源为坚实基础，加强人文城市建设，强化城乡文化设施建设，拓展文化体验和展示空间
		推进美好运河家园建设	· 打造城乡人文风貌。坚持文化引领和生态文明协同发展，做好大运河沿线的城市设计工作，优化城市形态格局，合理布局城市公共空间，强化城乡空间立体性、平面协调性、风貌整体性、文脉延续性等方面的规划和管控。 · 做好城乡绿化美化。深入推进大运河沿线绿色城市建设，完善城市生态、交通、能源资源等绿色城市支撑体系及绿色城区、绿色社区、绿色出行、绿色建筑等建筑标准规范。 · 完善公共服务体系。健全服务均等化，改善大运河沿线地区城乡基本公共服务设施条件，推动县域内城乡义务教育一体化发展
		对接重大区域发展战略	· 对接京津冀协同发展。积极优化整合区域水资源，统筹考虑南水北调、引黄等调水工程，推动区域内京杭大运河适宜航段尽早恢复通水和旅游通航，强化河道水系生态功能，保障区域内城乡生活、生产、生态用水需要。 · 服务雄安新区建设。对接雄安新区规划，以文化保护传承利用为重点，以生态环境共同保护、基础设施互联互通、文化和旅游融合发展等为支撑，推动率先实现京杭大运河与雄安新区水系连通，强化淀泊生态水文过程的合理调控，助力白洋淀生态修复，构建京杭大运河与雄安新区水系生态生命共同体，服务好雄安新区建设千年大计。 · 强化与长江经济带衔接。充分借鉴长江经济带发展经验，立足大运河文化带实际情况，强化大运河河道水系、交通航运和生态环境的综合管理，协同推进共抓大保护、不搞大开发，深化与长江经济带沿线重要城市群的合作交流。 · 融入“一带一路”整体布局。积极融入“一带一路”建设整体布局，突出大运河特色，拓展对外合作新空间。充分发挥大运河重要节点城市对外连接和窗口作用

《总体规划》在利用展示方面，规划遵循科学、适度、持续、合理利用遗产，坚持在保护大运河的前提下，合理开发利用大运河，向社会公众展示大运河的文化价值。规划提出，大运河遗产展示总体布局为全线开放的运河线路串联28个重要点段构成的展示区，展陈主题分为技术、经济、社会、景观四大类。

《管理规划》强调，大运河遗产利用、阐释与展示规划，依据《大运河遗产保护与管理总体规划（2012～2030）》和《大运河遗产保护管理办法》的原则，按照各遗产要素现状、突出普遍价值保护和维护需求确定。

5）建立健全多方协作、奖惩分明的保护管理与监督机制

习总书记强调，保护大运河是运河沿线所有地区的共同责任。遗产所在地各地区之间需要加强区域协调，各地区内部需要增强部门间协同联动，共同发力，构建齐抓共保的大格局，建立健全一套科学完善的保护管理机制。这有利于协调好大运河保护、传承与利用三者之间的关系。在机制建设中，我们需要建立健全协调机制、完善配套保障机制、强化人才培养机制、深化对外交流机制等。同时，保护大运河也是人民的共同责任，共同保护好大运河，促使大运河永远造福人民，

因此，在机制建设中，也需要建立鼓励社会力量和公众参与的长效机制。

（1）建立健全协调机制

a. 要强化分类、统筹协调。《管理办法》从工作统筹、部门分工等方面，明确了各部门保护管理工作的职责。《管理办法》规定：大运河遗产的主管部门是文物主管部门，协同合作部门为国土、环保、交通、水利等主管部门。国家的大运河保护和申遗省部际会商小组，应协调大运河遗产保护中的重大事项，会商解决重大问题。同时《管理办法》明确在遗产保护范围和建设控制地带内的建设管理规定："在大运河遗产保护规划划定的保护范围和建设控制地带内进行工程建设，应当遵守《中华人民共和国文物保护法》的有关规定，并实行建设项目遗产影响评价制度。"

《规划纲要》强调要统筹相关部门职责，构建统一的协调机制，推动文化遗产保护、河道水系治理、绿色航运转型、生态环境修复、文化旅游发展等工作有机结合，增强大运河文化保护传承利用的系统性。同时，提出要强化水资源管理机制：要完善河长制、湖长制组织体系，明确省市县乡多级河长、湖长及相应职责，建立健全以地方党政领导负责制为核心的责任体系，落实目标任务，完善大运河跨区域协调机制。

《总体规划》强调应把建立管理与协调机制作为重点内容，确立以省部际会商协调机制为支点，在不改变现状管理格局的限度性条件下，理顺管理机制和机构、规划编制与衔接等各种负责事项的管理规划体系。

b. 要点分明、行动有序。《管理规划》规划要求，对于大运河遗产的管理，主要依据《总体规划》《管理办法》、其他各级总体规划和详细规划的相关内容，以及各遗产要素现状、世界遗产保护和管理要求制定。除了整体要求外，规划还针对大运河各组成部分的不同情况，对其遗产区、缓冲区的保护管理提出要点总结，并制订近期行动计划。

（2）完善配套保障机制

a. 要加强遗产的监测管控。《规划纲要》表示，要综合利用遥感卫星、无人机等技术手段，依托地理国情普查与监测基础数据和技术标准，持续开展大运河全线地理国情专项监测，构建大运河动态监测预警平台。《管理规划》提出，大运河遗产的监测要依据《中国世界文化遗产监测巡视管理办法》，建立和完善以属地管理为主体，国家、省、市分级负责的监测工作机制，监测内容围绕大运河遗产价值的维护状况而设定。

b. 要搭建宣传展示平台。《规划纲要》提出，要统筹利用多种渠道，积极开展大运河文化保护传承利用的宣传推广，发挥中国古迹遗址保护协会、世界运河历史文化城市合作组织等各类行业协会、公益组织和各类合作组织作用，树立统一的推广展示理念，提高"千年运河"整体辨识度，积极探索大运河沿线文化遗产活化利用的新途径新方法。

c. 要加强研究机构建设。《规划纲要》提出，要发挥重要支点城市高等学校、研究机构的智力优势，推动设立高水平的大运河文化研究机构，加大资源投入，强化研究力量，打造大运河文化保护传承利用高端智库，围绕大运河文化保护传承利用过程中的重要课题定期组织国内、国际学术研讨会，积极推进跨领域合作研究，加快研究成果转化，牢固掌握学术研究阵地。

d. 要明确保护工作的奖惩。《管理办法》规定：“因保护和管理不善，致使真实性、完整性和延续性受到损害的大运河遗产，由国务院文物主管部门列入《大运河遗产保护警示名单》予以公布。违反规定，造成大运河遗产损害，构成犯罪的，依法追究刑事责任；尚不构成犯罪的，由主管机关依法给予处罚。对于在大运河遗产保护中做出突出贡献的组织或者个人给予奖励。”

（3）强化人才培养引进

在人才培养方面，《规划纲要》提出，加快一流大学和一流学科建设，推动建立沿线区域人才培育合作机制，不断深化产教融合、校企合作，利用职业院校和公共实训基地等为大运河沿线地区培养高水平专业化人才，健全人才柔性流动机制，完善人才服务体系。

（4）鼓励社会力量与公众参与

在社会力量与公众参与方面，根据《管理办法》规定，国家鼓励公民、法人和其他组织参与大运河遗产保护。《规划纲要》提到鼓励社会力量参与，要建立健全社会力量参与大运河保护传承利用的长效机制，发挥企业、基金会、社区组织、社会组织等的积极作用，鼓励和引导多方式参与大运河文化保护传承利用等。

（5）深化对外交流机制

a. 要打造高水平合作平台。《规划纲要》表示，要加强与外国政府、跨国企业以及世界银行等国际组织在文化建设、污染防治、节能环保等领域的合作，积极争取资源支持和技术援助，加强同联合国教科文组织在世界文化遗产保护方面的合作，认真履行《保护世界文化和自然遗产公约》。

b. 要推动中外人文交流。《规划纲要》提出，要强化与世界其他主要运河相关管理机构和平台的交流，建立各类专业人才定期交流互访机制，借鉴国际先进经验和有益做法，提升管理水平和效能。

三、国际大运河建设经验

1. 国际对大运河遗产的相关文件

1）《保护世界文化和自然遗产公约》及其《操作指南》

为了尽可能保证对世界遗产的确认、保护、保存和展示，联合国教育、科学及文化组织成员国于 1972 年通过了《保护世界文化和自然遗产公约》（简称为《世界遗产公约》）。《世界遗产公约》旨在确认、保护、保存、展示具有突出的普遍价值的文化和自然遗产，并将其代代相传。

为了促进《世界遗产公约》的实施，联合国教科文组织世界遗产中心提供了《实施〈世界遗产公约〉的操作指南》（以下简称《操作指南》），并定期修改，以下解读的是2021版。

（1）“文化遗产”的定义

《世界遗产公约》明确阐述了世界文化遗产的认定标准。世界遗产包括“文化遗产”和“自然遗产”，其中，大运河属于“文化遗产”。《世界遗产公约》对“文化遗产”的定义包含以下三项，而大运河的情况三者均有。

古迹：从历史、艺术或科学角度看，具有突出的普遍价值的建筑物、碑雕和碑画、具有考古性质的成分或构造物、铭文、窟洞以及景观的联合体；

建筑群：从历史、艺术或科学角度看在建筑式样、分布均匀或与环境景色结合方面具有突出的普遍价值的单立或连接的建筑群；

遗址：从历史、审美、人种学或人类学角度看，具有突出的普遍价值的人类工程或自然与人的联合工程以及包括有考古地址的区域。

（2）“文化遗产”的国家保护

《世界遗产公约》要求国家为保护、保存和展出大运河文化遗产采取积极有效措施，包括以下几点：

a. 通过一项旨在使大运河文化遗产在社会生活中起一定作用，并把遗产保护工作纳入全面规划纲要的总政策。

b. 建立一个或几个负责大运河文化遗产保护、保存和展出的机构，并配备适当的工作人员和为履行其职能所需的手段。

c. 发展科学和技术研究，并制订出能够抵抗威胁大运河文化遗产的危险的实际方法。

d. 采取为确定、保护、保存、展出和恢复大运河文化遗产所需的适当的法律、科学、技术、行政和财政措施。

e. 促进建立或发展有关保护、保存和展出大运河文化遗产的国家或地区培训中心，并鼓励这方面的科学研究。

（3）列入《世界遗产名录》所依据的标准

根据《操作指南》第77段，大运河符合(i)、(iii)、(iv)、(vi)，共4条标准。

标准(i)：大运河是人类历史上超大规模水利水运工程的杰作，创造性地将零散分布的、不同历史时期的区间运河连通为一条统一建设、维护、管理的人工河流，其为解决高差问题、水源问题而形成的重要工程实践是开创性的技术实例，是世界水利水运工程史上的伟大创造。大运河以其世所罕见的时间与空间尺度，证明了人类的智慧、决心与勇气，是在农业文明技术体系之下难以想象的人类非凡创造力的杰出例证。

标准(iii)：大运河见证了中国历史上已消逝的一个特殊的制度体系和文化传统——漕运的形成、

发展、衰落的过程以及由此产生的深远影响。漕运是大运河修建和维护的动因，大运河是漕运的载体。大运河线路的改变明显地受到政治因素的牵动与影响，见证了随着中国政治中心和经济中心改变而带来的不同的漕运要求。由于漕运的需求，深刻影响了都城与沿线工商业城市的形成与发展，围绕漕运而产生的商业贸易，促进了大运河沿线地区的兴起、发展与繁荣，也在大运河相关遗产中得到呈现。

标准 (iv)：大运河是世界上延续使用时间最久、空间跨度最大的运河，被《国际运河古迹名录》列入作为世界上“具有重大科技价值的运河”，是世界运河工程史上的里程碑。大运河所在区域的自然地理状况异常复杂，开凿和工程建设中产生了众多的因地制宜、因势利导的具有代表性的工程实践，并联结为一个技术整体，以其多样性、复杂性和系统性，体现了具有东方文明特点的工程技术体系。它展现了农业文明时期人工运河发展的悠久历史阶段和巨大的影响力，代表了工业革命前土木工程的杰出成就。

标准 (vi)：大运河是中国自古以来的大一统思想与观念的印证，并作为庞大农业帝国的生命线，对国家大一统局面的形成和巩固起到了重要的作用。大运河通过对沿线风俗传统、生活方式的塑造，与运河沿线广大地区的人民产生了深刻的情感关联，成为沿线人们共同认可的“母亲河”。

（4）真实性和完整性

在真实性方面，《操作指南》规定，依据标准 (i) 至 (vi) 申报的遗产，诸如中国大运河，须符合真实性的条件，而《奈良真实性文件》为评估相关遗产的真实性提供了操作基础，概要如下：

a. 理解遗产价值的能力取决于该价值信息来源的真实度或可信度。对历史上积累的，涉及文化遗产原始及发展变化的特征的信息来源的认识和理解，是评价真实性各方面的必要基础。

b. 对于文化遗产价值和相关信息来源可信性的评价标准可因文化而异，甚至同一种文化内也存在差异。出于对所有文化的尊重，文化遗产的分析和判断必须首先在其所在的文化背景中进行。

c. 依据文化遗产类别及其文化背景，如果遗产的文化价值（申报标准所认可的）的下列特征真实可信，则被认为具有真实性：

- 外形和设计；
- 材料和实质；
- 用途和功能；
- 传统，技术和管理体系；
- 位置和环境；
- 语言和其他形式的无形遗产；
- 精神和感觉；
- 其他内外因素。

d. 精神和感觉这样的属性在真实性评估中虽不易操作，却是评价一个遗产地特质和场所精神的重要标志，例如，在社区中保持传统和文化连续性。

e. 利用所有这些信息使我们对相关文化遗产在艺术、历史、社会和科学等特定领域的研究更加深入。“信息来源”包括所有物质的、书面的、口头和图形的信息来源，从而使理解文化遗产的性质、特性、意义和历史成为可能。

f. 在考虑申报遗产的真实性时，缔约国首先要确认所有适用的真实性的重要载体。真实性声明应该评估真实性在每个载体特征上的体现程度。

g. 在真实性问题上，考古遗址或历史建筑及街区的重建只有在极个别情况才予以考虑。只有依据完整且详细的记载，不存在任何想象而进行的重建，才可以接受。

大运河遗产目前在用河道仍具有至关重要的航运和水利功能，反映了大运河作为活态遗产的特点。由于历史与自然原因而成为遗址状态的河道、水工、管理设施等遗存具有真实的位置、环境和材质，反映了大运河的设计、功能和技术。城市历史水系、历史街区等具有真实的位置、功能和格局，真实地承载了大运河作为沿线民众精神家园所带来的归属感。大运河遗产符合真实性要求。

在完整性方面，《操作指南》规定大运河必须满足完整性条件。完整性用来衡量大运河及其特征的整体性和无缺憾性。因而，《操作指南》提出审查遗产完整性需要评估遗产符合以下特征的程度：

a. 包括所有表现其突出的普遍价值的必要因素。

b. 面积足够大，确保能完整地代表体现遗产价值的特色和过程。

c. 受到发展的负面影响和 / 或缺乏维护。上述条件需要在完整性陈述中进行论述。

此外，《操作指南》还提出，依据标准 (i) 至 (vi) 申报的遗产，诸如中国大运河，其物理构造和 / 或重要特征都必须保存完好，且侵劣化过程的影响得到控制。能表现遗产全部价值的绝大部分必要因素也要包括在内。文化景观、历史村镇或其他活遗产中体现其显著特征的种种关系和动态功能也应予保存。

大运河满足《操作指南》关于遗产完整性的要求，申报的大运河遗产展现出大运河从春秋至清代的完整历史时空演进格局，十大河段都有代表性段落与节点分布在遗产区内，遗产类型完备而丰富，遗产区足够大，符合整体性、无缺憾性要求。大运河遗产各组成部分有实质性的功能上的联系，对大运河遗产整体的突出普遍价值均有着独特的和不可或缺的贡献。因此，大运河遗产符合完整性要求。

2）《国际古迹遗址保护与修复宪章》（又称《威尼斯宪章》）

1964 年 5 月 25 日在威尼斯召开了第二届历史古迹建筑师及技师国际会议，通过了《国际古迹遗址保护与修复宪章》（以下简称《宪章》），阐述了应当如何记录和修复古迹与遗址。大运河文化遗产内包含诸多的古迹遗址，《宪章》对这些古迹遗址的保护和修复具有一定的指导意义。

（1）定义

《宪章》对历史古迹的定义为：不仅包括单个建筑物，而且包括能从中找出一种独特的文明、一种有意义的发展或一个历史事件见证的城市或乡村环境。这不仅适用于伟大的艺术作品，而且亦适用于随时光流逝而获得文化意义的过去一些较为朴实的艺术品。

（2）宗旨

《宪章》提出保护与修复古迹的目的旨在把它们既作为历史见证，又作为艺术品予以保护。

（3）保护

保护部分共五条。第一条强调了“日常维护的至关重要性”；第二条指出对历史古迹的合理使用有利于古迹的保护，强调这种使用“决不能改变建筑的布局或装饰”；第三条，谈了古迹的保护包含对一定规模环境的保护以及对在保护区域内拆改建设的限制；第四条规定，除非出于保护古迹的需要或因国家、国际极为重要的利益需要，不得随意对古迹进行搬迁；第五条规定对构成古迹的雕塑、绘画或装饰品只有在非移动而不能确保其保存的情况下才准许进行移动。

（4）修复

修复部分共六条。第一条（原文第九条）：包含两层内容，第一层内容是说修复过程是一个高度专业性的工作，要有充分依据，不能臆测，以保存和展示古迹的美学与历史价值（即真实性、原真性）；第二层内容强调“任何不可避免的添加都必须与该建筑的构成有所区别，并且必须要有现代标记”。这后半部分内容就是有名的“可识别性原则”。第二条（原文第十条），讲如果传统技术被证明为不适用时，可采用任何经科学数据和经验证明为有效的现代建筑及保护技术来加固古迹。第三条（原文第十一条）主要谈对历史留给古建筑的“正当贡献（即历史上有价值的修缮、添建内容）必须予以尊重，对有价值的重叠的历史遗存应当保留，不要轻易毁掉。第四条（原文第十二条），强调“缺失部分的修补必须与整体保持和谐，但同时必须区别于原作”，这条可看作对“可识别性原则”的补充和完善。第五条（原文第十三条）指出：“任何添加均不允许，除非它们不至于贬低该建筑物的有趣部分、传统环境、布局平衡及其与周围环境的关系。”主要谈修复之外的“添加”要格外慎重。第六条（原文第十四条）谈对古迹要有妥善的管理，“确保用恰当的方式进行清理和开放”。

3）《国际古迹遗址理事会（ICOMOS）文化线路宪章》

2008 年 10 月 4 日，国际古迹遗址理事会第 16 届大会在加拿大魁北克通过了《国际古迹遗址理事会（ICOMOS）文化线路宪章》（以下简称《宪章》），目标在于对“文化线路”这一类型的遗产提出有针对性的保护方法。

（1）“文化线路”定义

《宪章》解释了“文化线路”这一概念，提出无论是陆地上、海上或其他形式的交流线路，只要是有明确界限，有自己独特的动态和历史功能，服务的目标确定，并且满足以下条件的线路可称为文化线路：

a. 必须来自并反映人类的互动，和跨越较长历史时期的民族、国家、地区或大陆间的多维、持续、互惠的货物、思想、知识和价值观的交流；

b. 必须在时空上促进涉及的所有文化间的交流互惠，并反映在其有形和无形遗产中；

c. 必须将相关联的历史关系与文化遗产有机融入一个动态系统中。

因此文化线路的内涵不仅指交通线路与设施本身，而且试图揭示其中蕴含的丰富的人类文化现象，这种现象通过沿路的迁徙和交换反映出来。从这个角度来认识的大运河也不仅仅局限于河道及水工设施，而更重要的是认识大运河作为路线所服务的特殊目的，以及围绕这个目的产生的一系列人类迁移和交换活动。

（2）方法论

《宪章》提出，文化线路的概念需要有一套特殊的研究、保护、评估、使用和管理的方法。鉴于文化线路涵盖范围广、作为整体的价值以及涉及的多个地域层面，这个方法论需要建立由相互协调、整体管理的多种活动构成的体系。

a. 研究。《宪章》建议成立几个研究小组驻扎在研究线路有代表性的主要地点；将线路看作一个整体，再来进行合理评估和保护；从事这一类型文化遗产工作的工作组，应当由多学科构成并具合作性；研究者应当注意到文化线路上会出现不同类型的文化遗产但这并不意味着它们一定是路线的构成部分，或是与之相关的研究对象。

b. 保护和评估。《宪章》提出，应该编制准确的文物清单，并评估这些文物的真实性和完整性，以此来确定其对文化线路价值和意义的影响。有必要控制本体恶化进程，并制定战略，避免因开发和缺乏维护带来的负面影响。所有这些都需要建立一个完善的系统，包括互为关联相互作用的法律措施、适当的手段，以确保文化线路能从整体得以保存，它的价值和意义也能得以整体呈现。理解遗产价值是基本前提，任何可能影响或改变文化线路意义的干预措施都应以它为基础。

c. 管理。《宪章》提出，必须形成联合项目，确保国家范围（在省级、地区、当地）和国际范围内的可持续发展，同时要研发改进管理手段以保护线路免受自然灾害的影响，并规避其他各种可能影响文化线路完整性和真实性的风险。

2. 其他国家地区大运河保护、利用工作借鉴

1）其他国家地区运河保护、利用工作

截至 2018 年，国外被列入《世界遗产名录》的运河共有 5 条，它们分别为法国的米迪运河、比利时中央运河上的四座船舶升降机及周边设施、加拿大的里多运河、英国的旁特斯沃泰水道桥与运河、荷兰阿姆斯特丹的运河带。

（1）法国米迪运河

1996年，位于法国的米迪运河被列入《世界文化遗产》，这是世界上第一条申遗成功的人工运河。米迪运河是国外最长的人工运河，它于1667年至1694年间挖掘，拥有360千米的通航河道。运河上的船闸、沟渠、桥梁、隧道等人工建筑共有328处，堪称世界近代史上最辉煌的土木工程。

米迪运河的保护和利用主要表现为以下两个方面：

a.米迪运河具有完善的管理机制。具体表现在运河的管理、维护和开发都是由国家和地方两级管理机构来实施。在国家层面上，米迪运河依靠法国国家航道管理局和国土设施交通整治部的下属水道管理机构两方来共同管理，并制定相关法律法规、由航运治安管理局保障实施；在地区层面上，每个地区都有航道管理局的分支机构，每个分支机构负责自己管辖区域的运河管理工作。同样，负责监督的法国环境部和文化部也分为国家和地区两级进行工作。环境部负责遗产建设和运河环境改造，文化部负责保护和管理运河周边已被列入历史建筑物的市政建设、水利工程和建筑工程等。

b.米迪运河法律法规保障体系较为完善。具体表现在，米迪运河自开凿以来就拥有相关的法律法规，最早是1666年的《穆郎法令》，随后是1956年的《十月法令》，现行法律中有《法国公共水域及运河条例》和《个人集体所有权普适条例》适用于米迪运河。

（2）比利时中央运河上的四座船舶升降机及周边设施

在古老的中央运河上，四座保存完好的液压船舶升降机是体现最高水平的工业杰作。连同中央运河本身及其附属设施，共同构成19世纪末期的工业全景图。

中央运河及其船舶升降机的保护和利用主要体现在以下四个方面：

a.运河出台了相关法律法规，强调分类保护和整体保护。1992年出台的法令已对中央运河和升降机进行了分类。2002年，第二项法令将这一分类扩大至2号和3号升降机，以及周边设施和邻近工作人员的住所。同时，法令规定在运河周围建立保护区。1995年，运河周边的树木被列入著名树木和树篱名录。

b.运河具有较为完善的管理机构。负责中央运河和升降机的运作、维护和管理的部门为瓦隆水路部门。

c.注重原真性保护。四台船舶升降机至今仍保持着以液压为动力，而非以现代机械为动力，体现了它保护的原真性。

d.注重遗产保护与旅游利用的关系。这条可通航300吨级船只的运河目前用于休闲航行，“埃诺水路”协会正在积极促进中央运河旅游业的发展。

（3）加拿大的里多运河

里多运河建于19世纪初，北起渥太华，南至安大略湖金斯顿，全长202千米。修建运河主要

图 3-2　米迪运河

（图片来源：http://whc.unesco.org/en/list/770/gallery/&maxrows=24）

图 3-3　中央运河上的四座船舶升降机及周边设施

（图片来源：http://whc.unesco.org/en/list/856/gallery/&index=13&maxrows=12）

是为了军事目的，当时英美两国正在争夺该地区控制权。里多运河是首批为蒸汽动力船设计的运河之一，同时也拥有一系列的预防工事。这条运河是北美地区保存最完好的静水运河，流经途径至今保持不变，且大部分结构保存完好。

图 3-4　里多运河
（图片来源：http://whc.unesco.org/en/list/1221/gallery/）

里多运河的保护和利用主要体现在：①注重遗产保护和旅游相结合；②注重保护的完整性；③出台了一系列的法律；④具有专门的管理机构。

a. 里多运河是遗产保护和旅游相结合的典范。运河的航运功能从 19 世纪 70 年代后逐步为现代公路铁路运输所取代，如今，里多运河成为著名水上休闲旅游线路，一年一度的冬季狂欢节使里多运河成为“世界最长的滑冰场”。

b. 在保护的完整性方面，里多运河被提名保护的内容包括运河的所有主要元素，如相关水道、水坝桥梁、码头、船闸站和相关考古资源。运河的原始规划，以及渠道的形式，都保持完整。在保护的真实性方面，里多运河的动力功能自形成以来就从未间断，它的大部分闸门和闸阀至今仍然由手动绞车操作。

c. 里多运河具有一定的法律保护。里多运河通过立法方式处理土地利用规划与文化遗产及其环境的保护之间的关系。它同时受到联邦、安大略省和地方三级三项法规的保护，即历史古迹与纪念碑法、加拿大公园管理局法规和交通部法规。加拿大国家公园管理局直接参与运河沿线市政

图 3-5　旁特斯沃泰水道桥与运河
（图片来源：http://whc.unesco.org/en/list/1303/gallery/）

府发展规划和相关政策的制定。

d. 里多运河具有专门的管理机构。里多运河中的水闸、水坝、运河墙和河岸的维修和保护工作由国家公园管理局直接管理，其他少数处于军事管辖范围内的河段和设施，由加拿大国防部代管。同时，文化遗产保护部门提供技术支持，环境保护部门负责运河周边的环境保护，市政府做好河岸完整性保护以及控制性保护等工作。各个部门各司其职，全力做好里多运河的保护与利用工作。

（4）英国旁特斯沃泰水道桥与运河

旁特斯沃泰水道桥与运河建于 19 世纪初，全长 18 千米，是在恶劣的地理环境下建造人工水道的一个杰出代表，也是工业革命时期土木工程的典范。托马斯 · 泰尔福德构思巧妙，设计没有使用船闸，水道桥中生铁和锻铁的使用使得拱门的建造轻盈而坚固。

旁特斯沃泰水道桥与运河的保护和利用主要体现在三个方面：①注重保护的完整性；②注重遗产保护与旅游观光相结合；③具备一定的法律保障。

a. 运河水路本体的形式一直在水利和土木工程结构方面保持着完整性。但是，由碎石筑成的具有历史意义的水道桥，具有严重的稳定性和防水问题。在水道桥的修复上，专家提出了不同的技术解决方案。从完整性的角度来看，这些修复工作不但维持该水道的水利运行，而且能较好地保持其整体形态特征。

b. 旁特斯沃泰水道桥与运河巧妙地将遗产保护与旅游观光相结合，以实现它的可持续发展。如今它成为英国“运河旅游”的重要目的地，每年接待游客超过 20 万人次。英国政府也十分重视运河保护、旅游、与周边社区发展之间的关系，并制定了《运河管理规划》。

c. 运河具备一定的法律保障。旁特斯沃泰水道桥与运河被分门别类登记为古迹保护和保护区等，并受到法律严格保护。

（5）荷兰阿姆斯特丹的运河带

荷兰阿姆斯特丹运河带是 16 世纪末至 17 世纪初城市规划的结果，它包括了历史城区西部和南部的运河网络，以及中世纪的港口。围绕老城区，沿防御边界向内延伸至辛厄尔运河；通过运河排干同心弧形沼泽地，填平中间空地扩大城市空间。阿姆斯特丹的运河带是同一历史时期同类发展中规模最大的运河带，对其他地区运河带的建造具有一定的指导意义。

阿姆斯特丹运河带的保护和利用主要体现在两大方面：①注重保护的完整性和真实性；②具有完善的管理机构。

阿姆斯特丹运河带的完整性和真实性体现在：形成城市布局基础的同心圆弧形的运河网络、辐射状水道和街道，与其古老的堤防和历史悠久的立面都被完整保存下来；大量建筑和构筑物都被国家和城市遗产保护，大多数建于 17 世纪和 18 世纪的房屋仍然保存完好。

阿姆斯特丹运河带具有完善的管理机构。具体体现在，阿姆斯特丹世界遗产局已经为该遗产设立了一个横向管理和监督机构。

2）其他国家地区运河经验总结及对中国大运河的启示

（1）遗产保护利用应注重传承确保遗产的真实性与完整性

“真实性和完整性”是评价世界遗产的两个重要原则。国际上对于遗产运河的真实性有特殊规定：“运河与水道是因为其使用功能才显得重要，然而这种功能本身也必然意味着其部分机械装置或基础设施必须得到维护、修缮或翻新，以维持其首要功能。”由其他国家地区大运河的保护可知，对运河的所有主要元素都进行保护，确保遗产的完整性；修复运河周围的生态环境、维系遗产设施的首要功能等，确保了遗产的真实性。

中国大运河申遗的遗产类型包括闸、堤、坝、桥、水城门、纤道、码头、险工等运河水工遗存，以及仓窖、衙署、驿站、行宫、会馆、钞关等大运河的配套设施和管理设施，和一部分与大运河文化意义密切相关的古建筑、历史文化街区等，这些充分体现了遗产的完整性。而大运河的真实性需要我们仔细推敲，借鉴国外的经验，对于运河的保护利用是一个循序渐进的过程，不宜掺杂过多的人工干预，我们只需继续延续其文化内涵即可。

（2）遗产保护应制定完善的遗产保护法规体系

完善的法律法规可以在文化遗产利益相关者博弈的过程中，发挥规范的作用。米迪运河、里多运河以及旁特斯沃泰水道桥与运河，都通过立法在保护、传承和利用方面为其他运河树立了榜样，也提供了非常宝贵的经验。这三条世界遗产运河在其保护和管理中，法规健全，有法必依，依法办事。

目前，我国与大运河有关的法规包括《中华人民共和国文物保护法》（1982）、《文物保护管理暂行条例》（1982）、《水污染防治法》（1984）、《中华人民共和国土地管理法》（1986）、《中华人民共和国河道管理条例》（1988）、《水土保持法》（1991）、《世界文化遗产保护管理办法》（2006）以及《大运河遗产保护管理办法》（2012）等。但是，“条例”“办法”等法律效力不够强，对大运河的实际保护力度有限；《中华人民共和国文物保护法》《水污染防治法》等具有明显的行业性，缺少从国家层面的统一立法。我国应以国际上对大运河遗产的相关文件为宏观框架，以其他国家世界遗产运河的优秀立法经验为参照，尽快建立一部旨在保护、管理、利用、传承大运河文化遗产，集中和兼顾文物、交通、水利、建设、环保、自然资源等部门利益，普遍适用于全国范围及各行政部门的《大运河保护条例》。

（3）遗产保护应构建权责明确、部门协调的专门性管理机构

根据《国际古迹遗址理事会（ICOMOS）文化线路宪章》，运河遗产属于“文化线路”遗产，其跨越时空距离比一般文化遗产往往较长。从法国的米迪运河、加拿大的里多运河以及英国的庞特斯沃泰水道桥与运河的案例中，我们可以发现，这三条世界遗产运河在管理中都有一个权威的统领管辖机构，并且都具备健全的、责任明确的管理体制和相互协调的专门性管理机构。

将中国的大运河与之对比，我们可以发现，中国的大运河除了具有文化、生态、旅游等和前三者相同的功能之外，还兼具有航运功能，所以中国大运河的管理机构构建更为复杂，大运河所需的管理部门除了水利、文化、环境、建设、旅游外，还有航运部门。因此，在借鉴米迪运河和里多运河经验的基础上，我们还要根据大运河的实际情况，积极化解运河本体及两岸保护区的保护与水利、航运发展之间的矛盾，做好系统性的管理规划，避免出现“规划打架”的现象。

（4）遗产保护应与旅游利用相得益彰

文化遗产保护与利用的矛盾关系，一直都是国际遗产界关注的重要话题。运河遗产具有历史、科学、文化和经济价值，为了促进其多方面价值的实现，兼具展示功能与经济效益的旅游发展似乎是最佳方式。近年来，发展旅游作为遗产教育普及与展示利用的重要途径逐渐得到国际社会认可，遗产旅游相关研究逐渐得到重视和加强。遗产保护与旅游利用相结合，有利于地区城乡建设。米迪运河、中央运河、里多运河、旁特斯沃泰水道桥与运河等都积极发展旅游业。

借鉴他国经验，中国大运河的保护与利用也应做好运河文化的宣传与展示。目前，国家正在积极践行大运河国家文化公园的建设，我们要通过打造若干文化旅游线路，根据展示主题串联沿线的各类文物和文化资源，力争做到文化与旅游相互融合，从而做好大运河的保护传承利用，带动区域整体发展。

四、小结

我国对大运河的建设相当重视，近年来，对运河遗产的保护和利用也具有一定的成就。为了使运河遗产保护传承与利用更加符合国家的期待，参考国内外对大运河遗产的建设要求，我们认为，对于大运河的保护传承与利用还应做到：①加强法律制度的完善，加强遗产保护基础工作支撑。目前《管理办法》法律级别过低，法律效力较弱，需要加紧推进大运河遗产保护相关法律法规的立法工作，统筹协调并规范涉及大运河保护管理的相关行为。②加强管理，健全遗产保护管理体制机制。建立专门的大运河遗产管理机构，统筹协调各部门之间的工作，推进大运河遗产保护管理常态化。③加强区域联动的落实，实现互通互补。大运河沿线各地区既要分工，更要合作，构建资源共享、多元一体的大运河文化长廊。

下 篇·运河之中华文明的扬州担当

一部运河史，便是半部中华文明史。从公元前5世纪邗沟开凿至今，运河在中国的发展历史上始终占据着举足轻重的地位。而大运河作为中国运河体系中最为杰出的代表，更是展示中华文明的绝佳名片。

在诸多的运河城市中，扬州凭借其与运河相伴相生、相辅相成的紧密联系而独占鳌头。作为大运河申遗的牵头城市，扬州在大运河的保护与利用中充分展现了应有的责任担当。

第四章 历史瑰宝：扬州与运河相伴相生的历史轨迹

一、扬州城市价值特色

1. 运河之城：城河同生共长的杰出案例、人水共生的经典表达

中国自古以来的营城思想多注重环境，因地制宜。早在先秦时期的学术著作《管子》中便有对这一思想的精妙总结："凡立国都，非于大山之下，必于广川之上，高毋近旱，而水用足，下毋近水，而沟防省，因天材，就地利，故城郭不必中规矩，道路不必中准绳。"

扬州作为江南水乡的重要代表城市之一，密布的水网环境更是促使其逐水而居、依水建城，可以说，周边区域的水系变化直接影响了扬州城市发展建设的演变，其中，又以运河的变迁兴衰影响最甚。大运河扬州段是有明确文献记载的中国大运河中开凿时间最早、沿用时间最长的运河之一；也是大运河各重要阶段动态变迁的缩影。

从自然地理条件来看，扬州及其周边区域以蜀冈为界可分为南北两部分。蜀冈以北为浅丘地形，以南为长江冲积平原。伴随着长江岸线不断南移，蜀冈下逐渐淤涨出肥沃的土地，扬州区域的人类活动也逐渐从蜀冈上的浅丘地向蜀冈下的平地迁移，这也与扬州历史上自然地理的变迁相一致。

扬州运河最早源于春秋时期的邗沟，吴王夫差筑邗城、挖邗沟，以期沟通长江与淮河。隋唐时期，长江岸线南移后形成了广袤的冲积平原，原扬子津渡口也远离江岸，隋炀帝复开邗沟时，改由仪真通江；唐玄宗时期，扬州江岸继续南移至瓜洲，润州刺史开凿伊娄河，连通扬子津与瓜洲，瓜洲正式替代扬子津成为港口。后又经宋、元、明、清多次湖漕渠化后，大运河扬州段最终定型。

运河的变迁直接影响了扬州城空间营建的演变。有明确历史记载的扬州建城史可追溯至春秋时期吴国建邗城，距今 2500 余年。后经考古发掘，又确定了战国、汉朝和六朝的广陵城，隋、唐、五代、两宋至明朝的扬州城。前文提及扬州岸线不断南移，扬州城址变迁与之对应，隋朝之前城址皆在蜀冈之上，唐朝之后城址则迁移至蜀冈之下。

《左传 · 哀公九年》载："秋，吴城邗，沟通江淮。"这是有关邗城建造最早的文字记述。邗城的南沿在蜀冈南麓断崖上，断崖下即是长江。邗城为方形，版筑城垣，周长约十里。邗城地处邗沟之滨，通江达淮，有城池、有航道，其作为码头或兵站的作用已经十分明显。邗沟的开凿与邗城的新筑，为吴国和中原诸国进行军事对抗提供了便捷通道，更是为当时我国东部地区南北政治、经济文化交流发挥了巨大作用。至楚怀王十年（前 319），楚国打败了越国，在邗城的基础上再次筑城，因城址位于蜀冈之上，"广被丘陵"，故名之曰"广陵"。

西汉时期广陵城属吴王刘濞的封地，"南驰苍梧涨海，北走紫塞雁门，柂以漕渠，轴以昆冈"（鲍照《芜城赋》）。作为吴国的都城，广陵城聚集了大量的财富。刘濞为谋取皇位，以广陵为基础，发展生产，增强国力，他下令疏浚邗沟，并煮海水为盐，开凿运盐河，自茱萸湾（今湾头）通海陵仓（今泰州）。

广陵城被称为扬州城，始于隋代。据《隋书 · 地理志》载，隋开皇八年（588），以晋王杨广、

秦王杨浚、清河公杨素为行军元帅，统帅九十总管，大举伐陈，次年攻破建邺。同年，诏改吴州为扬州，并置总管府。从此蜀冈上的这座城池，始称“扬州”。唐王朝建立以后，扬州是唐代江淮流域的政治经济中心，扬州城的规模也空前扩大，形成了拥有蜀冈上的“子城”和蜀冈下的“罗城”的格局，所谓“街垂千步柳，霞映两重城”（杜牧《扬州三首》）。由于地理环境和交通位置的重要，唐代扬州成为世界著名的东方商港之一，承担着广州、明州（今宁波）等沿海重要港口与唐朝首都长安之间的客货运中转。到中晚唐时期，扬州也开始独自承担接纳来自东北亚与东南亚的官员、客商与货物，成为海上丝绸之路的重要节点之一。此时的扬州城位置也从蜀冈之上慢慢移向运河之滨。中唐时，因城内官河水浅，遇旱即滞漕船，所以王播于城南阊门外七里港开新河，后扩筑的扬州城东城墙又以大运河为护城河。这种运河与城壕相互转换的关系在历史上多次发生。

宋代扬州南北辐辏，商贾云集。秦观《望海潮》云：“星分斗牛、疆连淮海，扬州万井提封。花发路香，莺啼人起，珠帘十里东风。”从词人妙笔，可见当年扬州繁华。北宋时，扬州在五代后周“周小城”的基础上扩建城墙，被称为“宋大城”，但规模仅为唐扬州城的四分之一。南宋，江淮之间为宋与金元军事对峙的区域，扬州既是防御金兵的前哨要塞，又是经济命脉。南宋淳熙二年（1175），知州郭棣利用蜀冈上的唐子城旧址筑城，称“堡寨城”，它与北宋时期所建的“宋

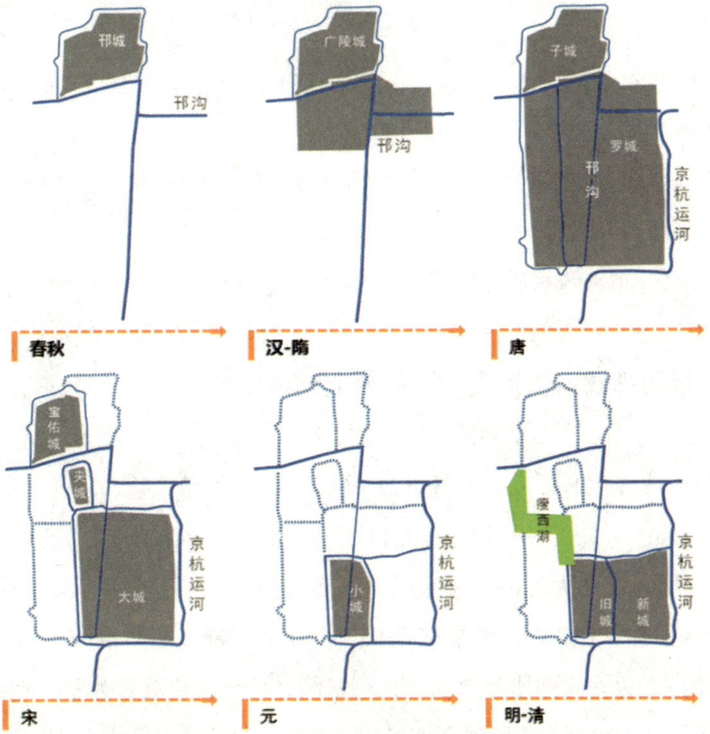

图 4-1　扬州城市空间因运河逐步拓展示意图

（图片来源：扬州历史文化名城保护规划）

大城”南北相对，相隔二里，于是又在南北两城间筑“夹城”以通往来，这三城构成了一座防御坚固的军事堡垒，史称“宋三城”。咸淳五年（1269），在宝祐城的西城外，利用其高峻的地势，又加筑一道城防设施，即平山堂。

北宋末年，扬州城南城墙形成，南部运河借用唐朝城壕。而到了明代建新城，则又沿用大运河作为东、南侧城壕。可以说，扬州城的城市空间紧跟大运河逐步向东南偏移。

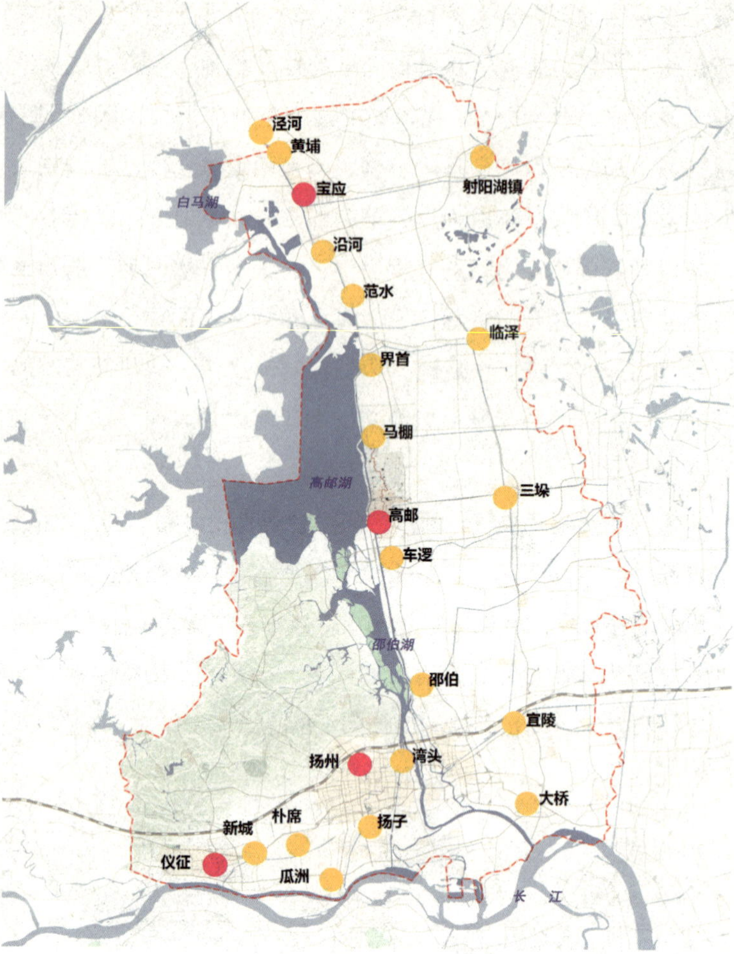

图 4-2 扬州市域内因运河而生（兴）的城镇体系图（图片来源：自绘）

除扬州城外，扬州城镇聚落也多因运河而成：高邮因码头形成了城南漕粮关厢片区；邵伯因运河、码头形成鱼骨状格局；借助运河交通之利，沿线形成了若干繁荣的城镇，这些城镇往往分布在运河与东西向引河的交汇口，等级分布也与水道等级对应。

2. 战略要地：帝国理政、江河交汇、扼南北咽喉之地

扬州地处江淮之间，南滨长江，经邗沟，北通淮河。邗沟的开凿奠定了扬州扼南北咽喉的重要军事地位。清初沿革地理学家顾祖禹称扬州为“根柢淮左，遮蔽金陵，自昔为东南都会”，在《读史方舆纪要》曾有记载：“吴王濞称兵于此，汉室几为动摇。孙权不得广陵，虽数争淮南，而终以长江为限。东晋以后，皆建为重镇。梁末没于高齐，而烽火照于阙下。隋人命贺若弼镇广陵，陈祚不可复保也。李子通窃取江都，亦复南据京口，规有数郡。唐时淮南雄镇，莫若扬州。及高骈拥节自雄，外成巢温之毒，内酿毕吕之祸。杨行密收其余烬，犹能并孙儒，却朱温，缮兵积粟，保固江淮。沿及南唐，尚为强国，及周世宗克扬州，江南于是日蹙矣。宋室南迁，以扬州枕江臂淮，倚为襟要。”

由此可见，在古代中国的军事版图中，扬州始终发挥着统御淮河、屏障长江、守卫漕运的重要作用。

扬州的军事地位在南宋时期达到顶峰，与隋唐、北宋时期相比，扬州由内地转变为边郡，成为宋金、宋元对抗的前线。为稳固城防，扬州形成大城、夹城、堡城的三城结构。“宋大城”位于蜀冈之下，大致相当于唐代罗城的东南部分；堡城，即宝祐城，位于蜀冈之上，大致相当于唐子城的西半部分。大城与堡城南北对峙，“中夹通道，疏两壕相通，转饷缓急，足以相赴”，这条通道巧妙联系起大城与堡城，又因在两城之间，被称为“夹城”。“宋三城”南北串联，前后呼应，形成一座坚固的军事堡垒。

图 4-3　大运河奠定扬州的军事战略地位图
（图片来源：自绘）

图 4-4　大运河水陆驿道并举（江苏省境内）图
（图片来源：自绘）

南宋绍兴三十一年(1161),金主完颜亮大举进犯南宋,宋高宗命江淮浙西制置使刘锜屯驻扬州,守备淮东淮西。两军大战于扬州城南运河边皂角林,宋军经皂角林一战,威震敌胆。后来诗人杨万里路过瓜洲,留诗凭吊:“水漾霜风冷客襟,苔封残骨动人心。河边独树知何木?今古相傳皂角林。”南宋末,元兵来袭,名将李庭芝仍苦守扬州、孤垒抗元,可以说,“宋三城”是扬州军事重镇地位的历史见证。

元代之后,江南地区趋于稳定,扬州军事地位逐步下降。但伴随封建王朝中央集权制度的进一步加强,封建巡视制度不断发展,扬州因其水利之便与财赋要地之责,成为巡视制度的重要节点。巡视制度是中国古代监察制度的主要形式,萌芽于“三皇五帝”时代,确立于秦汉,完备于隋唐,成熟于元明清。

元明清时期,作为南北交通大动脉的京杭大运河日渐完善。扬州段运河属于里运河,是南北水运沟通的关键之地。运河大堤可做驿道,水陆驿站并举,保障了国家通讯的有效运作,使扬州成为南北通讯联系的重要枢纽。水陆交通便利加之盐运、漕运命脉的地位,使扬州成为帝王巡视的必经之路。康熙、乾隆等都六下江南,帝王多次南巡,促进了扬州的繁荣发展。

3. 经济重心:商业繁华的工商贸港埠、国家经济命脉的重要节点

运河的发展,为扬州经济发展带来了独有的机遇,各类工商贸易在此汇聚,使扬州成为我国古代重要的漕运与盐运中枢,并在此基础上,进一步促使扬州成为关税重地。

漕运是指中国历代封建王朝将官粮与军粮通过内陆河道与海路运至朝廷与军区的系统,是维系中央集权统治与地方稳定的经济命脉,正如康有为所言“漕运之制,为中国大政”。我国漕运多通过河道运输,大运河为历代漕运的最主要通道。安史之乱后,受战争影响,北方藩镇割据,农业凋敝。而江南地区受战争影响较小,加之大量人口南迁,成为唐王朝生存的经济依仗。江南漕运必经扬州,可以说,扬州漕粮能否抵达都城直接关系着王朝的稳定。天宝年间,扬州每年中转漕粮多达两三百万石(唐朝一石约今天53公斤),唐宰相郑畋曾言“倘使贼陷扬州,江南亦非国有”。

在漕运之外,扬州同样是南北商品集散和货运枢纽,《容斋随笔》中曾记载:“商贾如织,故谚称‘扬一益二’,谓天下之盛,扬为一而蜀次之也。”扬州货物集散以盐、铁、丝、棉、瓷器、珠宝等为主,其中,盐运尤为突出。

江淮地区盛产淮盐,多在扬州集散,自古便有“扬州繁华以盐胜”一说。清代,全国产盐总数约540万引(一引约三四百斤),其中,江淮产盐达160万引,占全国总数的31%,而两淮盐场一直隶属扬州管辖。依据清政府规定,湖南、湖北、江西、安徽四省盐运均需经两淮盐区运出,故四省盐商多在扬州聚集,逐渐形成两淮盐商集团。康乾年间,盐商资本银可达七八千万两之多,约为乾隆三十七年中央财政收入的两倍。两淮盐业是国家经济的重要命脉,明清时期,盐业和盐

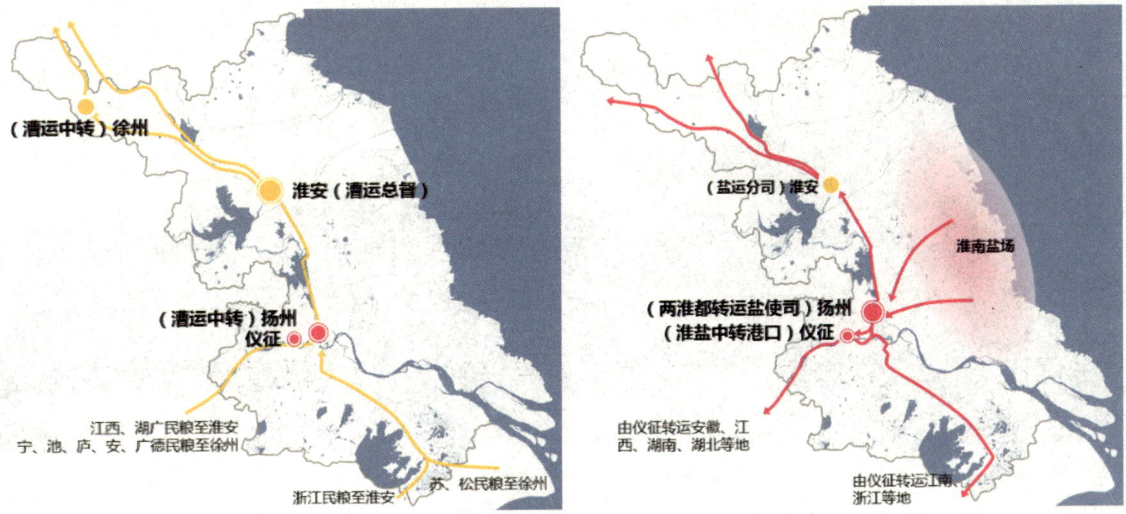

图 4-5　大运河扬州段促进漕运的转输（左）、淮盐的运销图（右）
（图片来源：自绘）

商造就了扬州经济的大繁荣，使扬州成为盐的流通要道与集散中心，盐商的活动也使扬州城在空间格局和城市功能上向运河延伸。

因盐业利益之盛，盐税历来是封建王朝的重要收入。为便于管理，从唐代起，便在扬州设立盐铁转运使，北宋改设局，南宋设行，负责发卖盐钞。明清两代设两淮都转运盐使司，管理两淮盐务，扬州成为全国盐业管理中心。直至民国，仍设两淮盐务稽核所，可见扬州在盐业管理中的地位。在盐税之外，大运河扬州段将全国几大经济区域联系在一起，尤其在明清时期，在促进地方财富的聚集和推动区域经济商品化的过程中发挥了重要作用。明代，在扬州设有钞关，扬州成为征收内地关税的重要税关地。

4. 绿杨城郭：水城共生、水绿交融、园林雅致的人居典范

水是扬州的灵气所在，历代古城均体现出“逐水而居、城河相依”的空间特征，扬州城内更是因河而市、依水而居。绿是扬州的秀美所在，扬州自古以来便与秀丽的蜀冈风光、翠绿的生态底色紧密相依，园林成为绿意中的点睛之笔。“随形得景，互相因借”的造园艺术，丰富了中国园林艺术的宝库。“水城共生”“水绿共融”“园林镶嵌”成为扬州城市景观特色所在。

受漕运、盐运的地位影响，加之帝王南巡、盐商集聚的直接推动，扬州经济快速发展，富庶的生活环境造就了扬州兴建宅园的盛况。

从明中叶开始，徽商便在扬州大规模兴建园林与住宅，康山草堂、休园、红雪楼、小东园、双淮堂等比比皆是。《扬州画舫录》中曾载：“杭州以湖山胜，苏州以市肆胜，扬州以园亭胜，三者鼎峙，不分轩轾。”扬州造园重在“虽由人作，宛自天开”，对自然风貌和人工山水的结合常有匠心独具的运用，又多有创新之举，突破条框束缚，吸收西方要素。在此之外，扬州造园尤

图 4-6　扬州瘦西湖五亭桥
（图片来源：网络）

其重视叠石，扬州叠石传人方惠先生总结叠石原则为："用料宜整不宜碎，宜旧不宜新，山石拼叠要力求同法、同色、接形、合纹；造型布局宜低不宜高，宜埋不宜叠，宜卧不宜竖，宜靠不宜孤，宜整不宜散。"充分实现了扬州叠石"险、峻、奇、变"的艺术特色。"扬州园林甲天下"的盛誉由此可见一斑。

以何园为例，何园又名"寄啸山庄"，被誉为"晚清第一名园"，为清乾隆年间双槐园旧址。何园以房廊见长，园内共有约 1500 米复道回廊，在中国园林中罕有，房廊衔山环水，形成独特的立体式景观体验。又因园主曾在驻法国公使馆任职，园内多西洋格调。中西元素在何园交汇，共同组成了独具魅力的特色景观。

在宅园之外，扬州城内同样风景秀美，仅在北郊就形成了著名的二十四景。卷石洞天、西园曲水、虹桥揽胜、冶春诗社、长堤春柳、荷蒲熏风、碧玉交流、四桥烟雨、春台明月、白塔晴云、三过留踪、蜀冈晚照、万松叠翠、花屿双泉、双峰云栈等各有千秋，正应了清朝诗人王士桢诗中所写："红桥风物眼中秋，绿杨城郭是扬州。"

5. 国际都会：中外经济文化交流的重要见证

在运河的河运之外，海运同样是扬州城市发展中不可不提的一环。扬州地处长江与大运河的交汇点，自古便是海运与河运间重要的中转枢纽。春秋时期，邗城位于长江与邗沟的交汇口，是沟通江南与淮河地区重要节点，其码头与兵站的功能逐步显现。吴王刘濞开通茱萸沟后，扬州港口的作用进一步凸显，它不仅扼江淮水运交通之咽喉，更成为淮南海盐的转运枢纽。历史上关于扬州港海外交通的记载最早可以追溯至东晋时期，扬州的海外交通起于东晋，兴于唐宋元，没落于明清。得益于海运与河运间的转换便利，扬州港被称为唐宋时期"四大名港"之一，更是中国海上丝绸之路的重要枢纽之一，海外旅客与各色货物经海上交通达到扬州后，再转经大运河输送至中国各地，可以说，大运河是扬州国际都会地位的重要见证。在2000多年的丝路历史中，扬州曾持续称霸约750余年。

东晋时期，我国高僧法显因受海上大风影响，导致原定去往广州的路途意外漂流至山东半岛，而从山东南下前往广州必须经过扬州，这一变故无意中将海上丝绸之路东段终点从广州沿线拓展至山东半岛。由此，从山东南下或从广州北上的货船，都必须经由扬州港，这为扬州港未来的崛起创造了可能。

唐朝时期，海上丝绸之路步入极盛，扬州因接近长江出海口的优势区位，南下可由江南运河直达杭州，西去可溯江而至湘鄂，北上可沿淮南运河达到洛阳与长安。四通八达的水路交通促使扬州成为理想的财货集散枢纽，各地各国的人群在扬州汇集，来自新罗、大食、波斯、日本、婆罗洲、瞻波等国的货物与文化在扬州贸易与交流，《舆地纪胜》中记载："自淮南之西，大江之东，南至五岭蜀汉，十一路百州之迁徙贸易之人，往还皆出扬州之下。"唐代李洞的诗句中也曾有"隔海城通舶，连河市响街"的描述，足见扬州商埠盛景。

宋代，战事影响了扬州的国际贸易，但扬州港对外交通枢纽的地位仍在，朝鲜人及阿拉伯人经丝绸之路到达中国，首选依旧是经由扬州港中转。元代，海上丝绸之路再次活跃，扬州成为外国人北上大都、南下航海的必经港口。明清时期，因长江河口日渐东移，扬州港地位逐渐被江阴与华亭所取代，清代闭关锁国政策实施后，海上丝绸之路名存实亡，扬州港至此逐步没落。

在扬州海运的鼎盛时期，足可以被称为是中外文化、商贸的交流宝地。

在文化方面，至今屹立在盐阜路边的天宁寺就是最好见证。天宁寺因尼泊尔高僧佛驮跋陀罗所译《大方广佛华严经》而得名，佛驮跋陀罗也是第一个经由海上丝绸之路来到扬州的外国人。后又有高僧鉴真由扬州东渡日本、新罗崔致远来扬为官、意大利马可波罗旅居扬州、普哈丁来扬传教，等等。

在商贸方面，唐代曾在扬州设"市舶使"，管理船舶往来、征收关税与外商贸易。在"市舶使"之外，扬州还设立了专门接待外国宾客的"招贤观""宜陵馆""广陵馆""平桥馆""水馆"等。扬州市肆在这种背景下迅速发展为长约十里的市街，《唐阙史》中曾有这样的描述："扬州，胜地也。每重城向夕，倡楼之上，常有绛纱灯万数，辉罗耀烈空中。九里三十步街中，珠翠填咽，邈若仙境。"市街之上，多有"商胡"与"藩客"开设"胡店"与"波斯邸"，出售香料与珠宝。商贸的繁盛同样促进了扬州手工业的发展，唐代商船多产自扬州，在此之外，扬州陶瓷、香药、铜器等同样远销海外，其中，扬州铜镜尤其受到推崇，因其品质之高，成为商胡与新罗、日本等国臣民向往而又难得的稀世之宝。

6. 文化宝库：南北交融的文化，丰富多彩的市井生活

历史上的扬州，商业兴旺发达，城市生活丰富多彩。南来北往的人与物及其承载的文化、观念、

习俗、方言等在扬州汇聚交融。中国北部战争频发，永嘉之乱、安史之乱等多次战乱导致大量北人南迁，因大运河沟通南北的便利交通条件，扬州成为北方人口大批聚居的城市，人口的大量涌入为扬州的发展注入持续活力，南北文化也在扬州得到充分的沟通与融合。商人、市民和文士共同创造了秀美、活力的扬州文化，既有阳春白雪式的文化艺术，又不乏下里巴人式的市井工艺。

高度发展的经济环境造就了扬州的艺术繁荣，不论是书法绘画还是戏剧曲艺，都有着独特的艺术风格与突出的艺术成就。

谈及书画艺术，就不得不提起明末清初著名画僧石涛以及清代重要艺术流派“扬州八怪”。石涛，工诗文、擅书画，尤以山水见长，画风离奇苍古而又细秀妥帖，善用“截取法”，有《淮扬洁秋图》《山水清音图》《细雨虬松图》等诸多作品传世，对清代以后乃至整个中国绘画艺术的发展产生了深远影响。51 岁后石涛客居扬州直至终老，这也为“扬州八怪”的诞生提供了契机。“扬州八怪”活跃于康乾年间，因风格相近而又标新立异，得名“扬州八怪”。他们大多数并非扬州人，能熔铸“诗词曲文书联印”七艺，尤以绘画最为世所仰。

在书画艺术之外，扬州又被称为中国南方的戏曲中心。清代扬州商业发达，商人多聚于此，“商路即是戏路”，各地戏曲艺人因此流向扬州。据《扬州画舫录》所载，“两淮盐务例蓄花、雅两部，以备大戏”。及至康乾年间，在引市街附近设“苏唱街”，又曾设梨园总局，在清代戏曲界具有举足轻重的地位。

城市经济的发达同样促进了扬州民间工艺的精进与日常生活的精致化，工艺精湛的漆器、玉器、剪纸等极受推崇，而“三把刀”等生活情趣又极具地方特色。

漆器自明代起便在扬州落地生根，作为全国漆器的制作中心，“漆货巷”“大描金巷”“小描金巷”等产业街坊比比皆是。扬州漆器以剔红、百宝镶嵌、螺钿镶嵌等品种为主，出现了如卢映之、王国琛等诸多漆艺名师，这些漆艺名师在前人基础上大胆创新，创造了“雕漆嵌玉”这一扬州独有的工艺品种。扬州玉器与剪纸多繁盛于清朝。扬州建隆寺曾设玉局，每年向朝廷进贡，白玉如意被定为“扬州八贡”

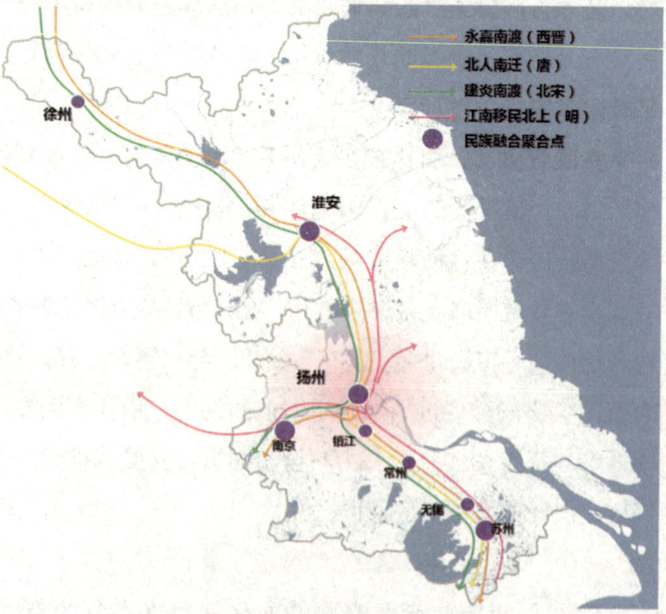

图 4-7　大运河扬州段促进南北交融与城镇发展示意图
（图片来源：自绘）

之一，大型玉器《大禹治水图》更是我国迄今为止最大的玉器。扬州剪纸讲求清秀流畅、精巧雅致，以包钧为代表的剪纸艺人被誉为“神剪”，“任他二月春风好，剪出垂杨恐不如”，就是时人对扬州剪纸的高度评价。

扬州人爱生活，更享受生活，饮食、理发、沐浴三个行业形成了颇受赞誉的“三把刀”。据《扬州府志》记载：“扬州饮食华奢，制作精巧，市肆百品，夸示江表。”在深厚的饮食文化积淀下，我国八大菜系之一的淮扬菜应运而生。扬州理发业最早起源于明代，发展至后期，已不再局限于理发，而是拓展出推拿按摩、针刺急救、掏挖耳垢、点捻眼角等一系列丰富业务。扬州沐浴业历史悠久，有文字可考的至今已有900余年，精致之名由来已久，康熙南巡时，也将“汤浴”与饮食、园林、戏曲等一并做贡事。

时至今日，扬州多彩的市井生活仍旧生机勃勃，吸引着各地游人往来体验，“早上皮包水、晚上水包皮”的民间俗语便是对扬州悠闲生活的最佳诠释。

从空间形态、政治经济地位再到风土人情，扬州这座城市的方方面面都与大运河息息相关，这种城河相伴相生的互动式发展关系堪称中国运河城市最为鲜活的典范。时至今日，扬州段大运河依旧在南水北调与南煤北运中发光发热，而扬州，也因大运河肩负起弘扬中华文明的历史使命。

二、大运河扬州段段落特质

1. 形成历史悠久

大运河扬州段，由古邗沟发展演变而成，是有明确文献记载的开凿时间较早、修建和使用历史较长的河段。始建于公元前486年，距今已2500多年。扬州境内大运河河道包含春秋、东晋、隋唐、元明清、现代各个历史时期的重要河段，动态发展，见证了大运河开凿与技术发展的各个重要阶段与运河动态发展的变迁过程。

古代，长江与淮河间的分水岭并不明显，大致位于今邵伯镇东。凿通这一分水岭，沟通江淮，始于邗沟的开挖。邗沟由吴王夫差命人所凿，吴国之所以开凿邗沟，是因为当时夫差准备率领大军北上中原炫耀武力，与齐、晋等大国争夺天下霸主的地位。开凿邗沟后，水路运输对于擅长行舟的吴人来说，是最为便利的途径。同时，水路运输也可大大节省运输消耗的粮草，对于经济基础较弱的吴国来说无疑是最优选择。

在春秋时期古邗沟形成之后，大运河扬州段又经历了历代变迁。西汉刘濞开凿茱萸湾，使江淮水道与东边的产盐区连接，在运盐与物资运输方面发挥了重要作用。东汉建安年间，陈登为最大限度利用自然湖泊，开辟了邗沟西道；晋穆帝永和年间，邗沟改道向西，从江苏仪真市入江，形成仪扬运河；南北朝陈宣帝太建五年，仍然沿用陈登开凿的邗沟西道；隋文帝开皇七年，在东侧开辟了山阳渎，邗沟西道遂废弃不用；唐代，随着长江北岸不断南移，在淮扬运河南端逐渐开凿了瓜洲运河（即伊娄河）等，将淮扬运河南端逐渐南延至瓜洲渡口；宋代，运河主线逐渐扩展，逐渐形成了今天的“扬州古运河”段；明清时期，为避免湖泊风浪对船舶的影响，初步实现河湖分离；近代以后，又开凿了水深较深、宽度较宽的新运河，即“里运河”。大运河扬州段自最初开凿至今，其核心的航运功能、水利灌溉及防洪功能始终延续，并在现代生活中依然发挥着重要作用。

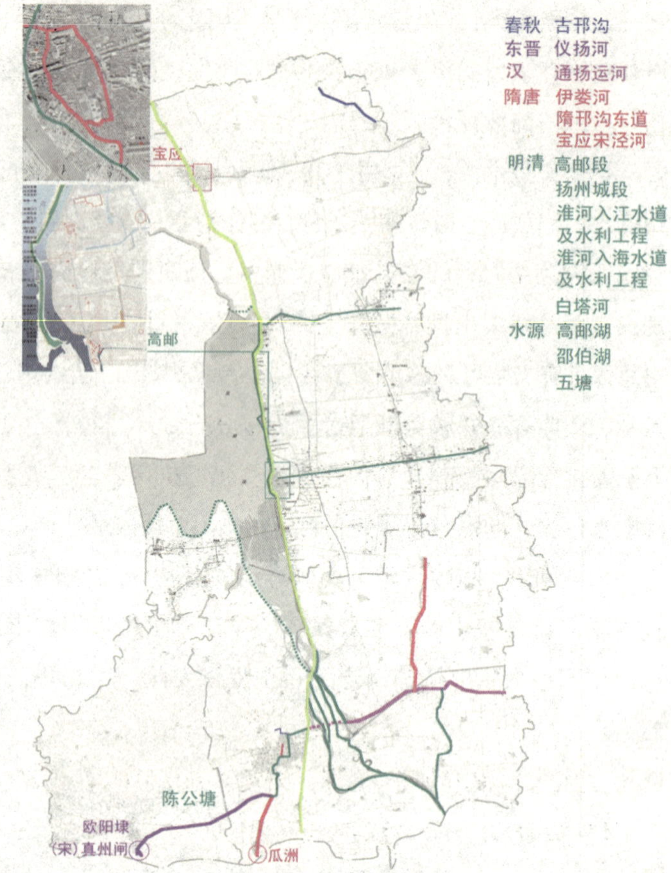

图 4-8　大运河扬州段变迁图
（图片来源：《大运河（扬州段）遗产保护规划（2010～2030）》）

2. 现状功能综合

大运河扬州段现在是一条综合利用的河道，它的现状功能既有灌溉和排涝，又有航运和旅游。大运河扬州段主线现为二级航道，是国家水运主通道，连接淮河、长江两大水系，是目前整个大运河中通航最密集、社会经济效益发挥最为显著的区段。此外，它还是南水北调东线的输水干道，其东堤是保障里下河地区的安全屏障。

大运河扬州段的河道部分可分为古邗沟故道、里运河（高邮明清大运河故道）、邵伯明清大运河故道、扬州古运河和瓜洲运河。

古邗沟故道，从汉代至唐代以来都是大运河的主航道，是历代漕运的主要通道，如今它作为景观河道使用，成为扬州古城中重要的休闲廊道。

里运河是大运河扬州段重要的组成部分之一，现在仍然是主要的运输性河道。经过历年拓宽和整治，已经达到二级航道的水平，可通行2000吨级船只。此外，它还具有灌溉、防洪排涝及输水通道的综合作用，成为大运河扬州段活态遗产的展示名片。

与里运河平行的高邮明清大运河故道现已不通航，但此段河道集中反映了大运河由湖道向河道演变的动态过程，是反映大运河河湖关系的“活化石”。

邵伯故道在历史上也用于航运，但目前该河道功能已废弃，仅用作防洪排涝和城市景观河道。

扬州古运河遗产众多且风景秀美，至今依然承担着航运功能，为六级航道。

瓜洲运河的开凿在古时大大方便了漕船线路，如今也为六级航道。

3. 水利工程高超

1）大运河扬州段水工设施完备

大运河扬州段主要遗产点包括刘堡减水闸水工设施、邵伯古堤水工设施和邵伯码头水工设施等。

明万历十二年（1584），刘堡减水闸开建。刘堡减水闸位于扬州市大运河宝应段大堤东岸，是通过调节运河与宝应湖之间的水位差，保障漕运水位，保护大运河堤防安全的水工设施。

宋代建成邵伯古堤，用于防止邵伯湖湖水外泄，保持运河水位。明代以后，由于大运河淤积严重，河床不断提高，形成地上悬河。邵伯古堤因此不断被加高加固。古堤的修筑大大保障了里下河地区的安全，同时，也使邵伯段大运河脱离湖面，成为独立航道。

自邗沟贯通江淮以来，邵伯镇作为水上南北往来的必经之路，在明清大运河故道两侧形成了诸多码头，现存4座古码头遗址，即邵伯码头，包括竹巷口码头、大码头、朱家巷码头和庙巷口码头。

2）大运河扬州段是水利工程技术与管理先进性、独特性的杰出代表。

扬州段运河利用堰、埭、闸、塘等各种工程设施引水蓄水，保证了运河航运的畅通。真扬运河（现仪扬运河）与伊娄河入江口的水利工程设施、明清仪征运口、瓜洲运口的水运设施、运河三湾（即

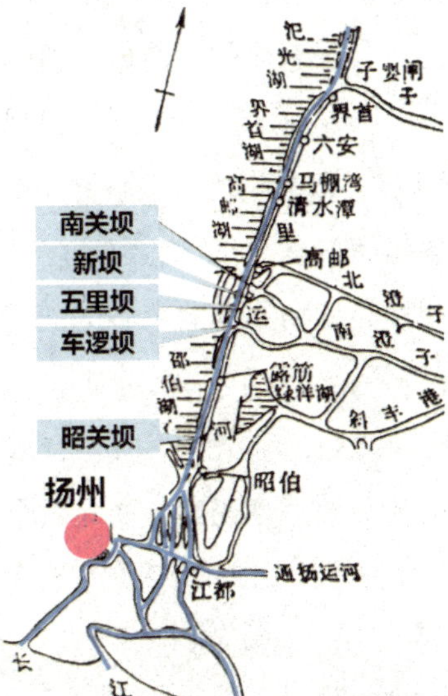

图 4-9　里运河归海五坝位置图
（图片来源：根据《淮河水利简史》归海五坝位置图绘制）

图 4-10　扬州三湾航拍
（图片来源：自摄）

宝塔湾、新河湾和三湾子）、运河西堤分隔河湖等都代表了当时中国运河水利工程技术的高超水平。归江河道及归江十坝、归海减河及归海五坝是分黄导淮的重要水利设施。

以运河三湾为例，三湾是宝塔湾、新河湾、三湾子的统称，位于扬州古运河南端。自唐朝开始，江南漕运就在此汇集运往京城。由于扬州地势北高南低，难以蓄水，三湾地带又地处下游，水流迅疾，致使船只路过此地常常浅阻。为解决这一问题，古代扬州人通过“三湾抵一坝”来迟滞水流，保障航行。明万历二十五年（1597），扬州知府郭光复率民工自南门二里桥的河口起，往西开挖新河，再折而南，复转弯向东，由姚家沟重新接入原有河道，形成曲折的“三湾”，此后，船只果然通行顺畅。运河三湾也因此被誉为扬州先民顺应自然、利用自然的伟大工程。

4. 影响城市深远

扬州因运河而兴、因运河而盛，大运河促进了扬州的城市繁荣，对城市的影响相当深远。

西汉时期，吴王刘濞利用广陵近海的便利条件，煮海水为盐，为方便盐运，疏通邗沟，并于广陵城东北向东开筑一条与邗沟相通连的运盐河道。河道始于茱萸湾，向东伸展至海陵仓及如皋蟠溪。又在其东南置白浦，专门用来捍盐通商。这条运盐河是通向黄海盐场的主要水上通道，也是运河体系最早的重要支流。盐运的兴起带动广陵城的发展壮大，南北朝鲍照曾这样描述广陵：“沵迤平原，南驰苍梧涨海，北走紫塞雁门。柂以漕渠，轴以昆岗。”

隋代，开通济渠，拓邗沟，疏通江南运河，大运河至此全线贯通，全国水运网络形成，扬州交通中枢的位置逐渐明确。从扬州沿运河向北可达中原地区，向南则是富庶的太湖流域，沿江溯流向西是荆楚、巴蜀两个重要经济区，顺流向东则是长江口，来自海外的船只，通过这里驶向扬州。至此，扬州成为全国水运枢纽。扬州在全国范围内的地理区位优势，为其在唐代的空前繁荣奠定了基础。

唐代，北方受安史之乱影响，经济遭到严重破坏，全国经济重心南移，逐渐与政治中心分离，大量物资需由南方运往北方，输送财赋的主要通道是南北大运河。扬州凭借其扼长江运河咽喉的地理区位优势，确立了漕运中心的地位，成为南北技术转移、产品交换、货物集散的中心地区，也是唐政府给东南财赋的唯一转运枢纽。

“康乾盛世”是清朝发展的鼎盛时期，扬州居运河与长江交汇之交通要冲，为南漕北运的咽喉，兼收漕、盐、河三者之利。不仅是两淮盐政要区和中部各省食盐供应的基地，更逐步发展成为全国著名的商业城市。至乾隆时期达到极盛，时称“扬州富庶甲天下”。尽管苏州此时开始上升为地区性大都市，扬州原有在长江下游区域的中心地位下降，但它仍因处于长江与运河“T”字形交汇处，而稳居南北交通枢纽和两淮盐业中心的地位，四方舟车、商贾荟萃。

第五章 未来璀璨：文明引领的扬州第四次辉煌再续

扬州拥有2500余年的建城史，曾是举世瞩目的经济中心与国际都会。历史上的扬州依托大运河，因交通地理与政治地位的独特优势，在汉、唐、清时期塑造了城市发展的三次辉煌。在国家坚定文化自信与生态文明建设的时代背景下，扬州作为与运河关系最为紧密的城市，将以大运河文化的保护、传承、利用为契机，以中华文明与世界文明对话交流为引领，再创第四次辉煌篇章。

未来扬州应争当大运河文化保护传承利用的先锋示范城市，宣传中国形象、展示中华文明、彰显文化自信，把大运河文化保护好、传承好、利用好。本次规划以“国际范、中国风、运河韵、扬州味”为理念，将扬州建设成为“世界运河文化之都”，并进一步提出“世界运河典范、中华文明先锋”的发展目标，以运河为媒介，以文化为灵魂，讲述有扬州特色的运河故事，打造世界文明对话舞台。

一、当代成就：新时代国家战略要求的扬州响应

1. 多战略区域叠加下，彰显中华文明与运河风采的代表城市

扬州处于“一带一路、长江经济带、长三角区域一体化、运河城市带、扬子江城市群、宁镇扬一体化、江淮生态大走廊”等多个战略的叠加区域，在生态文明建设背景下，这种多战略区域叠加的优势，使得扬州成为大运河保护传承与利用的典型代表。

多战略区叠加，是扬州的重大发展机遇，只有用好窗口期才可以真正实现“领跑”“并跑”，因此，扬州积极展现了“扬州作为”。

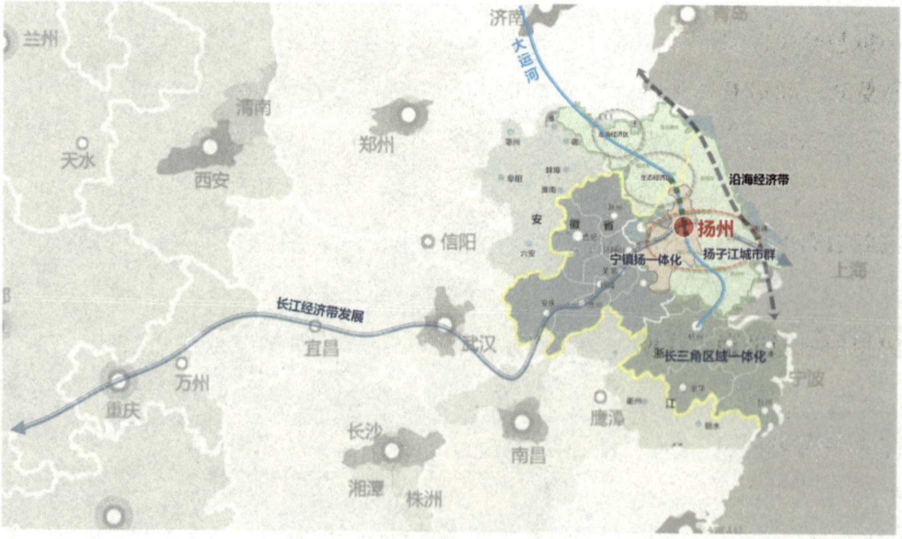

图 5-1　扬州多战略叠加示意图
（图片来源：自绘）

作为“运河长子”，也是江苏省唯一全域纳入大运河文化带的一座城市，扬州具有得天独厚的历史文化资源和现实禀赋。在大运河沿线 30 余座城市中，大运河扬州段的遗产点最多、遗产面积最大、遗产要素类型也最为丰富。扬州不但是大运河的源点城市、南水北调东线源头城市，更是大运河申遗的牵头城市和江淮生态大走廊建设的首倡城市。围绕着大运河的文化保护、传承与利用，扬州提出要在大运河文化带的建设上继续走在全国最前列，创造性推进大运河国家文化公园扬州段的建设，放大“世界运河之都”“世界美食之都”“东亚文化之都”等品牌效应，不断强化中国运河第一城的地位，打造世界运河的展示门户，体现大运河文化带建设的扬州担当。

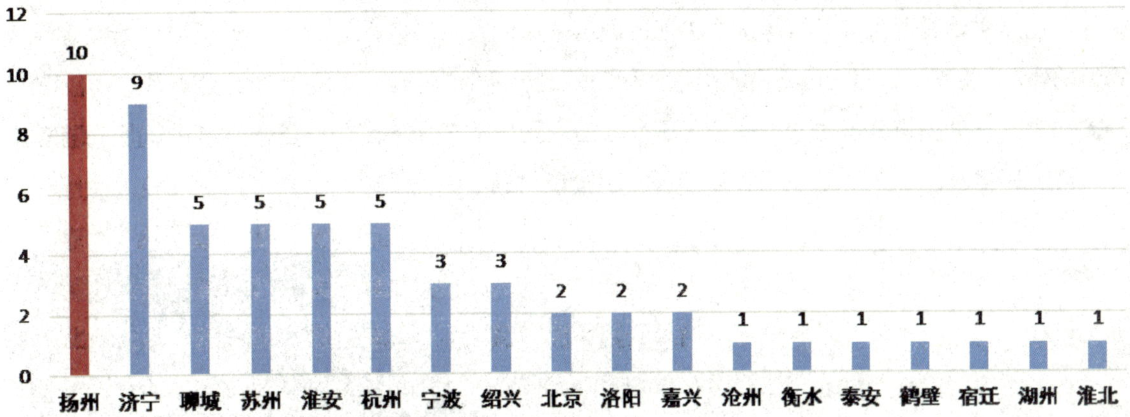

图 5-2　大运河沿线城市遗产数量比较（单位：个）
（图片来源：自绘）

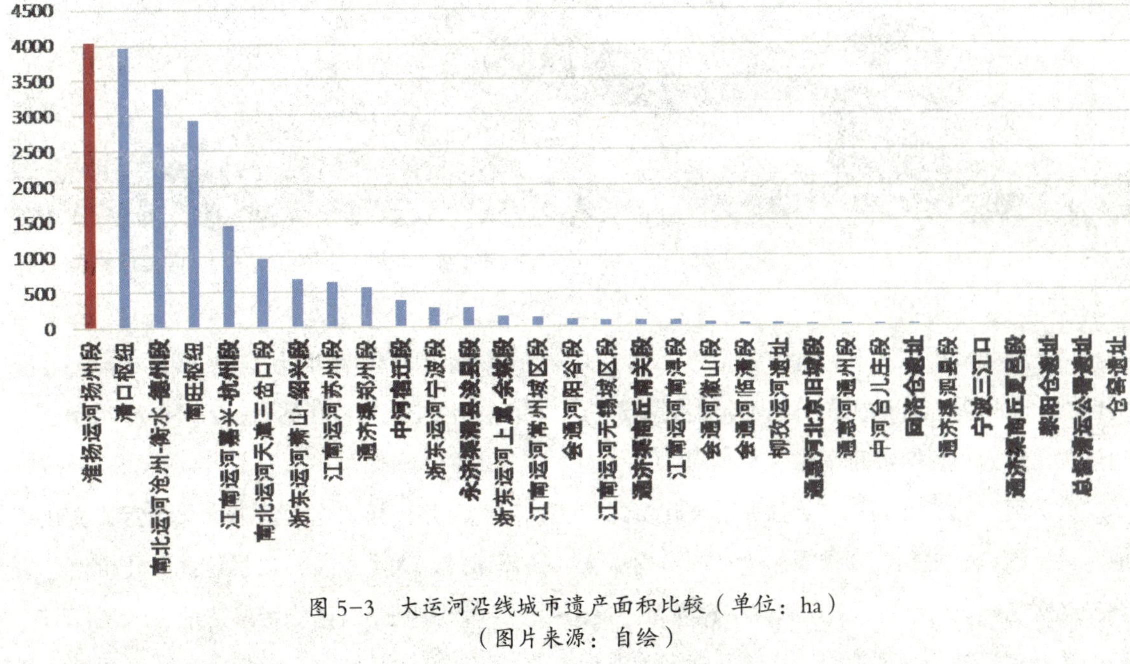

图 5-3　大运河沿线城市遗产面积比较（单位：ha）
（图片来源：自绘）

在此基础上，扬州正积极促进大运河文化融入千家万户。自2018年起，扬州创作并推出了舞剧《水印扬州》、木偶剧《运河之花》、扬剧《鉴真》、广播剧《运河之子》等多部作品，推动“运河风情”“江南曲美”等多个节目品牌并赴10多个城市展演。而在扬州戏曲园内，更是每周都有戏剧上演，深受市民热捧。

2. 创新引领目标下，建设世界运河文化之都的先锋典范

为更好地打造“世界运河文化之都”，扬州率先提出了三大运河建设目标，即“运河文化展示窗口”“运河文化保护典范”与“运河文化产业高地”。

“运河文化展示窗口”的建设重在营造展示格局体系。2019年，扬州正式启动中国大运河博物馆的建设，将其打造为大运河沿线国家文化公园最重要的标志之一（已于2021年6月正式开馆）。与此同时，推进扬州城国家考古遗址公园、大运河国际非遗文博园、隋炀帝墓考古遗址公园等多个文博园区建设，加快形成“一馆多园”的文化展示格局。

图5-4　中国大运河博物馆
（图片来源：自摄）

“运河文化保护范”典旨在强化运河沿线文物资源的保护、传承与利用。扬州重点推进宝应刘堡闸、高邮明清运河故道、运河邵伯古镇段遗产、淮扬运河主线广陵段的保护及环境整治工程，通过法定规划、管理条例等落实法律保障。

“运河文化产业高地”更强调对文化资源价值的转化利用。扬州作为运河文化带六大文化高地之一，玉雕、古琴、刺绣等非遗资源潜力巨大。扬州通过六大重点工程项目挖掘文化价值，争创省级文化产业示范园区。这六大工程项目主要包括，扬州城遗址（含隋炀帝墓遗址）、长江运口、扬州漆器髹饰技艺、邵伯镇、江苏高邮湖泊湿地农业系统、江苏扬州大运河博物馆、扬州至杭州

段大运河遗产线路等在内的文化遗产保护展示工程；京杭大运河航道扬州段的河道水系资源条件改善工程；含扬州三湾湿地公园、高邮湖、仪扬河在内的绿色生态廊道建设工程；邵伯镇、瓜洲镇、湾头镇的精品线路和统一品牌行动；玉雕、漆器、琴筝、世界运河名城博览会（扬州）、扬州槐泗船厂等文化旅游融合提升工程；千秋淮扬的运河文化高地繁荣兴盛行动。

在诸多建设工程项目之外，扬州更是举办了多项大运河文化相关的活动、论坛等，如中国大运河申遗成功5周年纪念活动、大运河文化旅游博览会、世界运河城市论坛暨世界运河大会等会议论坛，显著提升了扬州“中国运河第一城”的知名度和影响力。

3. 协调发展原则下，构筑高品质水环境的发展模范

扬州自古水系发达、水网密布，水环境安全与品质问题一直是扬州城市发展的重中之重。近年来，扬州主抓“补短板、强监管、提质效”，稳步推进多项重大水利工程。

首先，扬州加快推进长江防洪能力提升及中央水库工程前期工作，力争“补短板”。为了持续夯实城市安全基础，扬州根据2018年水利重点工程第一批投资计划，积极落实七大水利工程，包括长江镇扬河段三期整治工程、长江干流江苏段崩岸应急治理扬州市江都区境内工程、瓜洲泵站工程、长江干流江苏段崩岸应急治理扬州市仪征市境内工程、高邮市高邮灌区、江都区红旗河（反修河—波庄河段）整治工程和仪征市泗源沟二期整治工程等。同时，又通过制定三年行动计划，积极落实十九大实施项目，包括8条黑臭河道的综合整治、6条河道的清淤整治、5个沟通活水节点工程和城市河道综合整治等。

其次，引入无人机河湖巡查监测，达到“强监管”。扬州为每一处河湖设立河湖长，为每一处村庄塘口设立管护责任人，充分落实监管责任。并在此基础上，加强长效监管，持续深化河湖长制工作，按照“一河（片）一策”行动计划，项目化推进河湖整治。同时重抓河湖“两违”“三乱”专项整治，全面完成样本河道建设任务。

最后，通过“提质效”，让水变得“更聪明”“会说话”。扬州着力优化雨情、水情、墒情、工情等各类监测监控站点布局，提高采集率和覆盖面。并加强信息资源整合共享，加快推进城区水环境智慧调度中心、水利智慧数据中心建设，使有关雨水情监测数据、预测预报预警等一目了然。

4. 生态文明背景下，持续精心打造“公园城市”的实践榜样

近年来，扬州坚持绿色发展，积极响应生态文明建设。截至2019年底，扬州已建成各类免费开放的生态休闲公园近360个，形成了“园在城中，城在园中，城园一体”的绿地格局，目标打造“生态秀美之城”“运动活力之城”。

在美丽宜居“公园城市”的愿景引导下，扬州因地制宜、分区谋划、多管齐下，共同推进生态文明建设。例如，江广融合区加快推进“三河六岸”公园高铁枢纽、龙川之窗等一批重点项目，

新建滨江公园等各类公园 28 个，高标准规划建设世博园。综合示范区重点进行改造提升，“三网九园”初具雏形，300 米见绿地、步行 10 分钟见公园，一个相对完整的绿地系统基本形成。在片区之外，扬州持续高标准建设市级、区级公园，规划打造生态公园 9 处，包括茱萸湾公园、廖家沟公园、蜀岗西峰公园、三湾公园、芒稻河公园、扬子津公园、润扬公园、滨江公园和宋夹城体育公园等。并在此基础上，依据《市政府关于进一步做好生态中心建设的意见》，在 2020 年全市建成 9 个生态中心，构建类型丰富、结构合理、功能多样的生态中心体系，主要包括：宝应湖生态中心、高邮清水潭生态中心、仪征枣林湾生态中心、江都仙城生态中心、邗江蜀冈生态中心、广陵夹江生态中心、生态科技新城“七河八岛”生态中心、瘦西湖生态中心和三湾生态中心等。

图 5-5　宋夹城体育公园
（图片来源：网络）

在生态空间建设之外，扬州的生态保卫工程也卓有成效。在蓝天工程中，扬州实施“五气”同治、“共保蓝天”及六大工程专项行动，做到了空气质量优良天数同比增加 1.9 个百分点，PM2.5 年均浓度下降 10.7%，降幅全省第一；在碧水工程中，扬州以全面实施“清水活水”工程建设和最严格的水资源管理制度为抓手，深入推进水生态文明城市建设；在城市综合管理工程中，扬州以“洁化、绿化、亮化、美化”为目标，建设综合性城市管理数据库，发展民生服务智慧应用。

扬州多年锲而不舍的努力为其赢了诸多荣誉，包括联合国环境奖城市、国家生态城市、国家森林城市、国家园林城市、国家环境保护模范城市和全国文明城市等，激励着扬州在“公园城市”建设上更进一步。

5. 共享开放理念下，建设“国际文化旅游名城”的沉稳表率

为了更好地推进“国际文化旅游名城”建设，扬州坚持共享理念，确立了“城市即旅游”理念，近年来取得多项旅游发展实绩。

其一，旅游经济总量稳步增长。2018 年，扬州接待国内外游客 7044.2 万人次，全市旅游业总收入达 917.9 亿元；2019 年接待国内外游客 7747 万人次，全市旅游业总收入达 1010.2 亿元。因为受疫情影响，2020 年，扬州旅游业总收入为 610.33 亿元；接待国内游客人数 3839.61 万人次，接待入境过夜游客 1.34 万人次，下降 83.1%。

其二，旅游产业规模不断壮大。截至 2019 年年底，扬州共有国家 A 级景区 55 家，位列江苏省第三，其中包括：瘦西湖等 5A 级景区 1 家；个园、何园、大明寺等 4A 级景区 14 家；宁国寺、高邮文游台、宝应县纵棹园等 3A 级景区 29 家。同年，隋炀帝墓、仙鹤寺、西方寺大殿入选全国重点文保单位。此外，扬州还荣获“世界美食之都”与“东亚文化之都”称号。

其三，旅游基础设施日益完善。近年来，扬州 “空公铁”建设迅猛，不仅有多条铁路、高速建成通车，新增了 20 余条国内航线及国际航线。在此基础上，更是开通了多条旅游直通车、公交专线及四百余个自行车租赁点。多项措施使扬州的旅游交通更加便捷化。此外，扬州还新增一批高星级酒店、主题酒店及居民客栈群，使接待体系更加多元化。

其四，旅游营销效果显著。扬州通过“旅游 + 互联网”强化新媒体营销，主打口碑宣传取得卓越成效。目前，扬州旅游局官方微博粉丝量突破 150 万，微信知名度更是位列全国旅游政务新媒体排行榜前 10 名。

其五，旅游公共服务明显提升。2012 年，扬州列入国家首批 18 个智慧旅游试点城市，成立了城市旅游推广中心。近十年间，扬州不但推出了“寻美扬州 ”手机 App 旅游服务软件，开通了瘦西湖、大明寺、个园等主要景点的免费语音导览系统，更是推出了全国首个区域性 “一站式 ”旅游电子商务平台，是智慧科技与旅游服务结合的完美注解。

其六，旅游发展环境更加优化。前扬州市委书记谢正义曾在专题座谈会上为扬州旅游业做过这样的注解：“旅游名城是建设名城扬州的永久性标志，我们要将旅游业作为扬州永久性基本产业来打造和推进。”为了实现这一目标，扬州将旅游业纳入经济社会发展目标考核，重点通过建立旅游业专项发展引导资金，加大财政扶持力度。

在成就之余，为进一步壮大旅游经济，扬州正积极谋划推动传统旅游向全域旅游、全业旅游

和全时旅游发展。为达到全域旅游，扬州正积极开发市县旅游精品线路，构建旅游一体化格局；扬州通过提升县域景区品质和数量，实现县（市、区）4A 级景区全覆盖。为达到全业旅游，扬州正积极推动旅游与会展、赛事等产业融合发展，开发互动参与、红色经典等旅游产品，加快建设华侨城、江都光线中国电影世界等标志性文化旅游项目。为达到全时旅游，扬州打造了四季旅游品牌，提升过夜游客占比；同时，积极做好“景区 +”文章，布局建设了一批酒店群。

6. 文明交流倡导下，拓展“国际化交流平台”的中流砥柱

2019 年 8 月 30 日，扬州成功当选 2020 年度“东亚文化之都”，是亚洲文明对话大会召开后中国首个当选城市。“东亚文化之都”是对习近平在亚洲文明对话大会上提出促进亚洲文明交流互鉴的最佳诠释，也是中日韩领导人会议成果的重要工作，更是深化中日韩文化领域务实合作的重要品牌活动。

作为东亚文化之都，扬州是我国拓展国际化交流的中流砥柱。为积极响应长江经济带等国家战略，全面融入“一带一路”，积极参与高层次、宽领域的国际和区域经济合作等，扬州从对外交通、国际合作、企业建设等多方面入手，不断深化对外交流。

对外交通方面，目前北沿江高铁扬州段选址已确定，宁扬城际进入开工倒计时，江广高速扩建工程已经建成通车。

图 5-6　2019 年世界运河城市论坛暨世界运河大会
（图片来源：网络）

国际合作方面，扬州一方面不断申办国际论坛，如第六届中国—中亚合作论坛、2019 年世界运河城市论坛、世界体育赛事与旅游峰会、世界地理标志大会、第十届中国曲艺牡丹奖颁奖典礼、上合组织国家协调员理事会会议等重大活动成功在扬州举办。另一方面，扬州也积极承办国际活动，树立“办会办赛的典范”。2018 年，扬州组织开展“烟花三月”国际经贸旅游节集中招商、赴沪双月招商、百日招商以及“名企名城行”系列招商活动，总签约项目高达 272 个。

企业建设方面，扬州鼓励企业“走出去”，2019 年实现出口总额 83.6 亿美元；同时，支持建筑企业拓展境内外市场。2020 年，全年建筑业总产值 4300 亿元，同比增长 6%，2 个项目获鲁班奖，6 个项目获国家优质工程奖。目前，扬州正谋划落地 6 个世界 500 强及跨国公司项目，主要包括宝应生态渔业光伏发电“领跑者”示范基地、瘦西湖景区华侨城文旅项目、江都光线（扬州）中国电影世界，以及打造主展馆和民俗村的园博工程等。

二、市域策划塑典范：四大示范战略引领

为积极响应国家建设大运河国家文化公园的战略要求，更好落实《大运河文化保护传承利用规划纲要》的建设要求，扬州市提出要打造大运河扬州段文化旅游带。在本次规划中，笔者团队提出将大运河扬州段打造为“世界运河典范、中华文明先锋”的目标愿景，并从市域统筹、城区落实、实施保障三个方面入手支撑。

市域层面，规划重点谋划功能定位，重点打造四条功能示范带，秉承“全方位保护优先、持久性活态传承、综合性合理利用、可持续系统展示、区域性协调发展”五大原则，把控大运河扬州段文化旅游带总体方向。

1. 贯古通今的文化示范带

文化价值是大运河扬州段最为突出的价值特色，要保护好大运河，就必须重视其在历史长河中的历史积淀，坚守“保护”红线，系统推进考古挖掘，在加强历史研究的同时创新传承方式，促进有形文化与无形文化的紧密结合，促进文化资源的活态利用，增强文化吸引力和文化传承的持续动力。因此，文化示范带建设确定“保护优先、动态更新、文化展示、创新传承”四大策略，层层递进，稳步提升。

（1）保护优先

规划坚持保护优先，以国际公约、国家及地方法律法规、相关保护规划等为主要依据，严格按照相关法律法规及历史文化保护规划要求，保护不可移动文物、历史建筑、历史文化街区、历史文化名镇（村）及其他重要文化遗存。一方面，在既有法律框架下，加强对大运河遗产的依法

保护；另一方面，最大程度保护现有法律框架外的运河遗产，并积极推动将其纳入法律保护范畴。

为保护大运河（扬州段）遗产的真实性与完整性，依据保护对象的特征，将大运河遗产分为水利工程遗产、大运河聚落与相关有形文化遗产、历史文化景观、无形文化遗产四类，分类型制定保护策略。

其一，大运河水利工程遗产，主要包括扬州历史运河（里运河、古运河、古邗沟等）、历史运河水源地与水源工程（高邮湖、邵伯湖等）、南水北调水利工程（江都水利枢纽、新通扬运河等）、其他水利工程设施或附属设施（水闸、水坝、河堤等）。

针对水工遗产，规划重点加强对河道、湖泊形态、岸线、水环境的保护与整治，有步骤制定考古勘探与发掘计划，推动历史信息建档。

其二，大运河聚落与相关有形文化遗产，主要包括运河聚落与聚落遗址（扬州古城、瓜洲古镇等）、历史文化街区与历史地段（东关街、仁丰里等）、相关有形文化遗产（天宁寺行宫、个园等）。

聚落与有形文化遗产类多数已经编制相关保护规划，因此，规划在已编保护规划基础上，加强聚落与遗产间协调串联，形成聚合效应。未编制保护规划的，则应积极推动保护规划编制工作。

其三，历史文化景观，主要包括扬州二十四景、秦邮八景、真州八景、邵伯八景、瓜洲十景等。

针对现存历史文化景观，规划在保护基础上，通过美化提升再现景观活力；针对已毁坏的历史文化景观，有条件情况下，可按照相关史料进行重建，无法重建的，规划建议运用全息投影等现代技术实现数字再现。

其四，无形文化遗产，主要包括重大历史事件与典故传说（吴王夫差开邗沟、瘦西湖传说等）、民俗活动（船娘、水乡婚俗等）、古地名（瓜洲、十二圩等）、诗词歌赋（《泊船瓜洲》《扬州慢·淮左

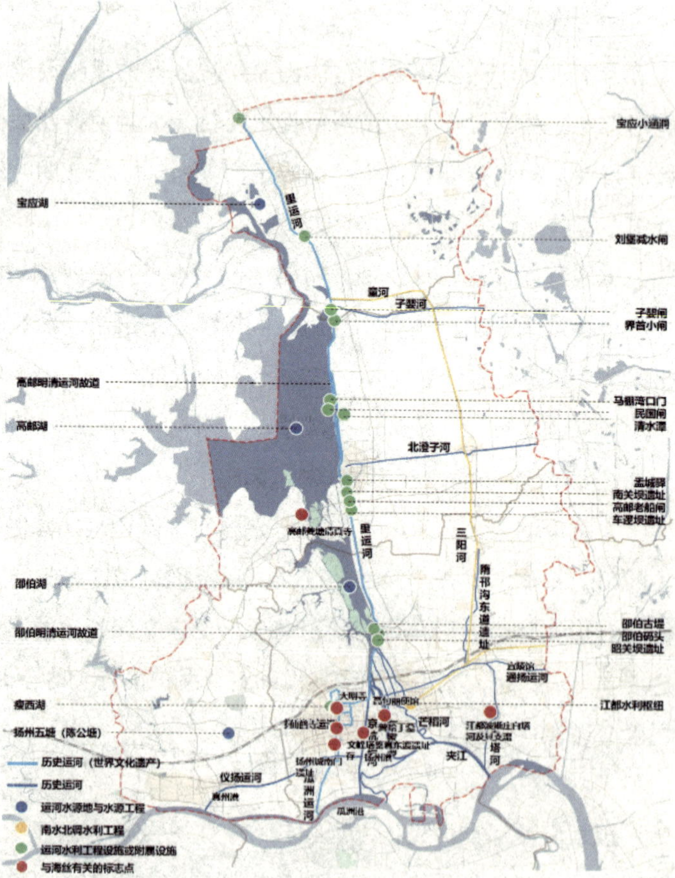

图 5-7　大运河水利工程遗产分布图
（图片来源：自绘）

名都》等）。

无形文化遗产应重点运用数字化技术加强抢救性研究、记录与传承，应将有形文化遗产作为传承空间，并探索制定无形文化遗产的法律法规保护体系。

（2）动态更新

考虑到大运河（扬州段）的考古勘察尚不完善，对其相关遗产的发掘与保护将会是一项长期性、持续性的工作。

规划通过加强对大运河相关的遗存普查、对大运河紧密相关的重要遗址遗迹的考古发掘，及时将新发现的重要遗存纳入保护体系，鼓励具备条件的遗存申报各级文物保护单位，并通过编制重要点、段的大运河遗产专项保护、整治、考古和展示规划等，明确各项保护措施。

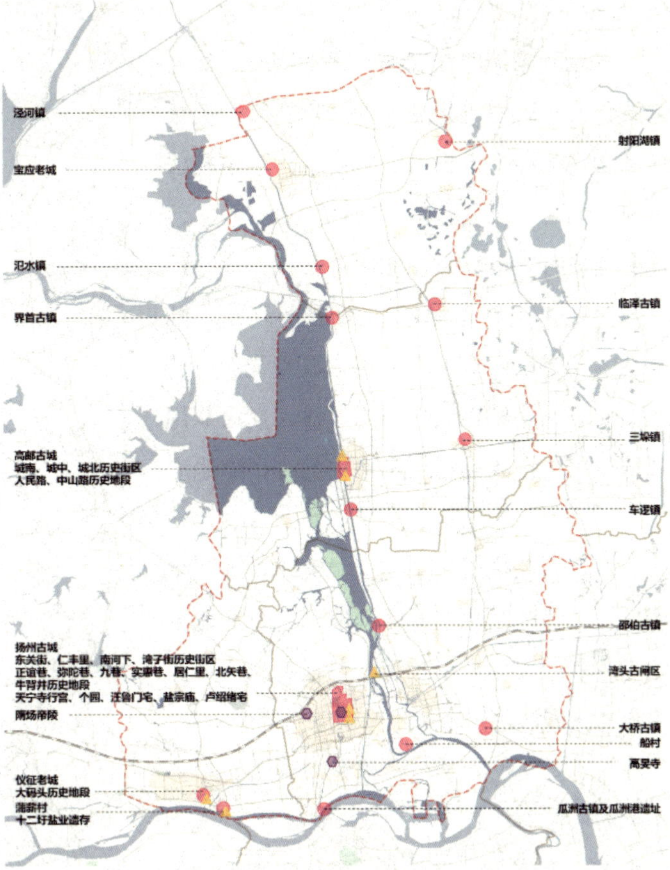

图 5-8 大运河聚落与相关有形文化遗产分布图
（图片来源：自绘）

图 5-9 大运河相关历史文化景观及无形文化遗产内容示意图
（图片来源：自绘）

（3）文化展示

在充分保护的基础上，规划同样关注文化活化展示。通过充分挖掘展示要素、关注展示的完整性、突出展示的系统性、衔接法定规划要求，规划在扬州市域形成“两轴四片多点”的文化展示空间网络。

两轴为组织水陆双行的展示路线。陆上展示线路利用老淮江公路串联沿线遗产；水上展示线路则以大运河为主体，同时利用延伸至周边重要的运河网络中的主干水系形成。

四片为挖掘历史文化资源突出价值、提炼各片区特色文化主题而形成以特色文化主题为代表的文化展示片区，包括扬州主城区综合文化展示片、高邮邮驿生态文化展示片、仪征盐业水工文化展示片以及宝应生态水工文化展示片。

多点为多个文化节点。规划运用多样化的展示方式，结合多个文化节点，植入展示馆、遗址公园、文化广场、文旅活动等公共功能，增强文化传承活力。

（4）创新传承

在保护与展示之外，规划同样重视对大运河文化的特色传承利用。

一方面，规划建议运用新方式保护传承文化遗存。运用现代科技，合理推进修缮、信息化改造、陈展水平提升、高标准改扩建工程；结合先进建设技艺和信息技术，再现消亡、损毁或埋藏于地下的文化遗产。非遗传承与现代时代需求相结合，开展高端化、创新化创意设计，建设大师作坊、非遗文创聚集区等。结合传统工艺振兴工程，实施生

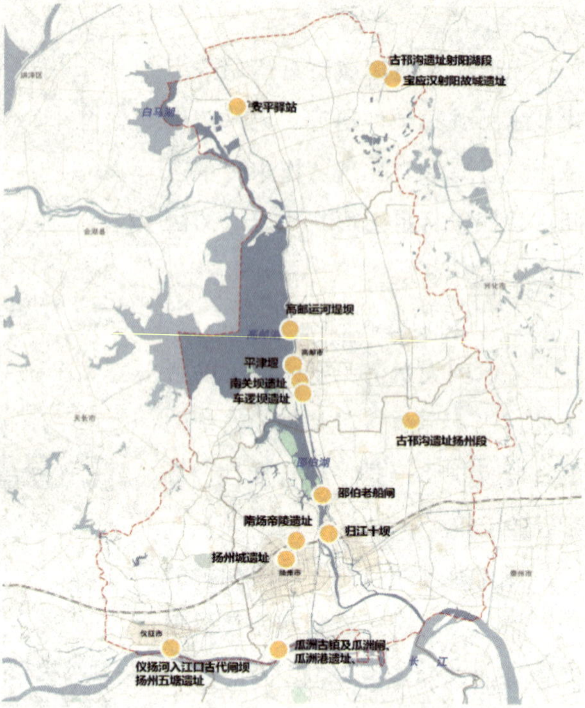

图 5-10　需重点进行考古勘察工作的遗址分布示意图
（图片来源：自绘）

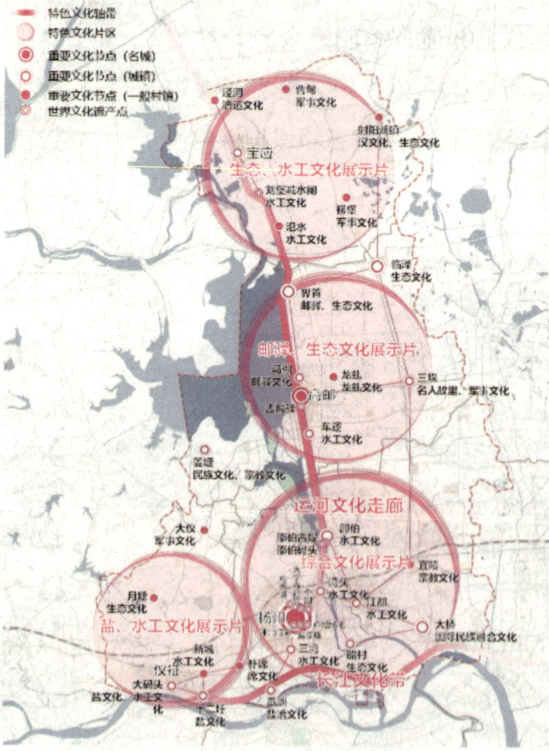

图 5-11　文化展示空间网络图
（图片来源：自绘）

产性保护。

另一方面，规划建议深挖大运河文化精神内核。加强学术理论研究，占领学术研究前沿地位；加强专题文艺创作，打造大运河扬州文化品牌；拓展文化宣传途径，通过 App 推广等方式讲好大运河扬州故事；加强运河文化的教育传播，推出运河文化进课堂、进社区等活动，促进全民科普。

2. 面向国际的旅游示范带

旅游产业是文化资源最常见的利用方式之一，作为旅游名城的扬州，其旅游产业与文化资源更是密不可分、相辅相成。因此，规划在旅游示范带建设中，重点结合文化特色，在旅游提升之外，突出主题段落与特色线路，并进一步通过全时全季活动及智慧化设施保障，强调“中国特色”与“国际品质”。

（1）优化旅游结构

规划把握大运河文化旅游带建设机遇，充分挖掘运河文化内涵，优化市域旅游布局，形成“一核一带一轴五片”的旅游结构。“一核”为依托扬州主城区形成的扬州精粹旅游核；“一带”为大运河文化旅游带；“一轴”为文昌人文景观轴；“五片”由北至南为生态水工片、水乡邮驿片、河岛颐养片、山地乐活片及江风漕运片。

（2）提升景区集群

针对大运河旅游带内现有景区，规划分批次推动景区提档升级。第一批次提升景区共 12 处，其中扬州运河三湾风景区、东关历史文化旅游区目标建成 5A 级景区；扬州宝应湖国家湿地公园、扬州凤凰岛生态旅游区、扬州吴道台宅第、仪征博物馆、邮运世遗旅游区、红山体育公园、瓜洲旅游度假区、清水潭旅游度假区、邵伯旅游度假区、枣林湾旅游度假区等目标建成 4A 级景区。其余景区应进一步落实深化品牌打造、设施更新、管理服务提升等工作，为未来景区提升做好准备。

（3）策划主题段落

主题段落策划为大运河扬州段的精髓所在，由北至南可将大运河扬州段划分为宝应段、高邮段、城区段和仪征段四段。规划通过对四段旅游资源的现状整理盘点，明确各段主题，并在此基础上对各段景点进行策划，既是对大运河沿线旅游资源的整合，同时也是后续游线组织的基础。

图 5-12　市域旅游结构示意图
（图片来源：自绘）

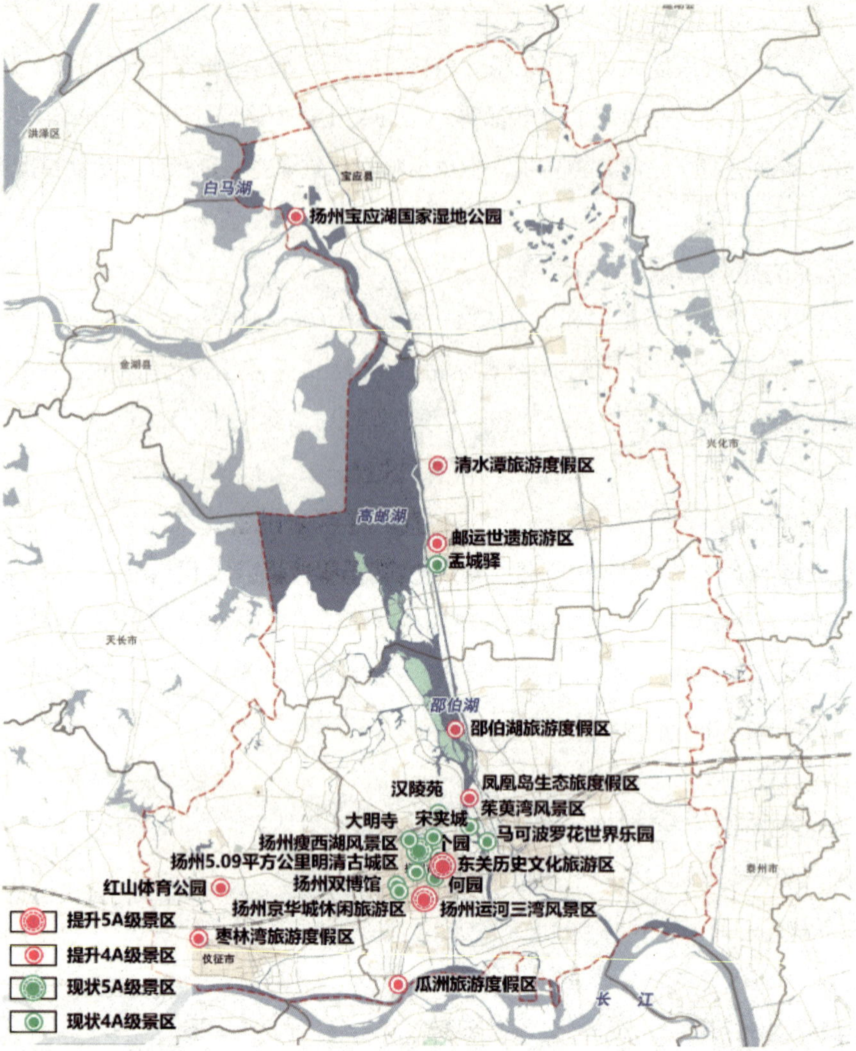

图 5-13　市域景区提升示意图
（图片来源：自绘）

段落一为宝应段，以水工文化为主题。

宝应是黄河由扬入淮、夺淮入运的咽喉地，历史上是水患高危处，也是治水最难处。黄河夺淮入运、邗沟十三变而运河成，标志着京杭大运河由自然河演变为人工河的最后完成。多年的治水为宝应留下了众多水工遗存，水工文化也成为宝应段最为突出的文化主题。

宝应段的自然景点以白马湖和宝应湖国家湿地公园为主。宝应湖国家湿地公园拥有苏北规模最大、保存最好的水杉森林湿地和水质良好的宝应湖湖泊湿地，白马湖则有自然形成的渔歌催晓、双龙聚首、杨庄野炊等景观，风景旖旎秀丽，生态环境优美。

人文景点则以运河沿线的水工遗存及运河七景为主。水工遗存包括刘家堡减水闸、邗沟十三变、得宝河遗址、宋泾河遗址等，运河七景则多为策划内容，包含泾河晚渡、运河渔舟、运河天地、

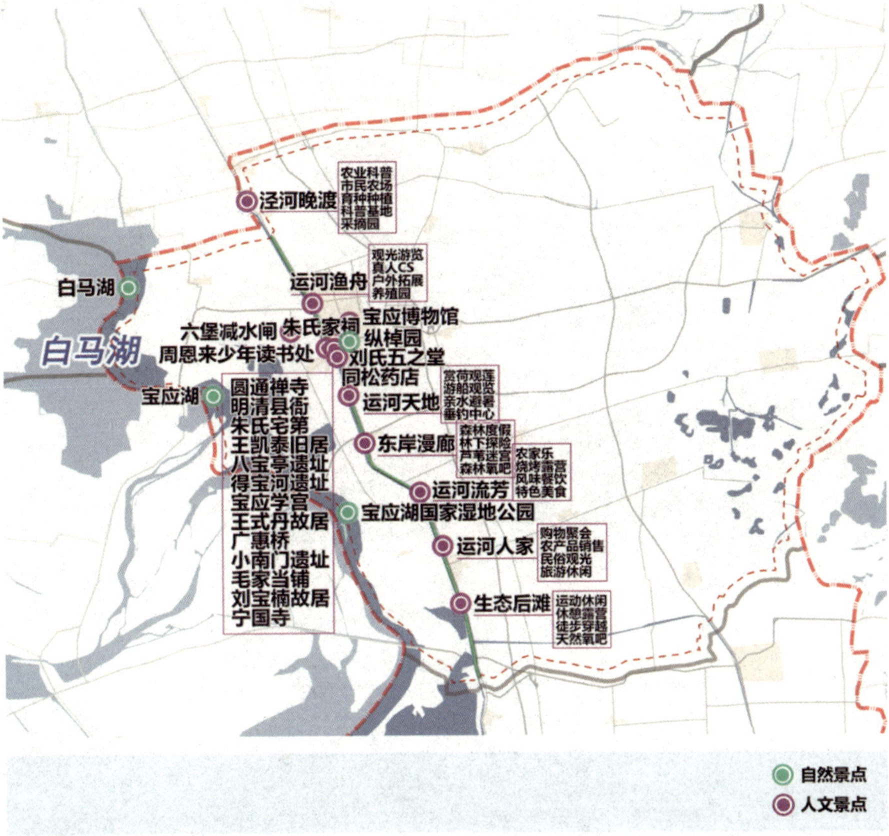

图 5-14　宝应段景点分布示意图
（图片来源：自绘）

东岸漫廊、运河流芳、运河人家和生态后滩。除此之外，宝应学宫、周恩来少年读书处、朱氏家祠、圆通禅寺等也是宝应段重要的人文景点。

表 5–1　　宝应段景点一览表

类型	景点
自然景点	白马湖、宝应湖、纵棹园、宝应湖国家湿地公园等
人文景点	圆通禅寺、明清县衙、朱氏宅第、王凯泰旧居、八宝亭遗址、得宝河遗址、宝应学宫、王世丹故居、广惠桥、小南门遗址、毛家当铺、刘宝楠故居、宁国寺、朱氏家祠、六堡减水闸、周恩来少年读书处、宝应博物馆、刘氏五之堂、同松药店、泾河晚渡、运河渔舟、运河天地、东岸漫廊、运河流芳、运河人家、生态后滩等

段落二为高邮段，以水陆驿站为主题。

驿站是古代官办飞报军情，递送仪客、运输军需的机构。历代王朝都十分重视邮驿，称之“国之血脉”。高邮因秦王嬴政筑高台、置邮亭而得名。“三十六湖秋水阔，苍烟一点指高邮”，邮驿文化是高邮重要的文化遗产，也是高邮段最为突出的文化主题。

高邮段自然景点以高邮湖芦苇荡湿地公园和清水潭旅游度假区为主。高邮湖芦苇荡湿地公园

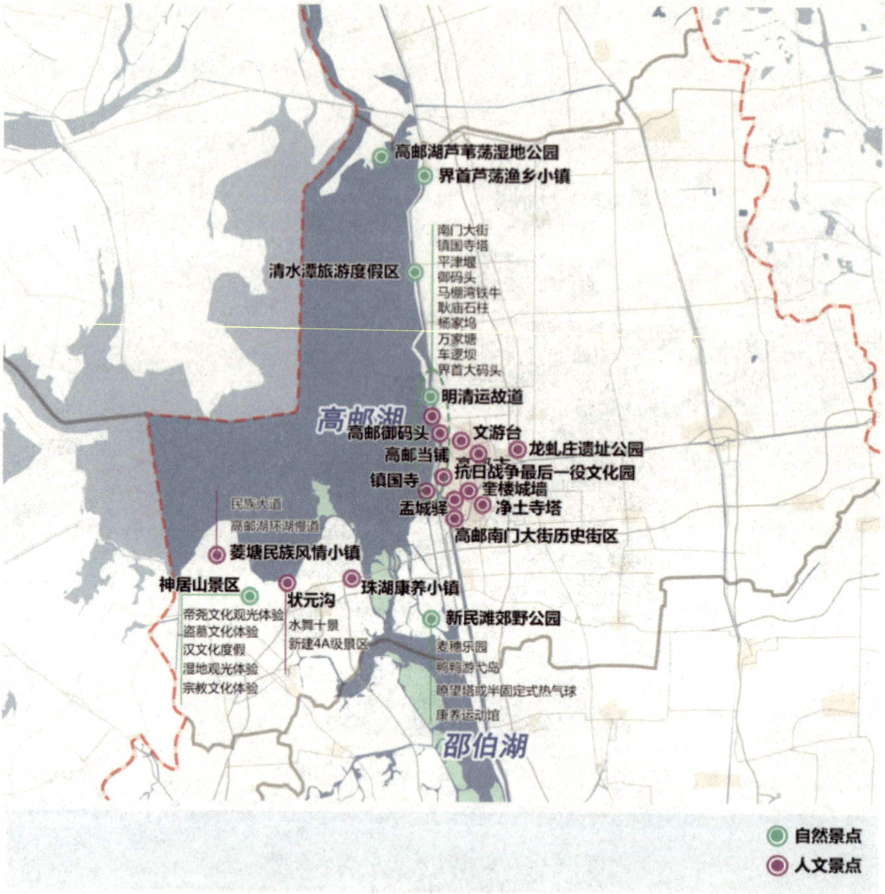

图 5-15　高邮段景点分布示意图
（图片来源：自绘）

为江苏省四星级旅游景区，万亩芦苇一望无际，广阔滩地绿草如茵。清水潭旅游度假区为江苏省级湿地公园、省级水利风景区，以“水清鱼读荷，林静鸟谈天”绝佳生态和被誉为“中华一绝”的野鸭放飞吸引中外游客。

人文景点以驿站、码头和历史街区为主。其中盂城驿为世界遗产、国家 4A 级旅游景区、全国重点文物保护单位，是彰显高邮古、文、邮、水旅游特色的重要景区。除此之外，高邮御码头、南门大街历史街区、抗日战争最后一役文化园等也是高邮段重要的人文景点。

表 5-2　　高邮段景点一览表

类型	景点
自然景点	高邮湖芦苇荡湿地公园、界首芦荡渔乡小镇、清水潭旅游度假区、明清运故道、新民滩郊野公园、神居山景区等
人文景点	菱塘民族风情小镇、状元沟、珠湖康养小镇、高邮御码头、高邮当铺、镇国寺、盂城驿、文游台、龙虬庄遗址公园、抗日战争最后一役文化园、奎楼城墙、净土寺塔、高邮南门大街历史街区等

段落三为城区段，以运河精粹为主题。

城区段是大运河的精华段，也是中华文明的集中展示区段，包括宗教文化、红色文化、创意文化、传统文化、水工文化等。

自然景点以湿地公园、生态公园、风景区为主。其中瘦西湖风景区是世界文化遗产，国家5A级风景区，是具有重要历史文化遗产和扬州园林特色的国家重点名胜区。茱萸湾风景区是国家4A级旅游景区，拥有荷风曲桥、生态“水禽湖”、迷人“猴岛”等多处景点，是当今生态园林展现植物形体美、线条美、色彩美的佳作名园。

人文景点以名人故居、纪念馆和园林为主。其中东关街历史文化街区是扬州城里最具有代表性的历史文化街区。街区内的个园、街南书屋、壶园、李长乐故居等景点充分体现了扬州古城的人文历史。何园是清代后期扬州园林的代表作，为全国重点文物保护单位、国家4级旅游景区、全国首批20个重点公园之一，主要景点有复道回廊、骑马楼等。

表5–3　　城区段景点一览表

类型	景点
自然景点	蜀冈生态公园、瘦西湖风景区、扬州园艺体验中心、茱萸湾风景区、南门遗址公园、大水湾体育休闲公园、蝶湖公园、三湾湿地公园、曲江公园、沙排体育公园、廖家沟中央生态公园、大桥公园、扬子津生态园、凤栖湖公园、九龙湖公园、古渡公园、润扬森林公园等
人文景点	邵伯古堤（含镇水铁牛）、董仲恂读书处、济氏宅、竹巷古码头、大码头、丁氏布庄、邵伯保卫战遗址、朱家巷码头、庙巷古码头、凤凰岛生态旅游区、聚凤岛、敕赐护国禅寺、扬州凤凰岛逸扬温泉度假村、天堂岛、九卿山庄、恐龙谷、扬州极地海洋世界、扬州1912小镇、扬州乐园、极乐禅院、观帝庙、马可波罗花世界乐园、湾头玉文化创意园、侵华日军大屠杀遇难同胞纪念馆、古运河风光带、东关古渡、486非物质文化遗产集聚区、个园、汪氏小苑、朱自清旧居、运河之心、普哈丁墓、卢姓盐商住宅、扬州水立方乐园、1912时尚休闲街区、何园、汪氏盐商住宅、扬州城遗址、小盘古、扬州吴道台宅第、逸圃、史可法纪念馆、崇宁寺、宋夹城、大明寺、汉陵苑、扬州双博馆、扬州京华城休闲旅游区、**扬州文化创意产业园**、**国际文明对话永久会址**、**国际剧场**、**水上秀场**、高旻寺、**观音岛航空乐园**、**瓜洲古镇国际旅游度假区**等

注：表中加粗景点为规划设计景点，尚未建成

段落四为仪征段，以盐漕之乡为主题。

仪征自古是大运河入江口，两千多年来一直承载着兵运、漕运和盐运的重任，举足轻重，“动关国计”，因此遗留下如宋代运河东门水门、明代五坝四闸和东关石闸等众多水利设施遗址，盐漕文化也由此成为仪征段最为突出的文化主题。

仪征段的自然景点以红山体育公园和扬子江公园为主。红山体育公园发展集“天上飞、地上跑、水中游、林中宿”于一体的康体健身休闲项目，是国内规模最大的山地体育主题公园。扬子江公园既有寻常公园的花草清秀，又有江水滔滔的雄壮，是江边旅游散心的绝佳去处。

人文景点以盐运、漕运遗址为主。其中十二圩是淮南盐过江，场商和运商收交转运的重要场所，是仪征盐漕文化的重要象征。而东门水门遗址、盐运河等遗址也是重要的盐运、漕运遗址。除此之外，仪征还是中华诗词之乡，中华文化园也是策划的重要人文景点。

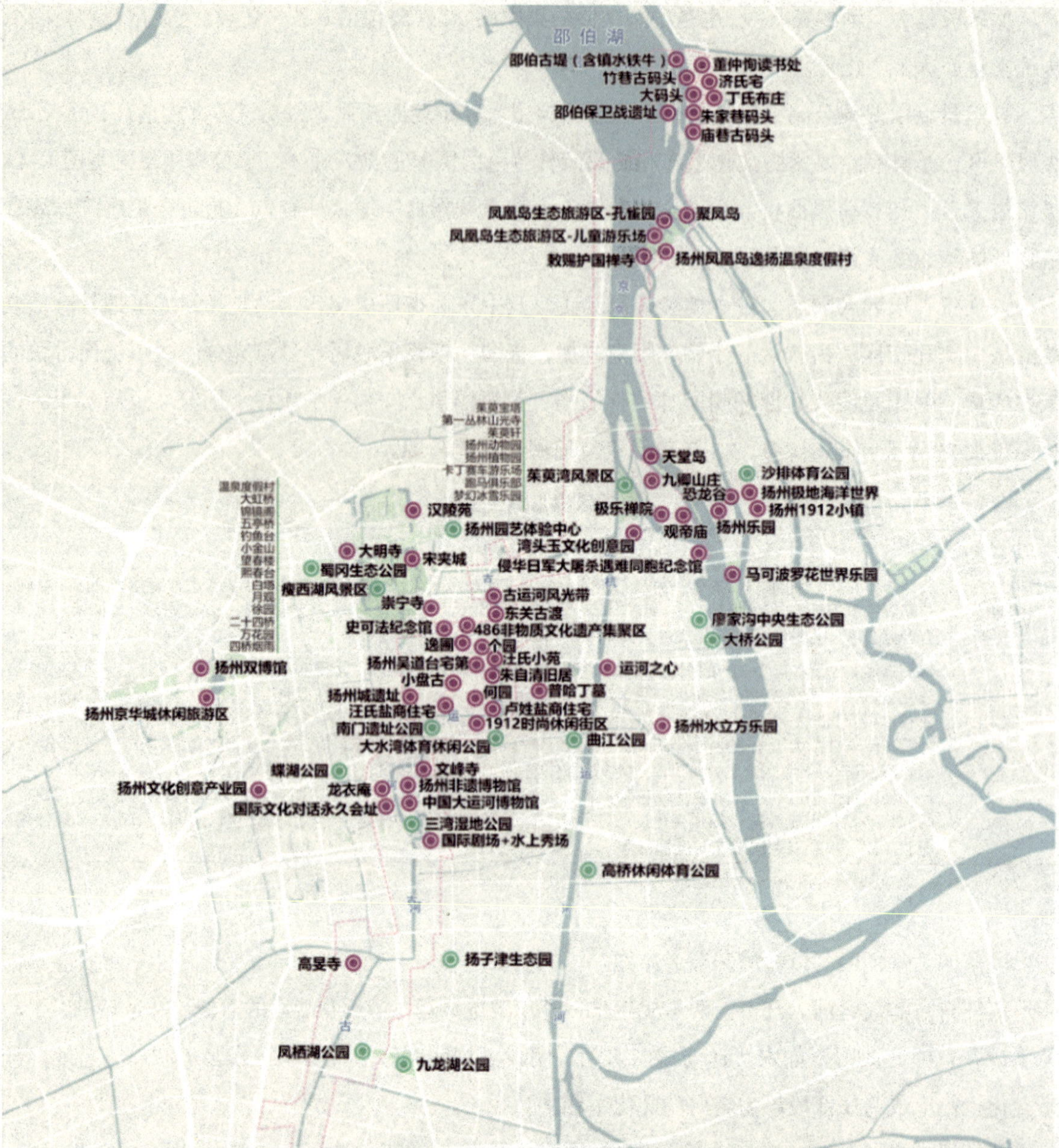

图 5-16　城区段景点分布示意图
（图片来源：自绘）

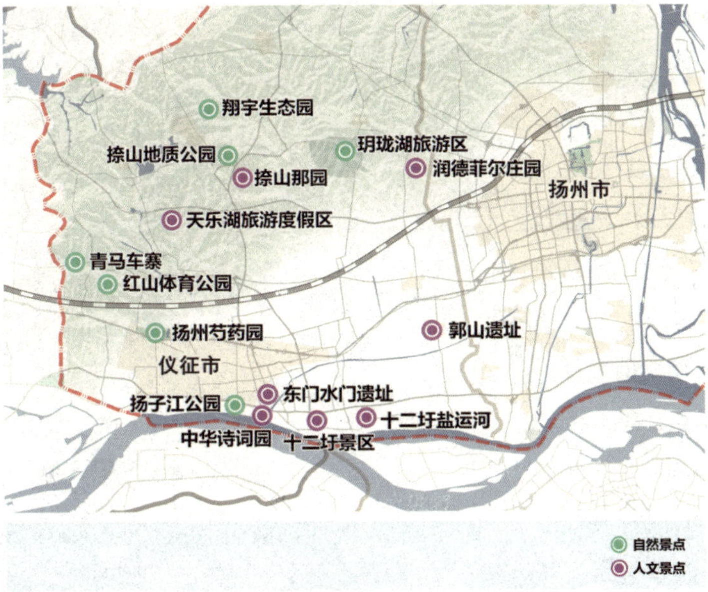

图 5-17　仪征段景点分布示意图
（图片来源：自绘）

表 5-4　仪征段景点一览表

类型	景点
自然景点	翔宇生态园、捺山地质公园、玥珑湖旅游区、青马车寨、红山体育公园、扬州芍药园、扬子江公园等
人文景点	捺山那园、天乐湖旅游度假区、润德菲尔庄园、郭山遗址、东门水门遗址、中华诗词园、十二圩景区、十二圩盐运河等

（4）构建文旅线路

在主题段落之外，规划秉承“文明对话、文化自信、文脉传承”的主旨，结合世界先进文化、优秀中华传统文化、运河文化等，凝练形成“国际交流、国家治理、城河共生”三大主题七条文化游线。

其一，国际交流游线，以宗教传播、丝绸之路、文明对话为关键词。运河自古是中华与世界文化交流的重要渠道，借助运河，鉴真东渡、海上丝绸之路、各地传教等世界性的文化交流得以有效开展。该线路以海上丝绸之路、宗教传播、文明对话等体系线路和相关资源点为载体，重点展现古代中国与世界的友好交流以及未来与世界文明的友好对话。

游线计划从真州港出发，经由瓜洲港、扬州港、文峰塔鉴真东渡遗址、普哈丁墓、运河之心、高句丽使馆、大明寺、仙鹤寺等景点，最终抵达规划设计的国际文化对话永久会址。

其二，国家治理游线，以水利水工、漕运盐运、科举南巡、邮驿军事为关键词，包含四条分支线路。

分支一为水工治理线。计划由大码头出发，经江都水利枢纽工程、七河八岛、邵伯铁牛、邵伯古闸、邵伯码头、平津堰遗址、马棚湾铁牛，到达刘家堡减水闸。大运河不仅极大促进了南北交流，在水利工程技术方面也有其独特的价值，扬州大运河沿线丰富的运河水工遗存体现了古人治水的智慧。该线路以展示水工文化为出发点，以古堤、码头和船闸等相关资源点为载体，使游客充分体验大运河沿线丰富的水工治理文化，感受运河千年历史的气息。

分支二为盐运漕运线。计划由十二圩老街出发，经十二圩盐运河、观音禅寺、瓜洲古渡、两淮都转盐运使司、四岸公所、长堤春柳、东关古渡及东关街、大王庙、邵伯码头、到达高邮城南历史街区。扬州自古以来的发展始终与大运河的盐运漕运相伴相生。漕运盐运曾是中国最为重要的经济制度，是宫廷消费、百官俸禄、军饷支付和民食调剂的重要来源。该线路以展示漕运盐运文化为出发点，以盐商住宅、盐运衙门、漕运设施等相关资源点为载体，充分展现大运河沿线丰富的漕运盐运文化。

分支三为南巡科举线。计划由高旻寺出发，经文峰塔、文昌阁、平山堂、天宁寺、重宁寺、魁星楼、御码头，到达宝应学宫。由于大运河的开通，扬州作为重要的交通枢纽，成为明清皇帝南巡的必经之路，同时也是江南学子赴京赶考的必经之路，因此扬州留下

图 5-18　国际交流游线示意图
（图片来源：自绘）

图 5-19　水工治理游线示意图
（图片来源：自绘）

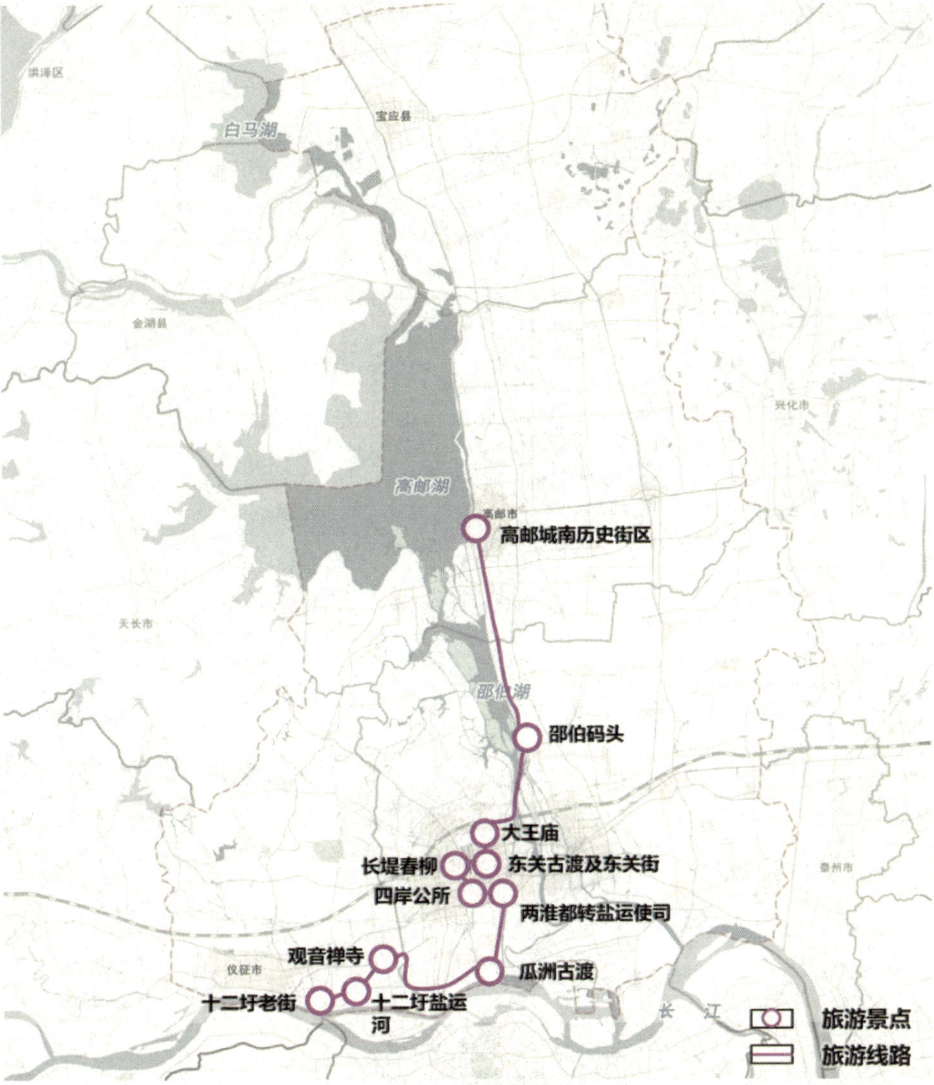

图 5-20　盐运漕运游线示意图
（图片来源：自绘）

了与南巡和科举相关的众多印记。该线路以展示南巡科举文化为出发点，以学宫、御码头、寺庙等相关资源点为载体，体现大运河沿线丰富的南巡科举文化的同时，展现古时扬州在国家治理中扮演的重要角色。

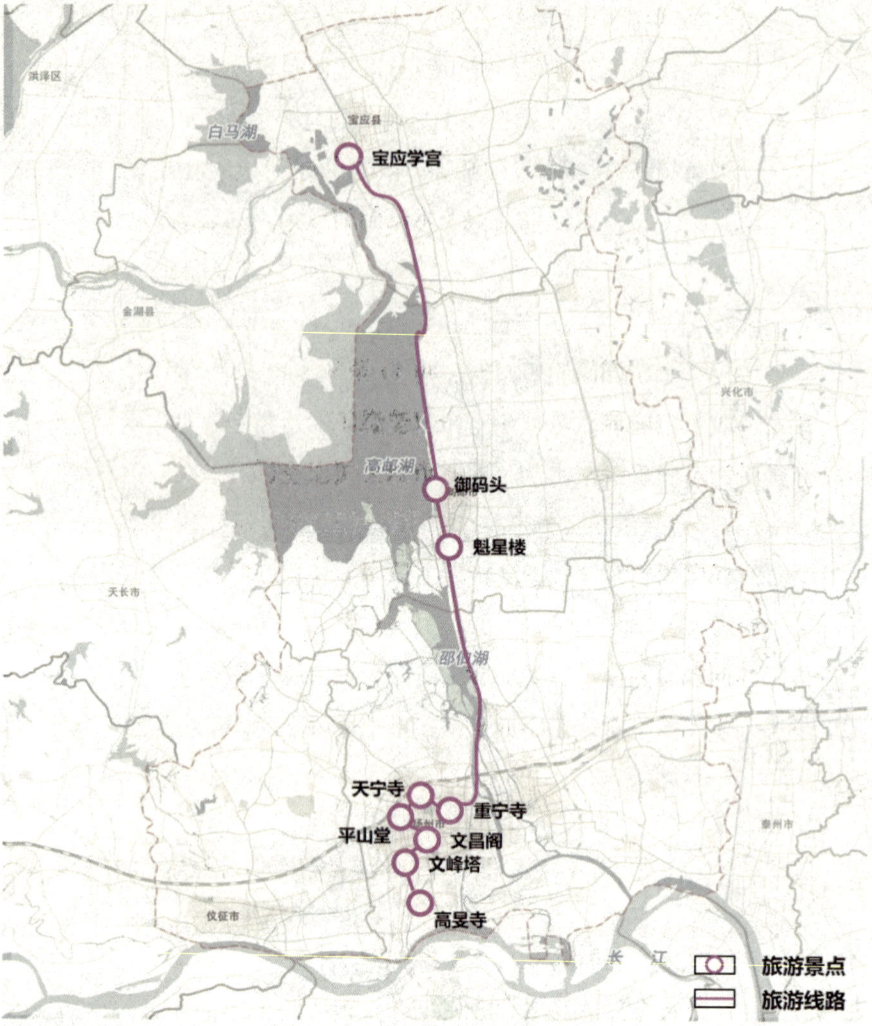

图 5-21 南巡科举游线示意图
（图片来源：自绘）

分支四为邮驿军事线。计划由广陵驿出发，经扬州宋夹城、邵伯驿、盂城驿、抗日战争最后一役纪念馆、界首驿，到达安平驿。大运河自古发挥着重要的邮驿作用与军事作用，许多重要的驿站和军事设施也保留至今。该线路以展示邮驿军事文化为出发点，以驿站、纪念馆、古城遗址等相关资源点为载体，展示大运河沿线丰富的邮驿军事文化的同时，突出扬州曾在国家邮驿军事中的重要地位。

图 5-22　邮驿军事游线示意图
（图片来源：自绘）

其三，城河共生游线，以文艺名人、园林工艺为关键词，包含两条分支线路。

分支一为文艺名人线。计划由扬州双博馆出发，经扬州八怪纪念馆、董子祠、梅花书院、朱自清故居、马可波罗纪念馆、邗沟大王庙、莲溪墓、崔致远纪念馆，到达隋炀帝陵。大运河孕育了扬州文化，扬州也因此走出了不少名人，闻名至今。该线路以展示文艺名人文化为出发点，以故居、纪念馆、书院等相关资源点为载体，充分展现大运河沿线丰富的名人文化，感受名人墨客在扬州留下的点点印记。

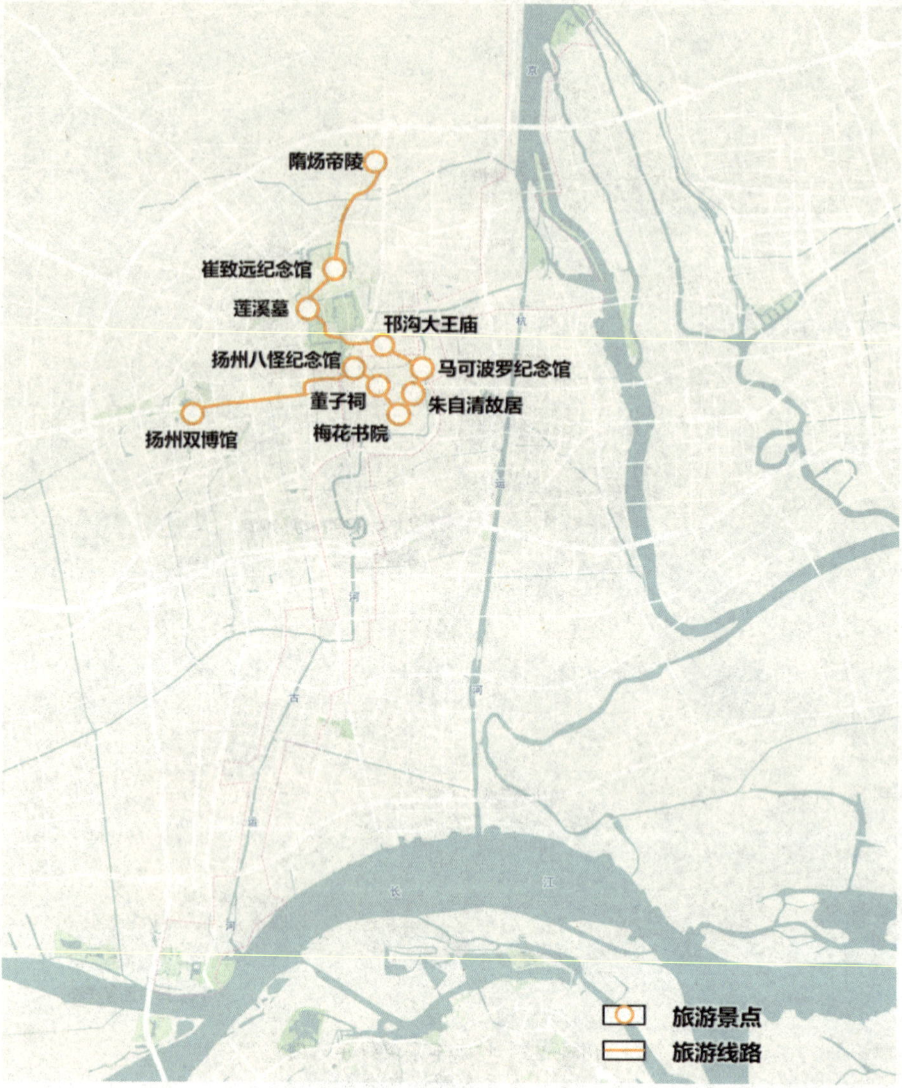

图 5-23　文艺名人游线示意图
（图片来源：自绘）

分支二为园林工艺线。计划由雕刻印刷博物馆出发，经匏庐、富春茶社、何园、二分明月楼、扬州剪纸博物馆、个园、徐园，到达扬州盆景博物馆。扬州的园林格局大、规模盛，与苏州园林相比不落下风，而扬州的传统工艺美术素以历史悠久、品种齐全、技艺精湛、地方特色鲜明著称于世。该线路以展示园林工艺文化为出发点，以园林、博物馆、茶社等相关资源点为载体，使游客感受千年扬州的园林之美、工艺之精。

图 5-24　园林工艺游线示意图
（图片来源：自绘）

（5）全季全时活动

旅游活动策划重点关注全季节、全时段，在全年形成四大旅游季、十二大节庆活动，力争月月有新意；强化夜间旅游体验，从夜景观、夜演出、夜休闲、夜体验四个方面全面激活月光经济。

全季活动策划重点关注季节特色，规划在全年策划春日踏青季、夏日狂欢季、秋日文艺季、冬日养生季四大主题，将扬州已有的旅游节庆活动整体纳入四大主题，形成完整体系。

春日踏青季中，以赏春、乐活、康健类活动为主，开展绿杨城郭品春节、中国·江都花卉节等，正所谓“烟花三月下扬州”。夏日狂欢季中，以扬州生活休闲体验、夏日户外活动为主，开展“三把刀”扬派生活体验街、“扬州的夏日”等活动，唤醒青春活力。秋日文艺季中，以扬州特色文化展示活动为主，开展中国邮文化节、扬州八怪艺术节等，在浪漫秋景中展现扬州底蕴内涵。冬日养生季，以康养、祈福、新年欢庆活动为主，开展温泉养生节、瘦西湖新年欢庆会等，在江南细雪中感受扬州精致生活理念。

全时活动策划则重点关注月光经济激活。在夜景观方面，布局夜景亮化系统与夜景亮化工程，提升大运河沿线夜景品质。亮化系统以扬州城区为主，辅以宝应、高邮、仪征三个亮化次中心及邵伯—湾头、瓜洲两个亮化节点。打造标志性景观节点，开通“不夜城夜游专线”水上观光巴士，增加夜间娱乐与服务设施，创意夜间亮化形式。完善宝应、高邮、大运河城区段亮化工程。结合生态资源，提升创意化夜景打造，增加游船、水景演出等观光项目，充分利用滨水区域，增设滨水休闲设施。

在夜演出方面，布局历史民俗、影视剧场、时尚艺术等多样化演出形式。历史民俗类演艺以扬州非物质文化遗产为基础，深入挖掘各县市文化精髓，编导展现传统扬州民俗的演出；在重点历史城区，以相关历史典故、名人事迹为基础，策划相关演出。建议策划项目包括夫差伐齐、京杭大运河、马可波罗游记等。影视剧场类演艺依托既有扬州大剧院、高邮大剧院、宝淮影剧场、扬州音乐厅等，演出扬剧、清曲、评话、民歌、古琴等。建议策划项目包括扬剧、扬州清曲、扬

图 5-25　夜间景观亮化系统示意图
（图片来源：自绘）

州评话、扬州弹词、扬州木偶戏、扬州民歌、广陵派古琴等。时尚艺术类演艺结合时尚要素，引入夜间音乐节、时装秀、灯光秀等新兴表演形式，可与现有活动联合举办。建议策划项目包括瓜洲音乐节、三湾灯光秀、高邮湖灯光秀等。

在夜休闲及夜体验方面，布局生态夜游、节庆夜游、日常夜游三类。生态夜游充分利用自然生态环境中的动物、植物声光及星空、月光等自然元素，结合露营基地等，共同形成满足视觉、听觉的夜间线路。建议策划项目包括星空露营、动物夜鸣曲、运河夜航、湿地冥想等。节庆夜游在现有旅游项目的基础上，增加节庆夜间活动，植入户外餐饮、娱乐等功能，提升夜间活力。建议策划项目包括七夕夜游、焰火晚会、古城夜市等。日常夜游主要通过提升城市休闲空间，增加服务及娱乐设施，有效延长景区的游览时间。建议策划项目包括露天影院、夜跑俱乐部等。

（6）智慧旅游服务

旅游服务体系坚持“国际化、全域化、智慧化、共享化、品质化”原则，构建六大旅游公共服务体系，为世界各地游客提供一流的旅游服务品质。

在品质游客接待方面，结合旅游带全域布局“驿馆—驿站—驿亭”三级游客服务中心。驿馆布局在扬州火车站、瘦西湖风景区、大运河博物馆及京杭会议中心四处，可提供一站式旅游服务

图 5-26　驿馆分布示意图
（图片来源：自绘）

图 5-27　驿站（水驿 + 陆驿）分布示意图
（图片来源：自绘）

需求。水陆驿站结合宝应、高邮、仪征、江都、老城5片区布局，共12处，集旅游咨询、投诉接待、信息服务、医疗救助等功能于一体。驿亭约每10千米配置一处，提供旅游基本服务及紧急医疗救助。

在多样休闲服务方面，全面完善吃、购、住、游方面设施配套。通过美食街、特色小吃街、多级商业设施、多层次酒店布局以及智能旅游导览设施等，为游客提供宾至如归的休闲体验。

在多元共享交通方面，大运河旅游带全域倡导采用绿色共享的交通方式，结合重要的景点、公园、广场，增加共享单车、共享汽车的取用点布局，并突出运河特色，增加水上巴士、特色邮轮、出租游船等水上共享交通方式，满足不同层次的消费选择。

在全程安全保障方面，完善旅游警示牌布局，高标准配置旅游救援队伍，为游客提供多样化旅游保险，并结合运河、扬州元素，设计旅游安全宣传产品，一举两得倡导安全出游。

在优质培训管理方面，采用精英化培训方式，定期组织旅游接待人员、导游、安保人员进行语言和服务培训，保障旅游服务品质。

在智慧信息服务方面，从线上、线下两方面入手。线上推出中国大运河旅游信息服务App，提供景点攻略、酒店住宿、门票预订等服务资讯，并建立跨区域合作机制，联合杭州、山东、宁波、北京等地旅游部门，将运河沿线旅游景观、线路、设施等整合成云平台，打造大运河旅游大IP。线下增加宣传产品及旅游信息自助服务机布点密度，覆盖扬州全域三星级以上酒店宾馆、火车站、机场及各级游客服务中心。

3. 城水相映的生态示范带

良好的生态环境是大运河扬州段保护利用与发展传承的基石，只有拥有好的生态环境，才能真正实现好文化的挖掘传承与旅游产业的发展。与此同时，大运河在漫长的历史岁月中同样形成了独有的自然生态格局，对这种格局的保护展示同样是大运河文化旅游带的重要工作之一。因此，规划率先梳理现有特色生态体系，在生态展示与生态管控的基础上强化生态修复，力争带动大运河扬州段及周边环境的整体提升。

（1）特色生态展示

规划在大运河扬州段全域形成“两轴三廊、四段七片”的生态展示结构。其中，“两轴”为以水为轴，包括世界遗产运河景观轴与长江大江风貌景观轴；“三廊”为景观廊道，包括田园风光景观廊、河湖湿地景观廊与历史人文景观廊；“四段七片”在轴廊基础上进行延展，将大运河扬州段划分为田园生态、河岛养生、人文古韵、滨江活力四个主题段落，并形成田园风光体验、生态宜居组团、湖泊湿地观光、人文风情组团、历史风貌宜游、大江风貌观光、运动康体养生七个体验片区。

规划以水网绿廊为轴线，以功能组团为单位，串联各个景观节点，旨在构建点、线、面复合的生态展示体系。

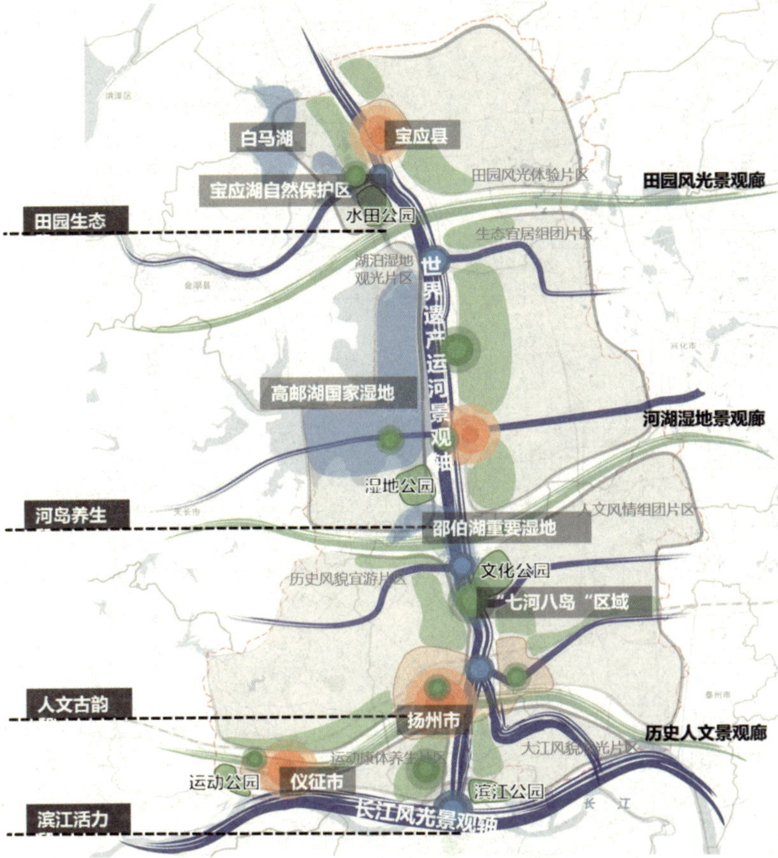

图 5–28　生态展示结构示意图
（图片来源：自绘）

（2）严格生态管控

大运河扬州段生态管控需同时关注水体及水体沿线发展空间。

针对水体本身，重点优化滨河自然生态空间。

统筹推进高邮湖湿地公园等重大滨河自然生态系统建设，逐步增强生态自我修复和循环能力。对于自然条件良好、生态功能突出的河湖滨岸重点区域，适时拓展自然生态空间范围。科学合理规划，加强滨河生态空间与国家文化公园的有机融合，以绿色生态空间串联文化空间。

原则上，除城市建成区（含建制镇）外，大运河主河道两岸各 1000 米范围内优化滨河生态空间，严格控制新增非公益性建设用地。原则上不在现有农村居民点外新增集中居民点。新增建设用地项目实行正面清单管理。除以下建设项目外禁止准入：

- 军事和外交需要用地的；
- 由政府组织实施的能源、交通、水利、通信、邮政等基础设施建设需要用地的；
- 由政府组织实施的科技、教育、文化、旅游、卫生、体育、生态环境和资源保护、防灾减灾、文物保护、社区综合服务、社会福利、市政公用、优抚安置、英烈保护等公共事业需要用地的；

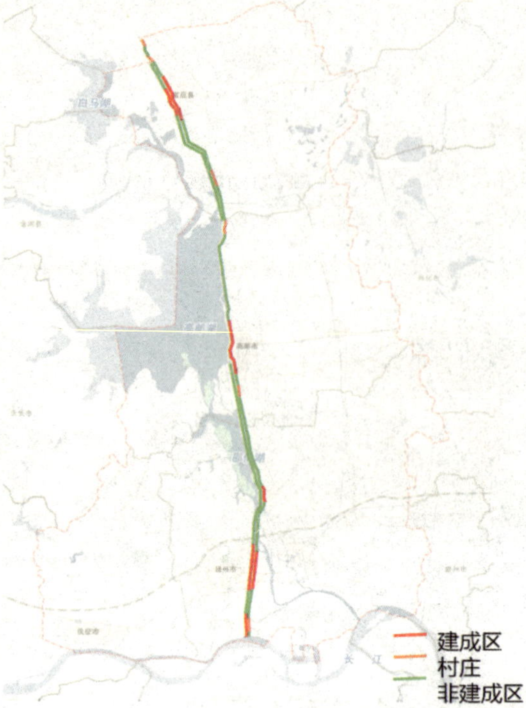

图 5-29　1000 米优化滨河生态空间示意图
（图片来源：自绘）

图 5-30　2000 米核心监控区示意图
（图片来源：自绘）

- 纳入国家、省大运河文化带建设规划的建设项目；
- 国家和省人民政府同意建设的其他建设项目。

针对核心监控区，重点促进空间治理。严格保护生态环境、文化遗产和传统风貌，统筹考虑沿线产业现状和保护要求，合理布局水利、航运、物流、交通等设施选址和规模，科学规划和严格管控土地利用，突出世界文化遗产保护。规划将大运河主河道两岸各 2000 米范围内划定为核心监控区，采用负面清单准入管理制度，按照《省政府关于印发大运河江苏段核心监控区国土空间管控暂行办法》禁止以下建设项目准入：

- 非建成区内，大规模新建扩建房地产、大型及特大型主题公园等开发项目；
- 新建扩建高风险、高污染、高耗水产业和不利于生态环境保护的工矿企业，以及不符合相关规划的码头工程；
- 对大运河沿线生态环境可能产生较大影响或景观破坏的；
- 不符合国家和省关于生态保护红线、永久基本农田、生态空间管控区域相关规定的；
- 不符合《产业结构调整指导目录（2019 年本）》《市场准入负面清单（2019 年版）》《江苏省长江经济带发展负面清单实施细则》及江苏省河湖岸线保护和开发利用相关要求的；
- 法律法规禁止或限制的其他情形。在执行过程中，国家发布的产业政策、资源利用政策等另有规定的，按国家规定办理；涉及的管理规定有新修订的，按新修订版本执行。

（3）加强生态修复

大运河扬州段的生态修复重点关注水系改善、水源地及湿地保护、水质提升以及河道生态修复四个方面。

在水系改善方面，大运河沿线范围内严格控制开发建设，以保护河流生态系统健康和维护运河的完整性为重点，改善河道通水条件，科学连通河网水系，修复提升水质。首先，整体保留维护现状主要湖泊、河流，保护沿线生态资源，提升现状水质状况；其次，对河道沿线开敞空间与公园景观水系、湿地等局部区段进行河道生态化改造，美化开敞空间，提升环境品质；最后，对部分城区段、古镇区内部河道进行线性连通，总体形成“一江四湖多河”的水网格局，增加活水流动性，消除黑臭水体。

在水源地及湿地保护方面，水源地保护和城市饮水安全事关城市安全和人民群众的生产生活，加强扬州饮用水水源地及湿地保护是为大运河的开发建设保护好一方净水。

规划秉承“保育修复”的理念，以“落、管、护、控”为主要目标，明确保护策略。其一，全面落实相关法律、法规及专项规划，严格把控水源地保护区生态红线保护范围；其二，理顺管理体制，明确中央、地方和部门之间的职权与职责，建立健全水源地水质动态监控机制，加大污染处罚力度；其三，提高水源风险防控和污染应急处理能力，推进水源地周边生态修复建设；其四，加强污染综合防治，开展流域综合治理，完善水源地保护制度，加强水源地监管。

扬州市现有生态红线区共分为11类，总计70个，其中位于大运河沿线的水源地保护区有11处，重要湿地有8处。规划针对这19处保护地分别确定一级及二级管控区，落实保护红线，湿地的保护面积合计约630.31平方千米，水源地保护区面积合计约75.32平方千米。

在水质提升方面，应遵循“外源减排、内源清淤、水质净化、清水补给”的技术路线。外源减排和内源清淤是基础与前提，水质净化是阶段性手段，水动力改善技术是长效保障措施。

规划加强扬州市水生态环境治理，改善和保护城市水生态环境，提升沿大运河地区水环境质量水平，为大运河的旅游开发提供水环境保障。规划制定“截清修活”四步走提升措施：“截”，主要是对目前雨污合流管线沿运河敷设截污干管，防止溢流污水进入河道；“清”，主要是对水质较差的河段进行河道清淤，通过底泥疏浚、基质改良等措施，恢复河道生态自净能力；“修”，主要是通过种植沉水及浮水植物、增氧曝气等措施，改善河道水生态，美化滨河环境；“活”，主要是加强水网连通，通过修建堤坝、站闸等设施，引进活水，增强河道流动性，活化滨水空间。

在河道生态修复方面，需在遵循自然规律的前提下，采用现有工程和生物手段，消除河流建设项目对环境带来的不利影响，旨在重建受损或退化的河流生态系统、恢复河流泄洪排沙等重要自然功能、维持河流资源的可再生循环能力、促进河流生态系统的稳定和良性循环。

对规划区内现有河道未治理区段，依据实际河流地形地貌状况进行修复，因地制宜，保证与周围的自然景观协调一致。修复内容包括：河道形态修复、河床断面修复及河岸丧失的植被和湿地群落修复。

（4）保障生态安全

在生态展示与修复之外，运河文旅带的水安全问题同样值得关注，主要包括防洪与排涝两方面。

在防洪方面，结合各河道现状条件设定防洪标准，长江和里运河为 100 年一遇，淮河入江水道为 50 ～ 100 年一遇。河道两岸依据防洪需求设置堤防，其中，运河西堤、高水河西堤为 1 级堤防；长江主江堤及闸下港堤、京杭运河临城段东西堤、大汕子隔堤、运河东堤、壁虎河西堤、廖家沟西堤、夹江南堤、芒稻河东堤、夹江北堤（大八江至三江营段）为 2 级堤防；湖西大堤、廖家沟东堤、夹江北堤（羊尾巴至八江口段）、芒稻河西堤为 3 级堤防。

在排涝方面，一方面，通过古运河外排泵站建设、通南高沙土区堰口河沟通等“四纵四横”整治，加快沿江平原区排水，解决江潮顶托影响问题；另一方面，通过河道疏浚整治、泵站建设、水面控制等措施，提高区域治涝能力。

4. 美丽宜居的社会主义现代化示范带

规划结合习近平新时代中国特色社会主义思想，将社会治理融入本次大运河文化旅游带规划中，旨在以实现社会主义现代化为导向，依托大运河文化旅游带建设，多领域、全方位推动扬州城乡社会主义现代化建设，“五位一体”促进扬州“城市升维、乡村振兴”的总体目标框架。

（1）聚焦富强：提升发展含金量

富强即国富民强，是社会主义现代化国家经济建设的应然状态，是国家繁荣昌盛、人民幸福安康的物质基础，也是扬州依托大运河文旅带建设，促进城乡经济高效益发展的最终目标。

大运河文旅带通过培育区域核心，提升产业能级，引领区域城乡联动发展。

首先，支点引领，将大运河文化价值和精神内涵注入城市发展，培育运河沿线发展动力支点，以支点为核引领区域发展，形成以点带面的发展格局。

其次，产业为基，夯实产业发展基础，推进区域协作，依托大运河文旅带培育新经济、新业态，创新经济发展方式，加强一二三产业融合发展，切实推动居民增收，城市富强的发展目标。

最后，城乡联动，以大运河为纽带，加强沿线产业功能协作，品牌共建合作，激发区域内生动力，进一步带动全域联动发展。

（2）聚焦民主：实现治理现代化

民主是人类社会的美好诉求。我们追求的民主是人民的民主，其实质和核心是人民当家作主。它是社会主义的生命，也是创造人民美好幸福生活的政治保障。

运河文旅带通过依靠人民与围绕人民来推动大运河及其沿线区域发展建设与治理。

其一，通过家园共建坚持人民主体地位，依靠全体人民共建大运河文旅带。突出以人民为核心地位，推进扬州运河家园的共建，充分尊重人民的意志，发挥人民的智慧。

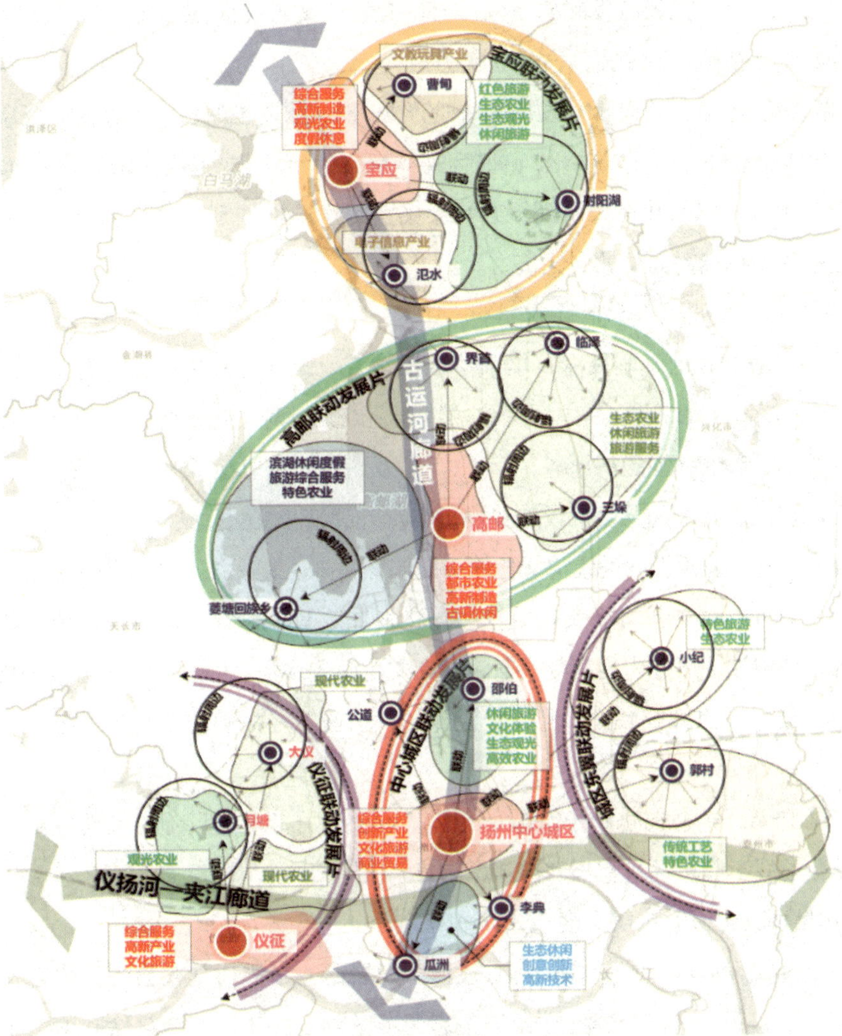

图 5-31　扬州市联动发展格局示意图
（图片来源：自绘）

其二，促进发展共治，紧紧依靠人民群众，优化大运河及其沿线区域治理的多元主体格局，鼓励人民参与大运河发展共治，保障人民当家作主落到实处。

其三，实现价值共享，坚持发展为人民的根本要求，借大运河发展机遇，让人民共享大运河文旅带建设以及城乡建设发展的繁荣成果。

（3）聚焦文明：提升文化软实力

文明是社会进步的重要标志，也是社会主义现代化国家的重要特征。它是社会主义现代化国家建设应有的状态，是对面向现代化、面向世界、面向未来的，民族的、科学的、大众的社会主义文化的概括。

大运河文旅带通过树立文化自信，展现中华文明内在价值，弘扬千年运河文化精髓。

其一，以文铸魂。文明是民族发展的灵魂，培育和践行“文明”价值观，立足扬州及运河文化之根，发扬中华民族文化之精髓，不断提高文化软实力。

其二，创新表达。丰富文化继承与发扬的表现形式，把文明内在的价值通过文化活动、文化场景、文化展示、文化体验等外在形式具象化，讲好运河故事与扬州故事，提高人民文化认同感与获得感。

其三，惠民悦人。以文化民，不断提升社会文明程度，增加人民文化意识。主客共享，让市民与游客都能感受到扬州高品位的文化魅力。

（4）聚焦和谐：增强民生幸福感

和谐是中国传统文化的基本理念，集中体现了学有所教、老有所得、病有所医、老有所养、住有所居的生动局面。“和合” 是中国文化的精髓，以大运河文化带建设为引领，扬州第四次辉煌必然是以人为本、和谐幸福的辉煌。

大运河文旅带通过完善公共服务设施建设，丰富人民精神文化生活。

首先，两手兼施，公共服务设施与文化服务设施两手抓。其一推进基本公共服务均等化建设，在教育、医疗、就业、养老等方面实现城乡一体化发展。其二提升文化服务设施配置能级，将大运河文化与现代公共文化服务内容有效耦合，提高文化服务水平，增强群众文化认同感与获得感。

其次，服务便民，完善城乡公共服务配置体系，均衡配置基础公共服务设施，实现便民惠民的目标。

最后，幸福和谐，丰富文化娱乐设施，完善基础公共服务配套设施，推动城乡区域多元化、均等化、立体化配置，打造扬州幸福和谐新家园。

（5）聚焦美丽：提高城市美誉度

绿水青山是经济发展的重要前提。新时代城市发展需要牢固树立社会主义生态文明观，现代化社会主义的经济繁荣，应该是建立在保护生态环境基础上，建设人与自然和谐共生的现代化，推动永续发展。

依托大运河文旅带建设，突出生态文明理念，以生态为基，展现中华运河之美，建设生态环境好、人居品质高的美好宜居家园，打造美丽中国的“扬州样板”。

5. 整体分区指引

在总体四条示范的统筹之下，大运河扬州段文化旅游带在国家文化公园建设明确提出“五园两带 12 点”的展示结构基础上，增加 12 个标志物与中心城区、高邮、宝应、仪征四个特色展示区，完善展示体系。

（1）高邮

高邮是大运河河湖关系的重要见证地、古代治水思想的重要体现、中国邮驿文化的历史缩影与江淮文化的突出代表。高邮的龙虬庄文化是中华文明的重要组成之一。

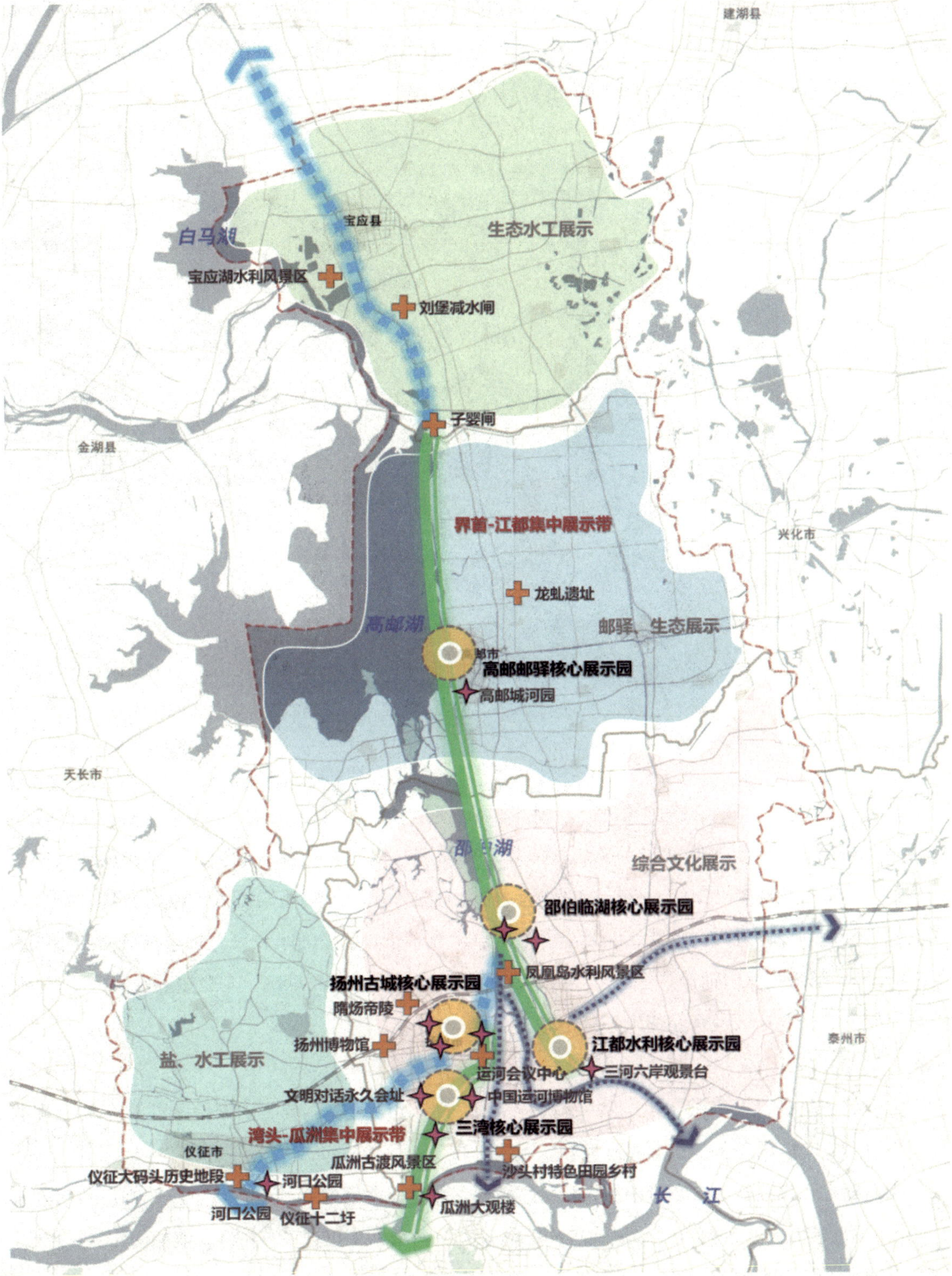

图 5-32 总体展示体系示意图
（图片来源：自绘）

规划确定高邮在运河旅游带中的定位为“湖河古城韵，中华邮驿都”，重点保护淮扬运河（高邮段）、盂城驿、大运河明清古道等大运河世界文化遗产点，并将与运河关联密切的水系、聚落、水工设施、历史文化遗存等整体纳入保护内容体系。

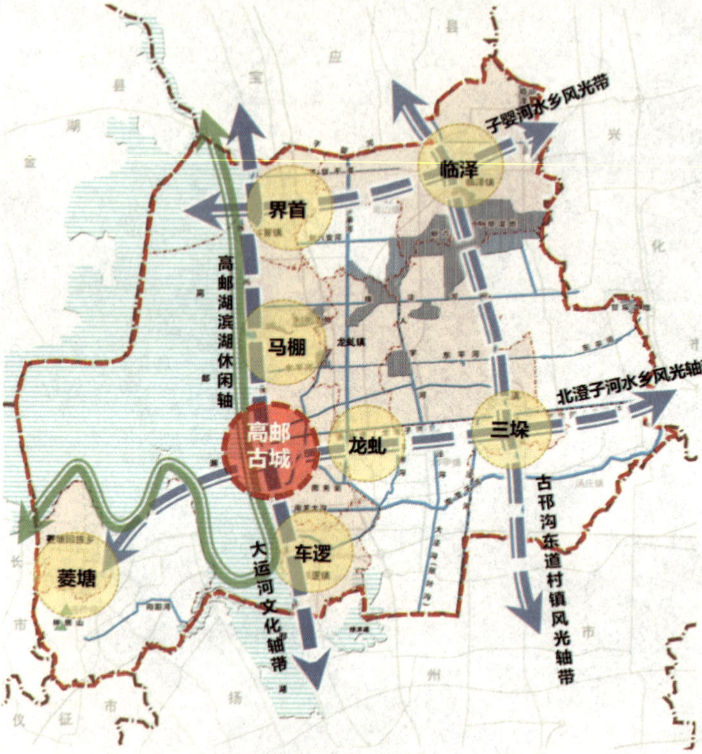

图 5-33　高邮空间展示结构示意图
（图片来源：自绘）

结合高邮定位，以邮驿和生态文化为核心，构建“一核一井一轴八片”的展示格局。其中，“一核”为高邮历史城区；“一井”为纵横轴线构成的“井”字形架构，以大运河文化轴线、古邗沟村镇风光轴线构成纵向轴线，以北澄子河水乡风光轴带、子婴河水乡风光轴带构成横向轴线；“一轴”为高邮湖滨休闲轴；“八片”包括界首古镇、临泽古镇、三垛镇、车逻镇、龙虬庄、马棚、菱塘回族乡等文化片区及官垛荡生态湿地旅游片区。

（2）宝应

宝应是由扬入淮、夺淮入运的咽喉地、古代治水文化的重要体现与国家南水北调东线工程的源头之地。宝应河湖兼备，水文生态良好。

规划确定宝应在运河旅游带中的定位为“水工之精粹，生态之聚流”，重点保护刘堡减水闸、宝应小涵洞、宝应湖、淮河入江水道及水利工程等大运河水利工程遗产，并将其他相关水系、聚落、遗存等纳入保护内容体系。

宝应重点展示生态和水工文化，确定展示空间结构为“一核一轴两带五片”。其中，“一核”

图 5-34　宝应空间展示结构示意图
（图片来源：自绘）

为宝应老城区；“一轴”为大运河风光展示轴；“两带”包括连接宝应旧城区、曹甸镇、射阳湖的北部风光轴带以及连接汜水镇、夏集镇的南部风光轴带；“五片”包括宝应老城、曹甸镇古塔村、汜水记忆、夏集遗址四片文化展示片区以及射阳湖自然风光近代文化展示片区。

（3）仪征

仪征是千年临江古城，文化积淀丰厚，是历史上盐运、漕运的重要节点。依托盐运成为唐宋时期著名的工商业城市与园林城市，是芍药、茶叶、雨花石、草席等特色文化重要传承地，被誉为“风物淮南第一州”。

规划确定仪征在运河旅游带中的定位为“江河交汇地，盐漕历史乡”，与高邮宝应类似，整体保护相关水系、聚落、遗存等，重点保护淮扬运河（仪征段）、仪扬运河真州段故道遗址等大运河世界文化遗产点。

仪征重点展示盐运和水工文化，总体形成“一核一带一区，双轴联多片”的展示格局。其中，“一核”为仪征中心城区，包括仪征老城大码头历史地段及十二圩盐运码头历史地段；“一带”为仪征沿江休闲轴带；“一区”为铜山生态旅游区；“双轴”包括西联金牛湖、东接扬州老城区的市

图 5-35　仪征空间展示结构示意图
（图片来源：自绘）

域生态旅游发展轴，大运河文化轴带；“多片”包括大仪镇、陈集镇、月塘镇、刘集镇、马集镇、新集镇等生态片区。

三、城区规划定核心：五个水廊核心支撑

城区段是大运河扬州段的精华所在，也是规划落实实施的重中之重。在市域四大示范引领下，规划在城区通过周边协调、功能优化、空间统筹，重点形成文化、活力、生态、宜居、魅力五大水廊，坚持“底线优先、主客共享、特色塑造”三大理念，切实支撑规划落到实处。

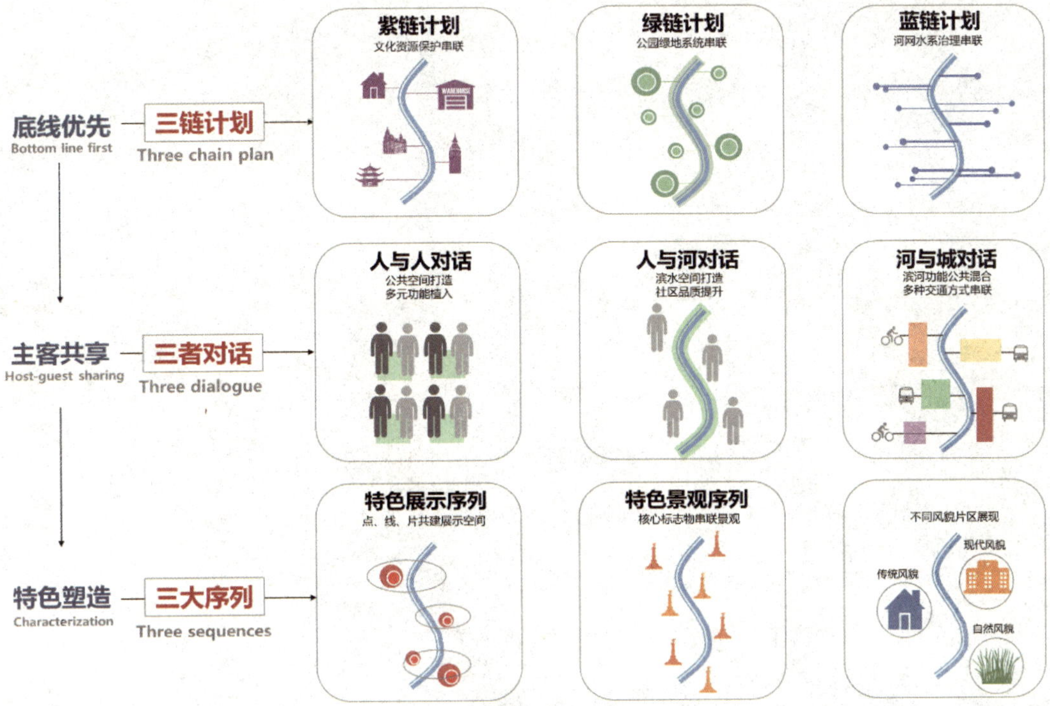

图 5-36　规划理念示意图
（图片来源：自绘）

1. 宜居水廊：多元便捷，营造宜居运河家园

宜居水廊重点从用地功能、服务设施、交通体系及空间品质四方面入手，将大运河城区段塑造成为扬州宜居水乡典范。

（1）用地整合提升

大运河城区段两侧现状功能用地较为零散，工业用地众多，用地集聚效应较低，不利于可持续性发展。规划重点梳理整体功能结构，腾退负面产业用地，因地制宜优化功能布局。

从区域功能结构协调看，规划落实扬州城市总体“两廊三轴五区”的整体空间结构，落实各板块的功能导向，其中：两廊指以廖家沟、夹江、仪扬河等区域性水系为生态隔离廊道，三轴指文昌路公共服务中心轴、瘦西湖 – 古城 – 古运河文化轴、江都南北发展轴为纽带，五区指五个城市功能区。

在此基础上，规划针对五个城市功能区采用因地制宜、分类施策的措施，明确不同区域的功能整合措施，其中：

邵伯片区以完善古镇生活配套为主，植入休闲旅游功能；湾头片区重点完善古镇生活配套，植入创意工坊、度假休闲等功能；古城片区疏解密集居住，植入文化创意，提升公共服务品质，完善公共配套；三湾片区积极腾退工业用地，完善公共服务配套，植入国际交流功能；学院片区重在完善教育配套，完善生活配套，植入科创服务与禅修体验；瓜洲片区腾退部分工业用地，完

图 5-37　用地规划图
（图片来源：自绘）

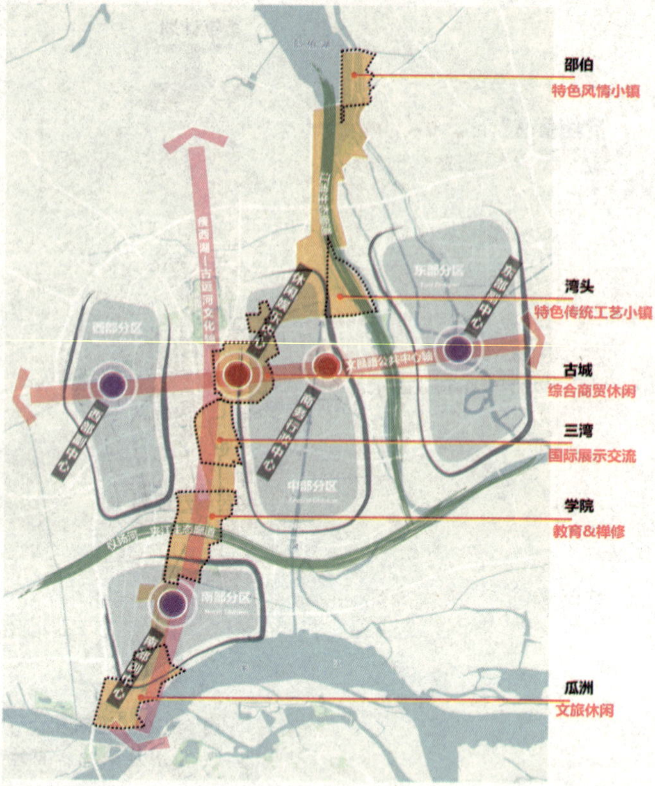

图 5-38　空间结构规划图
（图片来源：自绘）

善古镇生活服务功能，植入度假休闲等功能。

规划各城市功能区的用地整合措施，主要包括消极腾退、植入融合、完善提升三种方式。

其一，消极腾退包括产业用地腾退（零碎工业腾退、污染工业腾退、高能耗工业腾退）和居住用地疏解（密集低品质居住疏解、部分村庄居住疏解）。

其二，新的功能植入包括文化创新（演艺剧场、文创天地、文化博览、非遗博览园、创新服务）、国际交流（文明论坛、博物会展、国际度假）、国际教育（国际学校、大学联盟、国际培训）、科创办公（商务金融、信息服务、科技研发）和创意体验（创意工坊、湿地体验、运动体验）。

其三，原有功能提升包括居住环境提升（文化氛围塑造、环境品质提升）、公共服务提质（商业服务提质、旅游服务提升、文化体验提质）和生态环境提质（生态环境修复、生态风光展现）。

大运河城区段两岸分布有较大规模的产业用地，针对产业用地，规划采用负面产业腾退、优质产业升级的措施。

负面产业用地主要包括沿运河两侧的一些小型、零碎，有污染性的工业地块，这类用地主要采用退二进三，将其置换为城市生活服务、产业服务等公共服务功能，提升运河两侧的功能品质。腾退负面产业主要包括：现状以金属、水泥、设备器械为主，腾退后为生活服务、创意工坊等服务功能；现状以医药、农药化工、食品、印刷为主，腾退后为工业遗产公园、城市公共服务功能；现状以针织、机械、印刷、水泥为主，腾退后为城市生活、生产服务功能；现状以能源机械、造纸为主，腾退后为城市生活、生产服务功能。

而针对优质产业用地，尤其是已经形成规模的产业用地，规划进一步提升集聚规模，并进行产业升级提质，向高端制造、创新产业等类转型。提质升级产业主要包括：集聚规模，转型升级，发展轻工轻纺、汽车贸易、文化创智等特色产业；整合集聚现状产业规模，重点建设强度高、环境污染小的都市型产业；结合港口区位优势，发展清洁物流、高新技术产业。

（2）功能多元复合

大运河城区段是未来扬州城市发展的重点区域，其功能将是复合的、公共的，因此，规划用地布局重点从完善提升运河两岸整体功能出发，在对现状用地进行整理的基础上，延伸运河水脉绿脉，合理增补各类公共服务设施，优化市政公用设施布局，形成功能均衡、水绿交融的整体用地布局。

图 5-39　功能整合提升示意图

（图片来源：自绘）

规划结构方面，形成“一带复合功能、两核共筑中心、七廊绿色链接、六个特色片区”。

一带为大运河复合功能带，包括生活、文化、产业、创意、生态等多元功能；两核分别为古城综合服务核心（现状）；三湾国际交流核心（规划），共筑大运河复合中心；七廊为七条运河两岸生态空间、与大运河生态主廊共同链接运河两岸的生态空间；六片为六个重点片区，构成大运河两侧的主要核心功能区。

六大重点片区主要落实国家文化公园建设要求，发挥运河滨水优势，将公益性、文化性、休闲性、创意性等功能向运河两岸集聚，打造积极开放的水岸空间，提高运河两岸功能的公共性。布局策略依据片区特色各有侧重：

邵伯片区重在完善古镇生活服务、文化休闲等功能；湾头片区结合传统工艺小镇，融入创意产业、特色展销等新功能；古城片区将生活服务、创意创智、文化娱乐等功能向运河边等优势空间集聚；三湾片区结合运河博物馆、文明对话永久会址等大型公共建筑，融入国际会展、高端酒店等服务功能；学院片区融入创业工坊、教育服务、科技创新等功能；瓜洲片区以古镇生活服务、旅游度假休闲等功能植入为主。

在此基础上，为进一步提高运河两岸功能的混合性、联系性，规划通过运河整合、串联两岸功能空间，使运河成为城市功能的一部分。

首先，加强运河两岸功能的混合性，调整运河两岸单一功能组团，打破空间单一使用性，打造混合多元的水岸功能空间。

其次，加强运河两岸功能的联系性，积极创建跨河功能组团，以组团核心功能为单位，打造有机联动的水岸功能空间。

最后，在运河两岸形成生活服务功能组团，综合城市服务功能组团，创新文化服务功能组团，综合商务服务功能组团，生活、创意服务功能组团，科创服务功能组团，综合产业服务功能组团等 7 个功能性组团，又形成生活服务联系带、景观联系带、综合城市服务联系带等多个联系带。

（3）交通快接慢游

良好的交通体系是大运河城区段发展的必要条件，规划重在完善路网结构、构建慢行体系、完善水上交通与公共交通系统，建设安全便捷的交通格局。

在总体结构方面，以满足远期运河两岸乃至中心城区范围内的交通出行需求为目标，完善便捷快速到达运河边的交通联系，串联周边景观资源点，主要包括：增加横向跨河通道，结合远期交通需求，增加城市干路、城市支路，以强化跨河交通联系，增加滨水地块的交通可达性；增设纵向滨河慢道，针对现状滨河慢道不连续、可达性差的问题，增设滨河步行慢道，构建串联的滨河慢行系统；打通支路网络，针对现状部分地块内部支路系统不连通的问题，加强道路串联衔接，完善支路网络系统。

横向跨河通道除现状 24 座跨河桥梁外，规划新增 14 座桥梁，以增加跨河横向联系，强化两

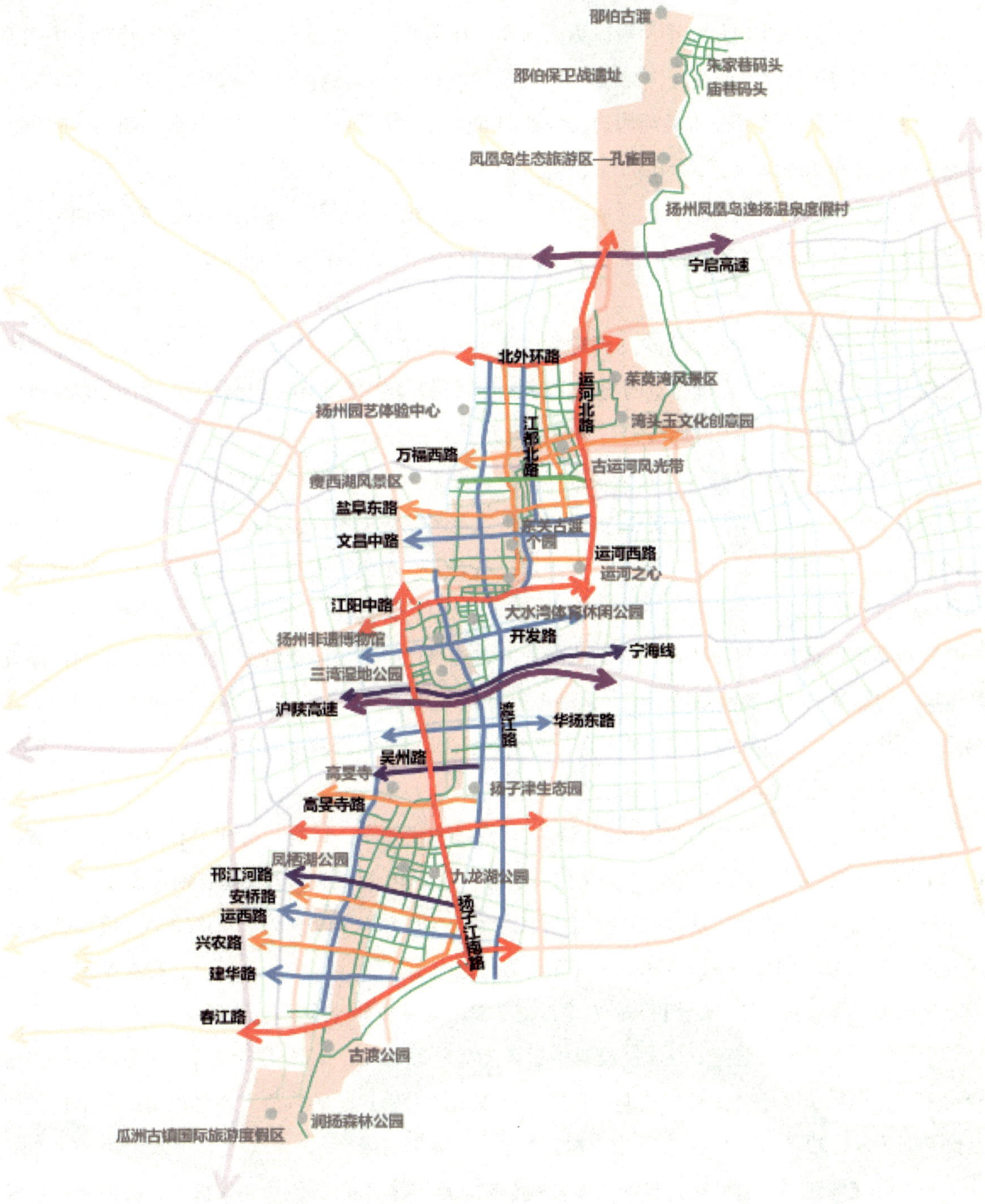

图 5-40　规划路网结构示意图
（图片来源：自绘）

岸区域的连通性，畅通沿河微循环系统。注重跨河桥梁的慢行道与滨水慢行空间的衔接，保障慢行通道的连续性。

纵向滨河慢道主要加强古运河沿岸纵向道路的连通性，注重提升滨水道路景观特色，优化慢行空间，规划将滨河两岸道路分为交通性景观路、特色林荫景观路和慢行活力景观路。

交通性景观路，主要是古运河周边的快速路和交通性主干路，采用机非分离的断面形式。机非隔离带采用绿化隔离带，划分出慢行休闲空间，满足慢行通行和游憩需求。

特色林荫景观路，主要是古运河周边的生活性主干路和次干路，采用机非分隔的断面形式。机非隔离可设置绿化隔离带，亦可设置护栏或地面划线的形式。慢行空间内保持一定的绿化种植率，增加林荫道的美观性。

慢行活力景观路，主要由古运河周边的支路系统组成，采用机非隔离的断面形式。隔离主要采用地面划线的形式，强调慢行空间的绿化种植，且设置特色景观小品，增加慢行空间的趣味性。

在慢行系统方面，主要涵盖步行与骑行两大方面。

步行系统沿古运河串联特色人文旅游资源点和生态公园等自然景观资源点，以主要资源点为中心，以 1 千米为步行半径，划定适宜的步行可达范围，集中建设慢行交通系统。第一，沿古运河两岸建设主要慢行道，串联主要景观资源点；第二，滨水慢行道与跨河通道串联成环，增加周边地块的可达性；第三，结合运河两岸特色景观风貌，打造特色慢行空间。

骑行系统则结合古运河两岸的人文旅游资源点和自然景观旅游资源点，利用沿古运河两岸开敞空间，构建特色骑行路线系统。第一，沿古运河两岸规划骑行线路网络，串联主要景观资源点；第二，间隔 500 ～ 1000 米距离设置共享自行车租赁点；第三，结合两岸旅游资源点，彰显文化特色，衔接自然风光，优化骑行空间，打造特色慢行系统。

在水上交通方面，规划衔接古运河、环古城水系和瘦西湖，结合周边相关旅游资源，打造特色水上旅游线路。结合周边商业设施、文化要素等，新增 10 处码头，方便游览换乘。

在公共交通系统方面，落实轨道交通、中运量公交及常规公交规划。轨道交通线路包括古运河及周边的 1 号、2 号、3 号、4 号、5 号等 5 条轨道交通线路，均在古运河沿线设有站点，结合中心城区边缘规划的 6 号、7 号和 8 号轨道线路，是远期主要的交通运输方式。

中运量公交走廊规划在中心城区设置中运量公交走廊 13 条，其中多条走廊沿古运河布设，与轨道交通共同承担区域公交骨架功能，且服务于古运河沿岸片区的轨道交通客流集散。根据各片区的交通需求，站点间距为 1—2 千米，加密了分区站点覆盖率。

常规公交规划在中心城区古运河沿岸常规公交 500 米半径覆盖率达 90% 以上，方便轨道交通未覆盖区域的对外出行，有效接驳轨道交通，提升换乘便利性。

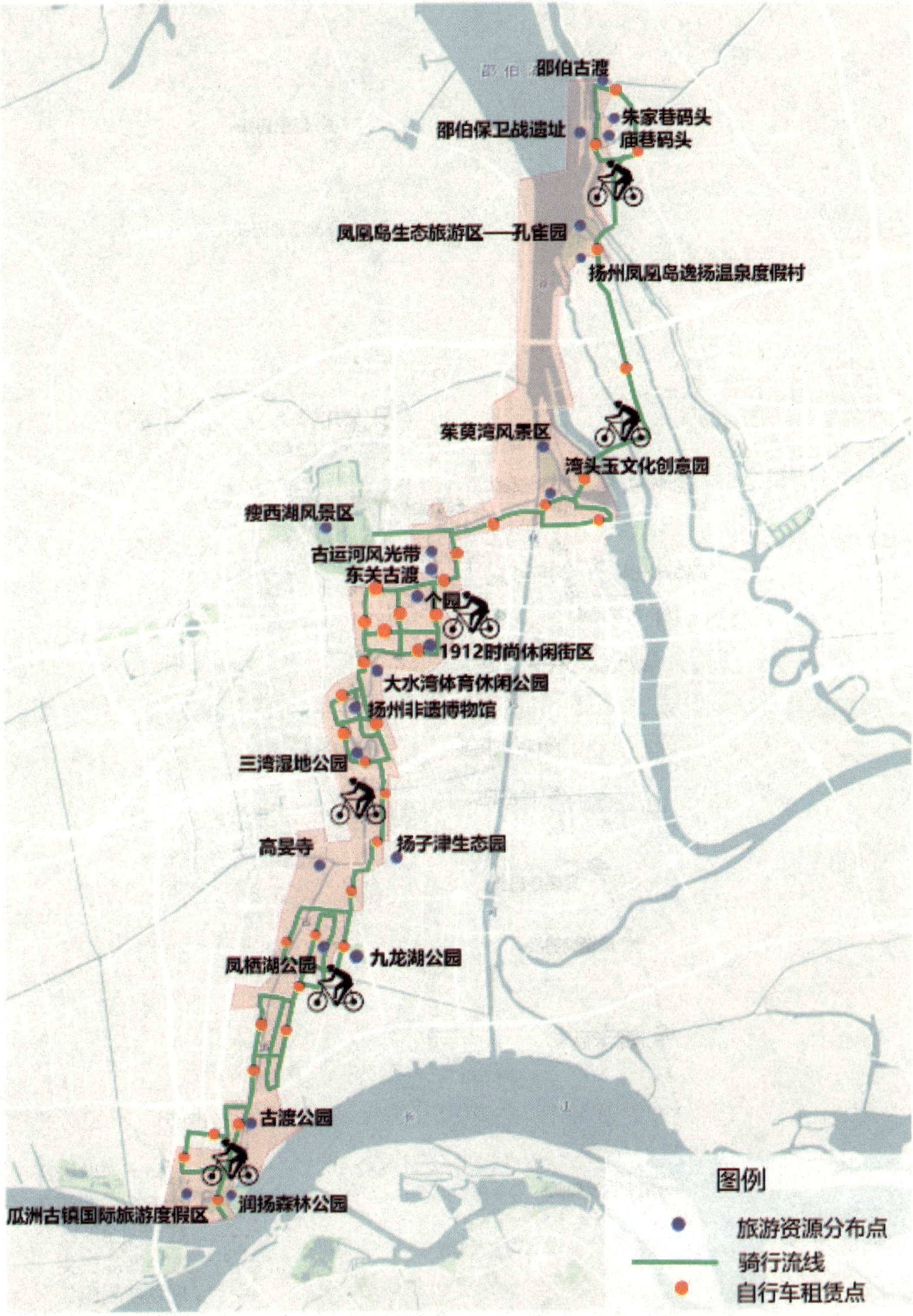

图 5-41　骑行流线规划示意图
（图片来源：自绘）

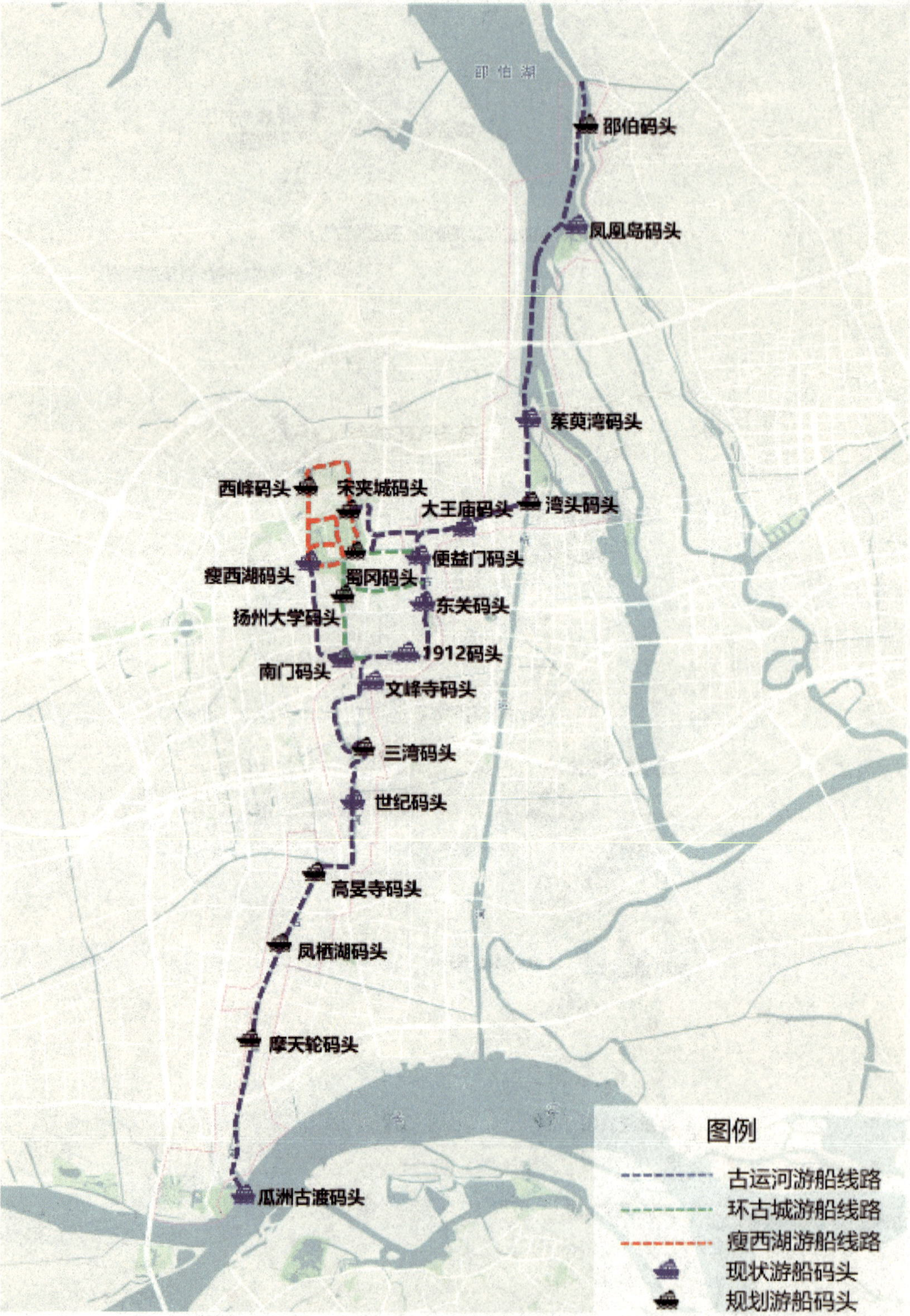

图 5-42　水上交通路线示意图
（图片来源：自绘）

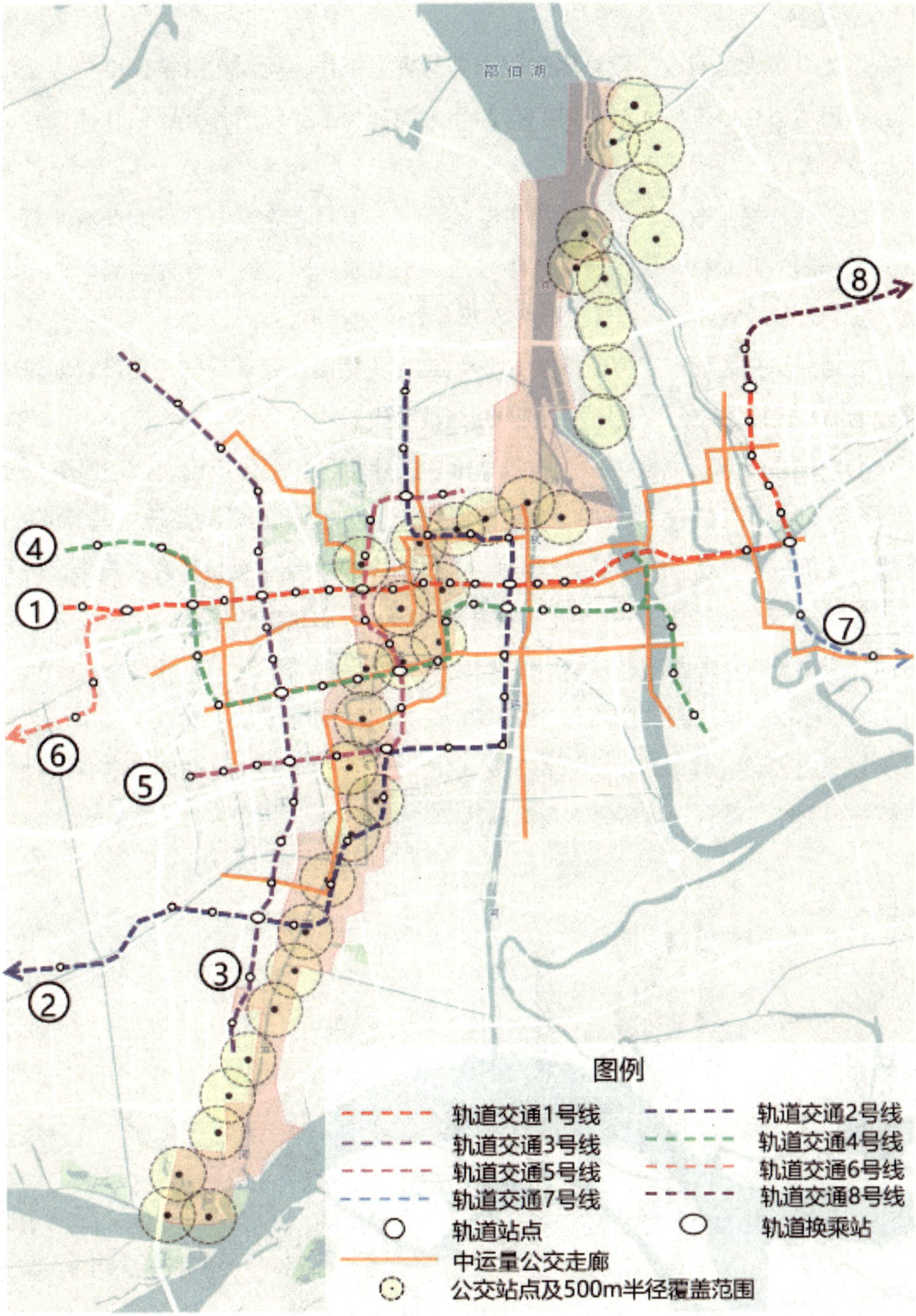

图 5-43　公共交通规划示意图
（图片来源：自绘）

（4）运河家园营造

设施品质提升是大运河城区段总体品质提升的重点工作，规划在沿线区域营造全龄友好的运河家园，为运河周边社区不同人群提供完善的相关配套，主要包括各类居住社区、专类公园、各类人群活动场地等。

针对中老年人，提供适老社区、禅修主题公园、各类养老养生中心等；针对儿童，提供少年文化宫、儿童乐园、儿童科普展示园、童年时光亲子主题乐园、科普教育园等；针对青年，提供人才公寓、精英公寓、国际公寓、现代社区以及各类运动场馆。

同时，规划关注社区设施完善，打造 10 分钟运河生活圈。社区设施的建设以邻里中心等形式配建，部分老旧小区以居委会为主体进行延伸形成社区服务中心。

邻里中心功能主要包括商业零售、娱乐休闲、医疗卫生、文化交流、金融服务以及幼托、晚托、亲子服务等，同时可提供种植体验、烘焙培训、亲子活动等社区活动场地以及必要的停车空间；社区服务中心提供一定养老、医疗卫生、娱乐、图书阅览等功能，提供体育、集会、健身场地等。

建议邻里中心服务半径为 1—2 千米，面积在 3000 ～ 10 000 平方米；社区服务中心以居委会为载体，面积不小于 500 平方米。

此外，规划建议根据片区自身特色与游客需求，增设展示展览类、会议交流类、艺术表演类、图书阅览类、宗教交流类、教育教学类六大主要文化设施，丰富运河文化载体。同时在古城文化核内，沿河增设诗社、画亭、歌台、舞榭等文化设施。

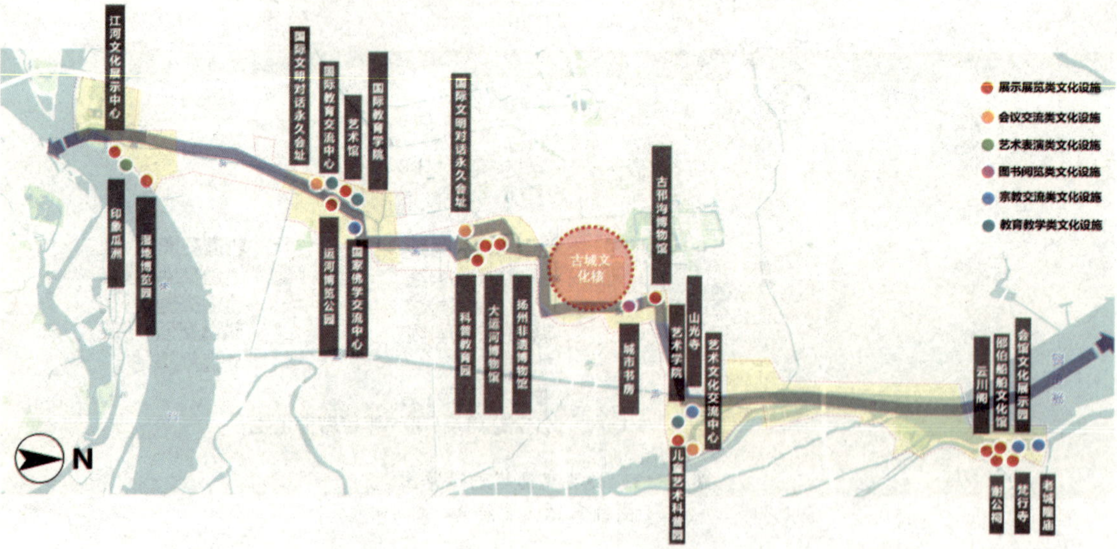

图 5-44　文化设施布局示意图
（图片来源：自绘）

2. 生态水廊：水清岸绿，品运河自然之趣

生态水廊主要关注总体生态格局优化，包括水系贯通、绿道串联、滨水空间塑造，建设水绿交融、宜人惬意的生态环境。

（1）更丰富的水系贯通

在水系贯通方面，规划依据区域水绿基础，建立生态绿色空间向城市内部渗透的水绿廊道；梳理连通城区内现状水系，适度恢复历史水系，串联成网，加强水体横向联系，形成纵横交错的水网结构；结合滨水地块功能与建筑形态，使得城市公共活动、滨水环境、自然生态形成良好互动。

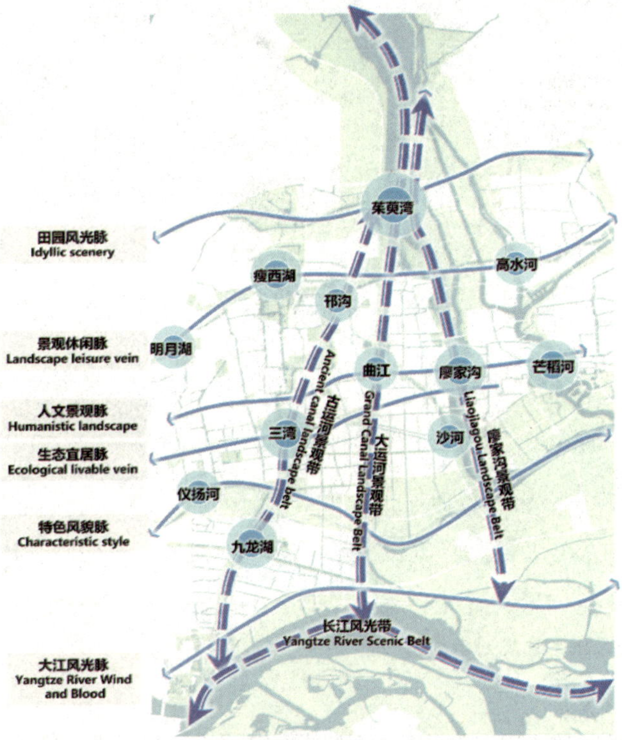

图 5-45　水网布局结构示意图
（图片来源：自绘）

图 5-46　水体岸线规划示意图
（图片来源：自绘）

（2）更多元的绿道串联

在绿道串联方面，规划一方面完善绿化开放系统，以城市绿地为依托，形成滨水生态绿地—生态景观绿地—街旁防护绿地—城市公园绿地的多层级布局形式。其中，滨水生态绿地为基底、城市公园绿地为骨干、城市组团绿地、点状穿插镶嵌的绿地开敞空间体系。

另一方面，完善慢行绿道体系。规划打造运河两岸开放性功能结构，以运河及其他河道为基本骨架，结合路网体系设置慢行绿道，连接各级公园绿地景观节点，构建更加系统的绿道慢行体系。

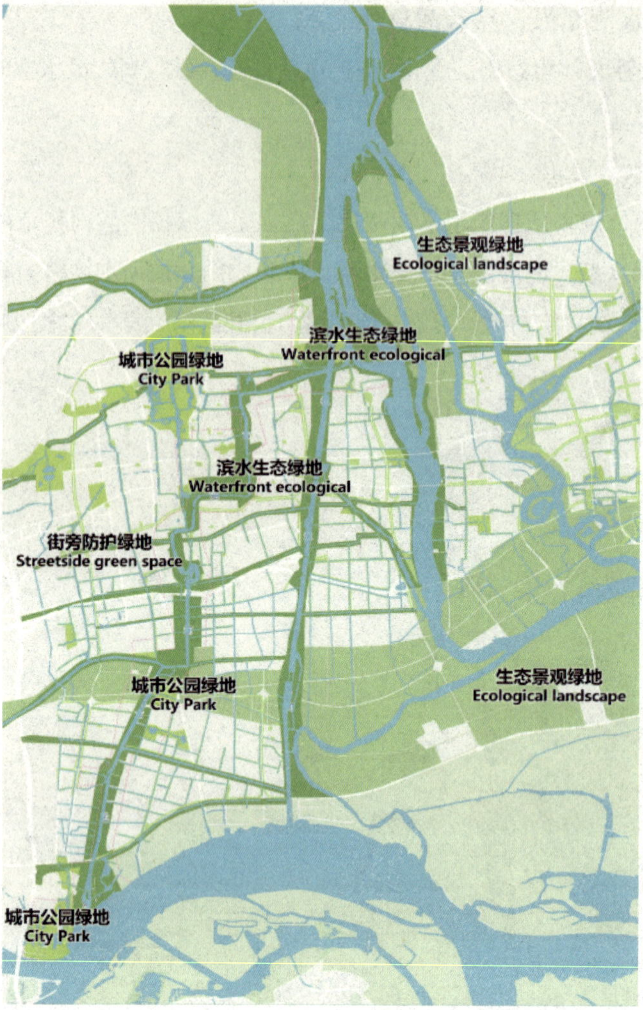

图 5-47　绿地系统规划示意图
（图片来源：自绘）

中心城区规划三级慢行绿道，分为城市级景观绿道、片区级景观绿道、组团级景观绿道。其中：

城市级绿道主要沟通瘦西湖、古运河滨河景观，串联茱萸湾公园、蜀冈西峰公园、瘦西湖公园、廖家沟公园、芒稻河公园、三湾公园、扬子津公园、润扬公园等城市级公园。

城市级公园植物配置以扬州地区本土植物为配置基底，配置四季皆景观的绿植系统，并联系植物净化功能，形成宜人健康的城市公园软景系统。

片区级公园绿道主要沟通漕河、二道河等滨河景观，串联隋炀帝陵、竹西公园、明月湖公园、引潮河公园、蝶湖公园、荷花池公园、曲江公园、文峰公园、汉河公园、九龙湖公园、杭集公园、站前公园、人民公园、舜天公园、江平公园等片区级公园。

片区级公园及绿地植物配置以强调植物观赏性与安全性为前提进行植物配置，形成植物群落多样性与良好的绿色景观效果，打造优美的、近人尺度的植物景观效果。

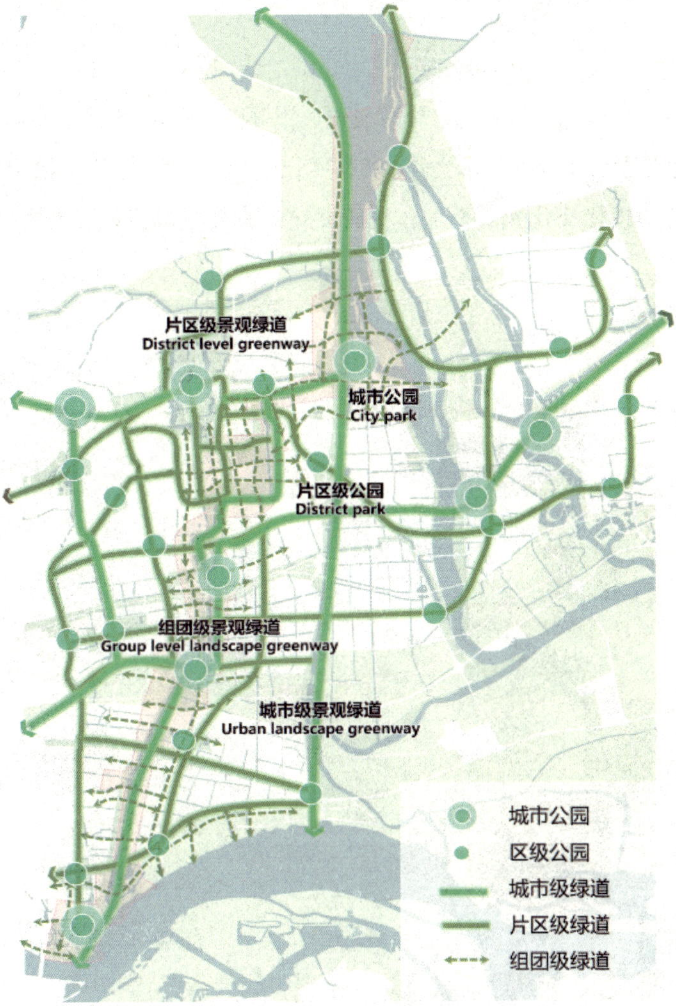

图 5-48　绿道体系规划示意图
（图片来源：自绘）

组团级绿道主要沟通运河两侧滨水空间，串联街头绿地、小游园、建筑附属开放空间等。

组团级公园及绿地植物配置以强调植物观赏性与安全性为前提进行植物配置，形成植物群落良好的绿色景观效果。

（3）更开放的滨水空间

在滨水空间塑造方面，规划致力于建立丰富的亲水空间体验环境，设计重点在于对滨水岸线的多元处理，让滨水空间成为更开放的公共空间：多样岸线，多元活力，引人向河。打造四种滨水岸线方式，分别为景观休闲驳岸、文化活力驳岸、自然生态驳岸和亲水娱乐驳岸。

3. 文化水廊：特色传承，寻运河文化之源

文化水廊重点从文化传承、文化演绎、文化线路三方面着手，突出展示城区段文化特色，活

化传承利用。

（1）特色文化传承

规划将古代的园林文化、宗教文化、盐漕文化、市井商贸、民俗工艺、水工文化、诗歌文化、名人文化等传统文化要素与当今的艺术文化、科教文化、博览文化、休闲文化、现代生活、生态文化、工业文化、创意文化等现代文化元素叠加，构建文化传承新格局，打造既古今交融又主题特色突出的文化展示段。

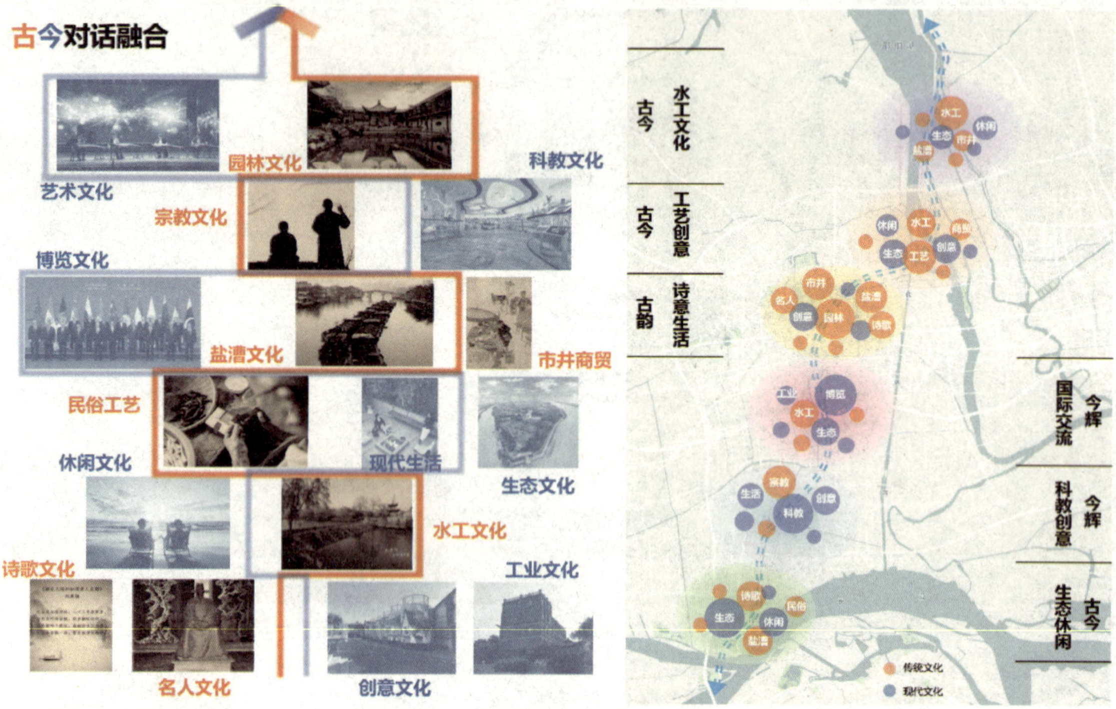

图 5-49　文化格局规划示意图
（图片来源：自绘）

（2）创新文化演绎

城区段文化包括有形文化与无形文化两类，其活化利用方式不尽相同。

有形文化遗产主要将传统有形空间进行现代创新活用。

传统建筑的活用方式为延续原有功能，拓展相关功能。如由宗教衍生现代禅修、文化体验功能；植入文化展示、名人纪念、商业展示、文化活动、民宿、工坊等新功能。

水工设施遗存（主要对象：坝、闸、码头、古堤等）的活用方式为维护原有功能的同时，植入新功能。如码头转变为水上驿站；古闸、坝满足水利功能，同时可作为水利旅游、水工科普的重要载体。

近代工业遗存的活用方式为建设工业遗址公园或工业文化博物馆；文化墙、地面印刷、AR 影像、工业塔等构筑物的景观化；植入特色体验活动。

无形文化遗产则通过文化活动、特色节事策划，文化场所的营造，文化景观的再现等，形成“活动 + 文化、空间 + 文化、科创 + 文化、景观 + 文化”四类演绎方式，通过大运河有机串联，使传统文化融入现代生活和城镇建设中。

（3）多类文化线路

扬州文化底蕴深厚，城市魅力独特，无论是古代的商贾如织，富甲天下，还是如今的淮左名都，竹西佳处，文化始终是扬州最具代表性的名片。细数中心城区的文化旅游资源，在整体文化框架下，可分为宗教文化、漕运文化、工艺文化、休闲文化、创意文化和生态文化六大主题。

1）宗教文化

扬州宗教历史悠久，源远流长，以佛教、基督教和伊斯兰教最为普及。

规划将中心城区宗教文化的旅游资源按教类进行划分。佛教资源有梵行寺、敕赐护国禅寺、山光寺、极乐禅院、观帝庙、大明寺、禅智寺、重宁寺、天宁寺、石塔寺、旌忠寺、愿生寺、文峰寺、高旻寺、龙衣庵、国际佛学交流中心等，在大运河沿线，佛教寺庙众多，以寺多、寺大、寺美闻名于世；基督教资源有基督教堂、明星福音堂、神在堂等，其中神在堂为美国圣公会会长韩忭明于1924年兴建，哥特式建筑，尖拱券，彩色窗玻璃，可容纳600人聚会礼拜；清真教资源有清真寺、仙鹤寺、普哈丁墓等，其中仙鹤寺为东南沿海四大清真寺之一，是穆罕默德16世裔孙普哈丁来扬传教所建。

规划对游线进行组织，形成由南至北依次串联基督教堂、明星福音堂等23处宗教资源的旅游线路。

2）盐漕文化

扬州历史上因运河而兴，鼎盛时期漕运繁忙，有着“扬一益二”的美誉。盐运、漕运的兴盛促使大量盐商聚集于扬州，直接造就了扬州的繁荣和发展，众多的名人故居和园林，不少都因这些盐商所产生，如个园、卢姓盐商住宅、汪氏盐商住宅等。盐运、漕运的兴盛也催生了盐运管理机构的产生，如两淮都转盐运使司、四岸公所、盐宗庙等。同时，伴随盐运、漕运也留下了众多渡口码头，如邵伯码头、瓜洲古渡、邵伯古堤、竹巷古码头、朱家巷码头、大码头、庙巷古码头、东关古渡、瓜洲古渡等。

规划对游线进行组织，形成由南至北依次串联江河文化展示馆、汪氏盐商住宅等17处盐漕文化资源的旅游线路。

3）工艺文化

扬州工艺美术历史悠久、品种齐全、技艺精湛。无论是瑰丽典雅的漆器，还是玲珑剔透的玉器、古朴精致的琴筝等，都极富东方神韵，享誉天下。“扬州工”常常将山水花鸟、风景名胜作为创作题材，融合绘画、诗词，重视创作、讲究意境。

扬州有扬州盆景博物馆、扬州非遗文化馆、扬州中国雕刻印刷博物馆、中国玉器博物馆、扬州剪纸博物馆、富春茶社等博物馆；扬州漆器艺术馆、中国书画艺术馆、漆器艺术工坊、艺术工坊创意园、瓷器艺术工坊等艺术馆，以及扬州美术馆、扬州工艺美术馆等美术馆。

规划对游线进行组织，形成由西向东依次串联扬州中国雕刻印刷博物馆、扬州盆景博物馆等13处工艺文化资源的旅游线路。

4）休闲文化

扬州不仅是个文化城市，更是一个休闲城市。规划将运河沿线的休闲文化资源大致分为旅游风景区、主题乐园和广场展馆三类。旅游风景区有凤凰岛生态旅游区、瓜洲古镇国际旅游度假区、茱萸湾风景区、邵伯美食体验区、邵伯湖风景旅游区 WTA 时尚体验街区、江河文化展示中心、低空体验中心、大观楼、瓜洲老街等；主题乐园有扬州乐园、扬州水上乐园、观音岛航空乐园、马可波罗花世界乐园、天堂岛、九卿山庄、恐龙谷、扬州极地海洋世界、摩天轮公园等；广场展馆有古邗沟博物馆、文化节庆广场、邵伯船舶文化博物馆、邵伯会馆博览园、扬州非遗博物馆、中国大运河博物馆、国际文化对话永久会址、国际剧场＋水上秀场、古运河博览带、望月阁、雕塑园、十里春风廊、南门会馆、竹西歌台、古邗沟博物馆、城市书房、水调歌台、广陵琴社等。

规划对游线进行组织，形成由南至北依次串联凤凰岛生态旅游区、江河文化展示中心等34处休闲文化资源的旅游线路。

5）创意文化

文化创意产业已经成为扬州现代服务业发展的新亮点。各类文化创意园、产业基地层出不穷。城区的文化创意园包括扬州琴筝文化产业园、五亭龙玩具礼品城、湾头玉文化创意园、壹点文创园、大王庙文化创意广场、扬州戏剧院、扬州市邗江区文化产业园、486非物质文化遗产聚集区、设计硅谷等；产业基地包括江苏信息服务产业基地、国家数字出版基地、扬州工艺美术集团等。

规划对游线进行组织，形成依次串联扬州琴筝文化产业园、五亭龙玩具礼品城等13处创意文化资源的旅游线路。

6）生态文化

“绿杨城郭是扬州”是清代诗人王士祯留下的佳句，如今已是扬州最诗意的画卷。大运河沿线的生态文化主要体现在公园和风景区两方面。其中，公园主要包括润扬森林公园、古渡公园、凤栖湖公园、九龙湖公园、扬子津公园、高桥休闲公园、蝶湖公园、曲江公园、南门遗址公园、大水湾体育休闲公园、大桥公园、廖家沟中央生态公园、蜀冈生态公园、三湾湿地公园、沙排体育公园、扬州园艺体验中心等；风景区主要指瘦西湖风景区、凤凰岛生态旅游区、茱萸湾风景区等。

规划对游线进行组织，形成依次串联润扬森林公园、茱萸湾风景区等16处生态文化资源的旅游线路。

4. 活力水廊：主客共享，享多元活力之乐

活力水廊主要关注大运河城区段的旅游发展，规划通过设施共享、空间共游、活动共与实现城区段市民与游客的主客共享。

（1）设施共享

旅游类设施主要涵盖游客服务中心、酒店、及智慧信息服务。

游客服务中心方面，分为驿馆、驿站、驿亭三个等级。

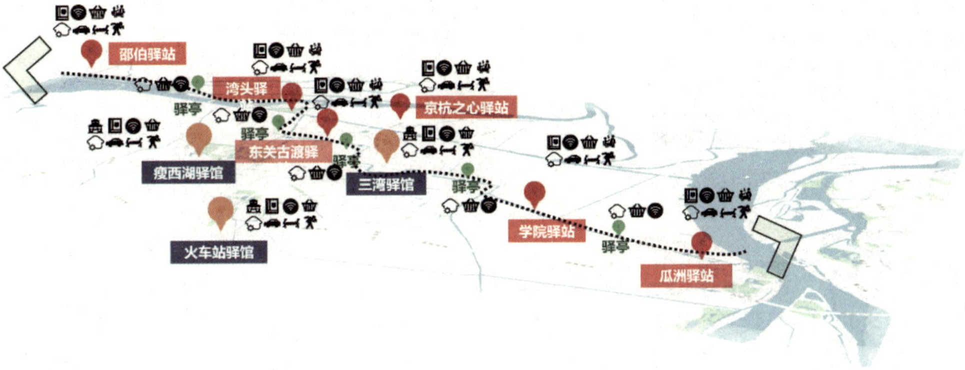

图 5-50　旅游设施布点规划示意图
（图片来源：自绘）

驿馆为一级游客服务中心，承担运河文化展示及商业服务功能，包括运河文化展示、餐饮住宿、紧急救援、特色纪念品购物等功能，提供“吃住游乐购”一体化服务。建议可独立设置或结合酒店、商业街区等设置，布置在重要的文化节点、商业节点、交通门户地段等，如设置瘦西湖驿馆、火车站驿馆、三湾驿馆等，建议面积为建筑面积 3000 ～ 4500 平方米，占地面积 10000 ～ 15000 平方米。

驿站为二级游客服务中心，主要包含特色餐饮、游客接待、交通集散等主要功能。建议可独立设置或结合酒店、商业街区等设置，如邵伯驿站、湾头驿站、东关古渡驿站、京杭之心驿站、学院驿站、瓜洲驿站等，建议面积为建筑面积 600 ～ 1000 平方米，占地面积 3000 ～ 5000 平方米。

驿亭为三级游客服务中心，为游客提供基础服务，同时为居民提供必要的游憩服务等功能。建议独立设置，建议面积为建筑面积不少于 200 平方米。

酒店服务方面，规划新增 3 家五星级酒店、4 家四星级酒店以及部分民宿和会馆，按片区进行划分。邵伯—湾头片区新增 2 家五星级酒店、1 家四星级酒店；三湾片区新增 1 家五星级酒店；学院（科教）片区新增 2 家四星级酒店；瓜洲片区新增 2 家四星级酒店；古城片区新增 1 家五星级酒店。

智慧信息服务方面，以星级酒店、驿馆、驿站为载体，采取“线上 + 线下”的方式，提供智慧信息服务。线上包括扫码语音翻译、免费无线和运河旅游信息 App。运河全线提供运河旅游 APP 服务，3A 级、4A 级、5A 级景区提供扫码智能语音翻译服务，火车站、驿馆、驿站、提供免费无线，支持 5G 网络。线下包括旅游宣传手册、旅游信息服务系统。新增三星级以上酒店以及已

有酒店宾馆派发旅游宣传手册，五星级酒店、火车站提供旅游信息自助服务系统

（2）空间共游

为多方面展示城区段旅游价值，一方面，规划引入多种游览方式，从邵伯，经湾头、古城、三湾、学院至瓜洲，可采用游船、骑行、热气球、自驾等多种游览方式，使出行本身也成为一种体验与享受。

另一方面，规划策划多种旅游情境，体现多姿多彩的休闲娱乐。

图 5-51 湾头 - 古城段策划游览路线示意图

（图片来源：自绘）

表 5-5 湾头 - 古城段策划游览路线示例表

日期	时间	路线或活动	游线主题
Day1	8:00 ~ 12:00	茱萸塔—山光寺—茱萸轩—孔雀园—动物园—植物园	自然休闲游
	13:00 ~ 15:00	WTA 时尚体验街区—文化艺术中心—廖家沟滨河公园—儿童艺术公园—文化节庆广场	时尚艺术游
	15:00 ~ 17:00	艺术工坊创意园—瓷器艺术工坊—漆器艺术工坊—文化艺术长廊公园—艺术创意集市	工艺文化游
	18:00 ~ 21:00	运河夜游古城夜市	夜间特色游

续表

日期	时间	路线或活动	游线主题
Day2	8:00 ~ 10:00	竹西桥—竹西歌台—大王庙—吴王夫差广场—古科研文化中心—城市书房	运河精华游
	10:00 ~ 12:00	便益门码头—水调歌头—东关古渡—普哈丁墓—广陵琴社	运河精华游
	13:00 ~ 15:00	雕塑园—映月诗社—吟诵台—望月阁—十里春风廊	诗意体验游
	15:00 ~ 18:00	琼花公园—南门码头—皇华亭—迎熏桥—千灯夜市—南门会	漫步怀古游

（3）活动共与

城区段活动组织与市域层面理念一致，同样采用全季节全时段的总体思路。

1）春日踏青活动

筛选城区生态环境优秀区域，依托自然本底，策划初春赏景休闲活动，适度植入美食品茶等功能，同时结合慢行系统，布局绿徒、龙舟及马拉松等运动，满足游客踏青需求。

3 月的主题是扬州赏春，策划项目有绿杨品春、春日禅修、瓜洲江景、湖光揽胜等，组织的活动有“烟花三月”国际经贸旅游节和绿杨城郭品春赏春节等。

4 月的主题是乐活扬州，策划项目有三湾绿徒、茱萸龙舟、运河马拉松、养生美食等，组织的活动如扬州乐活康健运动节。

5 月的主题是花舞扬州，策划项目有古城赏花、邵伯花海、湿地采风等，组织的活动有中国·江都花卉节和中国芍药节等。

2）夏日狂欢活动

依托城区临水、近水区域组织夏日旅游活动，以消暑度夏、休闲运动、美食娱乐等功能为主，结合“扬州的夏日”大型主题活动，充分展示扬州魅力。

6 月的主题是扬派生活，策划项目有扬州漫步、古城夜市、运河夜游等，组织的活动有“三把刀”扬派生活体验节、扬州名城休闲文化节等。

7 月的主题是乡村野趣，策划项目有赏荷观莲、科普之旅等，组织的活动有春江花都民歌旅游节、高邮双黄鸭蛋节等。

8 月的主题是扬州夏日，策划项目有音乐狂欢、戏曲观赏、瓜洲夏令营、水上运动等，组织的活动有“扬州的夏日”、江河休闲旅游节等。

3）秋日文艺活动

结合中秋、国庆等重要节庆，组织文艺展览、赏月观景等活动，突出展示扬州非物质文化遗产，加深旅游活动的文化内涵。

9 月的主题是花好月圆，策划项目有邵伯望月、茱萸赏秋、美食比拼、中秋猜谜、运河灯会、露营观星等，组织的活动如扬州二分明月旅游节。

10 月的主题是扬州邮韵，策划项目有邮驿展览等，组织的活动如中国邮文化节。

11 月的主题是魅力扬州，策划项目有八怪书画、非遗艺术节、禅修养生等，组织的活动如扬州八怪文化艺术节。

4）冬日养生活动

依托市区内古镇、温泉、寺庙等节点，重点布局疗养度假、祈福欢庆等功能，吸引春节旅游人群。

12 月的主题是怡养扬州，策划项目有古镇疗养、邵伯赏雪、温泉度假等，组织的活动如温泉养生节。

1 月的主题是扬州祈福，策划项目有高旻祈福等，组织的活动有双东新年祈福旅游节、扬州冰雪嘉年华等。

2 月的主题是扬州欢庆，策划项目有新年欢庆、玉器文化节、运河冬跑等，组织的活动如瘦西湖新年欢庆会。

5. 魅力水廊：空间营造，塑独特魅力之形

魅力水廊重点关注大运河城区段空间形象与城市风貌的营造，主要完善展示结构与景观格局，并运用景区化设计手法，落实片区、廊道、节点多层次的引导策略。

图 5-52　城区段展示结构规划示意图

（图片来源：自绘）

在展示结构方面，规划形成一廊、一核、五段、多节点的文旅展示结构。其中，一廊为大运河文化展示廊道；一核为古城、三湾构成的古今辉映展示核；五段分别为大国工匠展示段（邵伯—湾头）、诗意栖居展示段（扬州古城）、文明对话展示段（三湾国际交流片区）、国际教育展示段（学院教育禅养片区）、壮阔江河展示段（瓜洲古渡）；多节点包括形成以大运河串联的邵伯－湾头、明清古城、三湾、学院、瓜洲五片区内的重要的特色展示节点；多标志：结合运河沿线，增加多个标志性建筑，作为运河之眼。

在景观格局方面，形成五廊、三片、十节点的景观系统格局。五廊为大运河综合景观廊道、文昌路城市景观廊道、仪扬河—夹江生态景观廊道、江淮景观廊道、长江生态景观廊道；三片为形成城市型景观片区、古镇型景观片区、生态型景观片区；十节点主要是包括围绕景观廊道打造与提升运河生态公园、凤凰岛生态旅游度假区、茱萸湾景区、竹西公园、大水湾体育公园、运河三湾风景区、扬子津古渡公园、凤栖公园、古渡公园和润扬湿地风景区 10 个景观节点。

图 5-53　城区段景观格局规划示意图
（图片来源：自绘）

（1）多彩运河片区

运河生生不息，扬州律动不止，如果用音乐旋律来形容运河沿线不同主题片区的特色，可将其划分为五大主题展示片区。

运河从邵伯—湾头片区一路向南，经古城片区、三湾片区、学院片区，至瓜洲片区的历程，正是大运河扬州段从序曲“匠心扬州”，到重唱“精致扬州”，再到高潮“国际扬州”、又到间奏“文化扬州”、最后到合唱“生生不息”的律动过程。

规划通过景区化的思维打造每个片区，形成一片区、一主题、一主导、一形象、一策略、一口号，具体如下：

邵伯－湾头片区的主题是大国工匠，主导水工智慧、特色技艺，片区形象为风情古镇、艺术小镇，策略是以特色小镇模式整体打造，口号为“风韵古镇情，运河艺术湾”。

古城片区的主题是诗意栖居，主导商贸繁华、市井生活，片区形象为本地特色，策略是以双修手段提质优品，口号为“城河相融典范、主客共享客厅”。

三湾片区的主题是文明对话，主导国际交流、文博展览，片区形象为国际风范，策略是以核心 IP 提升能级，口号为“文明对话新地标、生态休闲慢生活”。

学院片区的主题是人文交融，主导国际教育、禅修养性，片区形象为书香气质，策略是融入区域、完善城市整体功能，口号为“国际教育园、科文发展区”。

瓜洲片区的主题是壮阔江河，主导古镇生活、旅游度假，片区形象为大江大河，策略是结合特色休闲度假进行古镇复兴，口号为“江河明珠、壮阔古渡”。

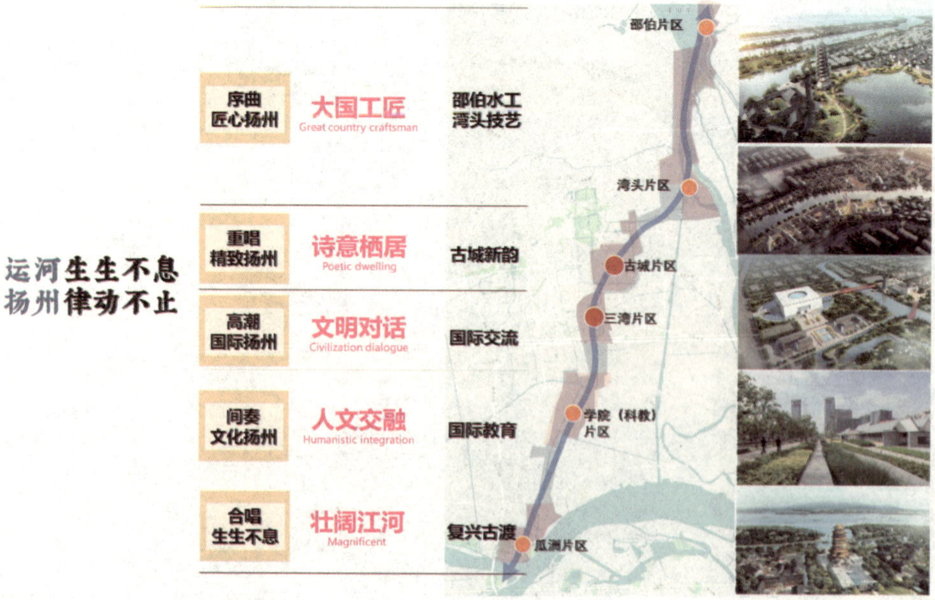

图 5-54　城区段片区主题特色示意图
（图片来源：自绘）

在此基础上，为更好地彰显运河沿线相关名人精神，规划分区、分段、分主题、分人物形成雕塑序列，凸显每段运河的主题文化特色。

在邵伯片区，有水工领袖谢安、沈括、陈瑄、刘濞；在湾头片区，有湾头名人孟浩然、张谓、梁肃；在古城片区，有扬州名人郑燮、隋炀帝、汪士慎、黄慎、罗聘、夫差、李方膺、李鱓；在三湾片区有名扬世界的鉴真、马可波罗、崔致远、普哈丁、戴德生；在学院片区有教育名人焦循、阮元、任大椿、汪中；在瓜洲片区有文豪诗人白居易、王安石、陆游、张祜、萨都剌等。

（2）多样运河之眼

规划在运河沿线设置多个地标建筑，提升大运河扬州段的整体辨识度。围绕大运河沿线设置邵伯运河船闸（交通枢纽）等 16 个核心地标，现有 7 个，新增 9 个。在大运河文化带中，形成具有扬州韵味的运河文化段落。

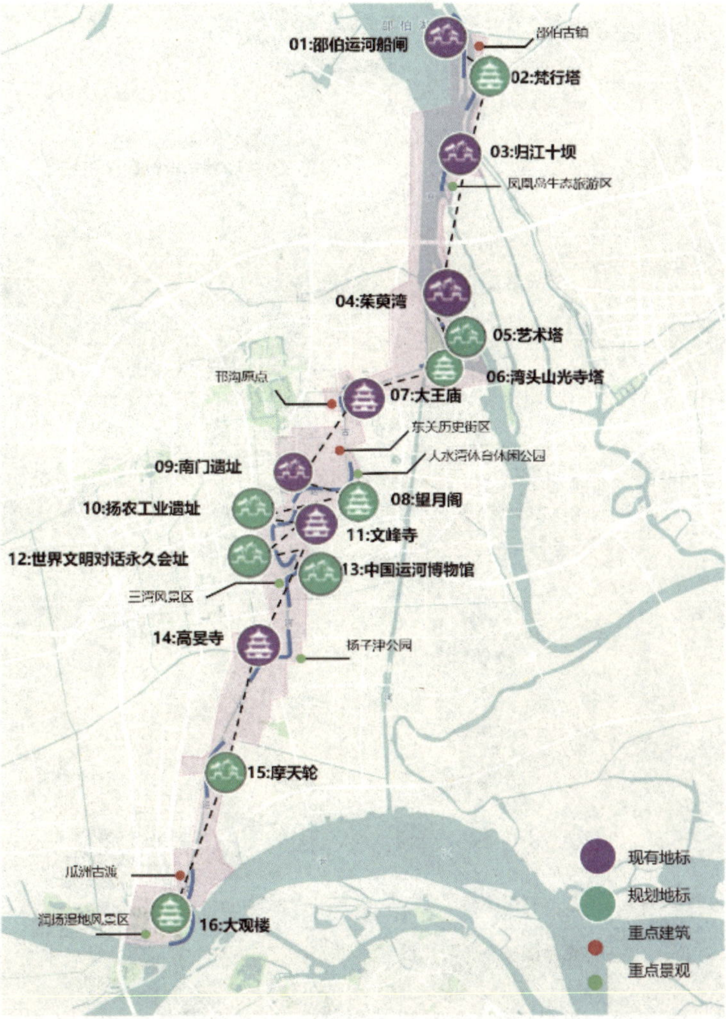

图 5-55　城区段标志系统规划示意图
（图片来源：自绘）

在视线廊道方面，突出多样视觉体验，感受不一样的运河，布局游船、眺望、低空、桥下等多类型廊道。

游船视觉廊道：结合景点地标打造大运河水上游线，形成 10 条主要的水上视觉通廊，游线两侧增加景观多样性，塑造船移景异的视觉感受。通过多样视觉体验，感受不一样的运河，达到“水路十八弯，一弯一景一韵味”的效果。

眺望视觉廊道：以运河沿岸制高点设置眺望系统，形成 9 条主要视觉廊道，其范围内，建筑高度应严格控制在视廊以下。丰富视廊内景观多样性，遮挡不协调建筑。凤凰岛生态旅游区严格控制建筑高度，周边构筑物以确保从景区主要视点眺望不出现在视野中为准。老城区内历史文化街区、历史地段、不可移动文物、历史建筑保护范围内建筑高度应严格控制，其他区域建筑高度可适当放宽，老城区建筑高度原则上控制在 24 米以内。

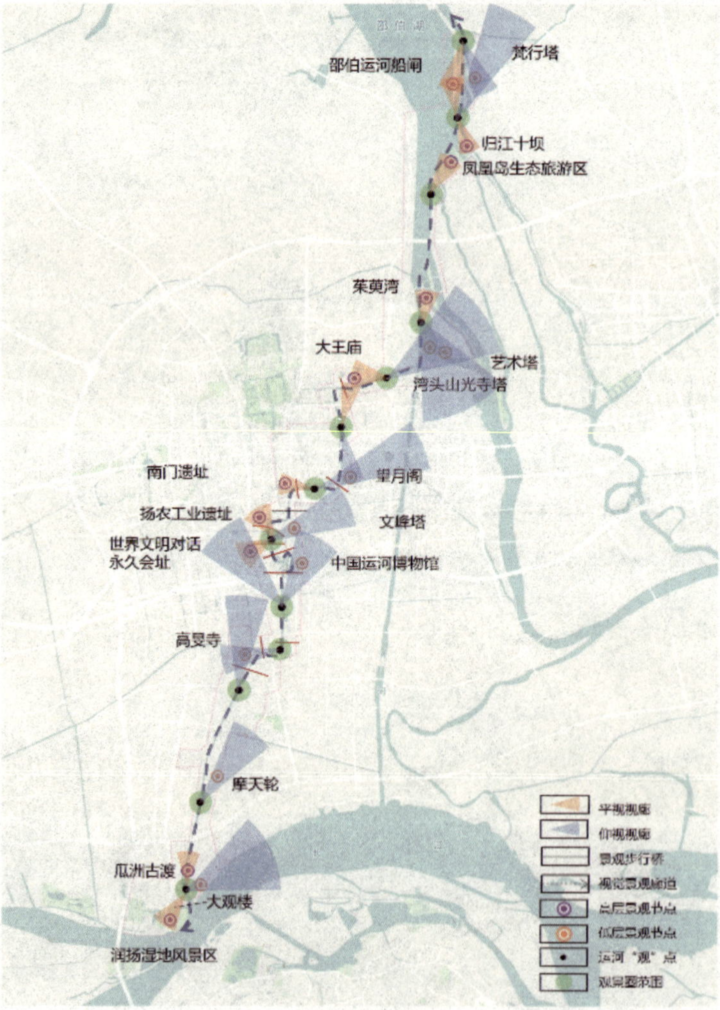

图 5-56　城区段游船视觉廊道规划示意图
（图片来源：自绘）

低空视觉廊道：在运河沿岸制高点上可低空观景。在观景范围内，形成包括“低空看三湾”“低空看瓜洲”等低空视觉廊道。

桥下消极空间利用，除现状24座（包括景观桥2座），规划新增9座景观桥梁，丰富运河桥景的视觉体验。

（3）多种运河风貌

规划在大运河城区段形成六大风貌片区，包括传统历史文化风貌区、现代城市活力风貌区、科教创新风貌展示区、自然生态风貌展示区、滨水居住风貌展示区和现代产业风貌展示区，展现多样化的运河风情。

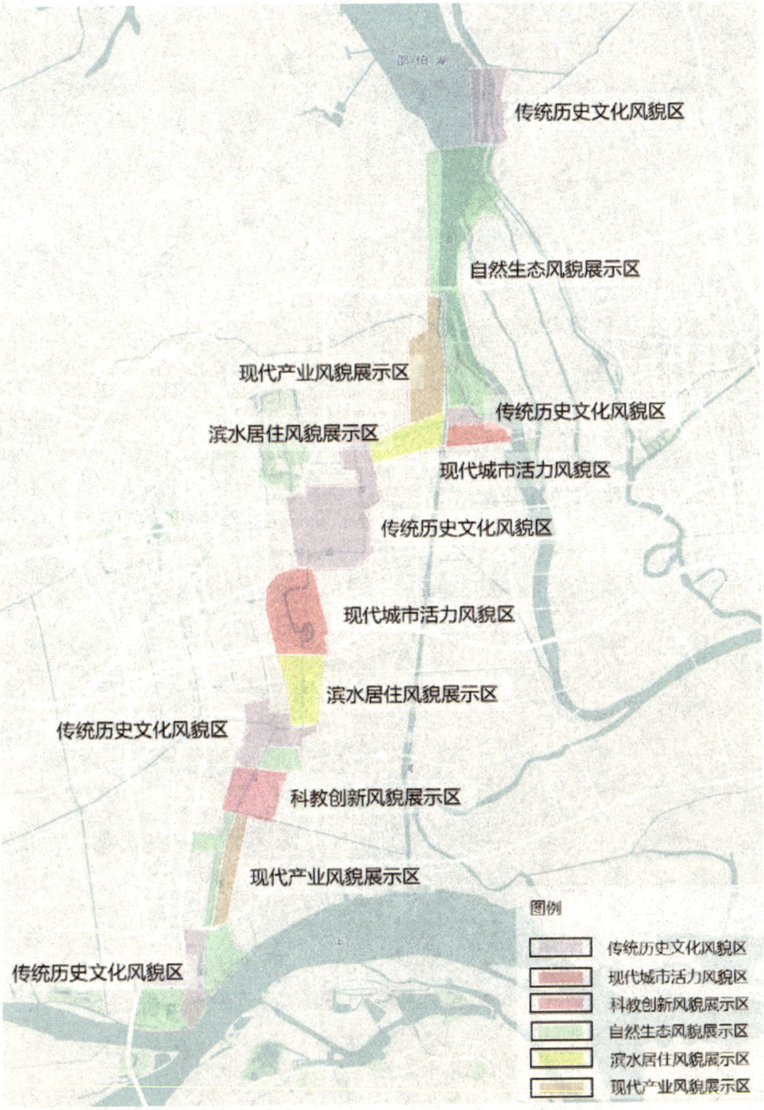

图5-57　城区段运河沿线风貌规划示意图
（图片来源：自绘）

在此基础上，通过不同灯光引导，丰富夜景感受。夜景照明主要突出重要的公共活动空间、邻近运河主要城市街道与城区内重要滨水活动空间的气氛渲染。中心城区内重点形成邵伯风情古镇核心照明区、古城＋三湾＋湾头核心照明区、瓜洲千年古镇核心照明区；在运河邵伯－湾头至学院（科教）片区段、运河瓜洲段形成滨水特色照明带；并形成邵伯船闸、湾头古镇区、古邗沟－大王庙、大水湾体育公园、南门遗址、中国运河博物馆、高旻寺、瓜洲大观楼八处重要夜景照明展示节点。

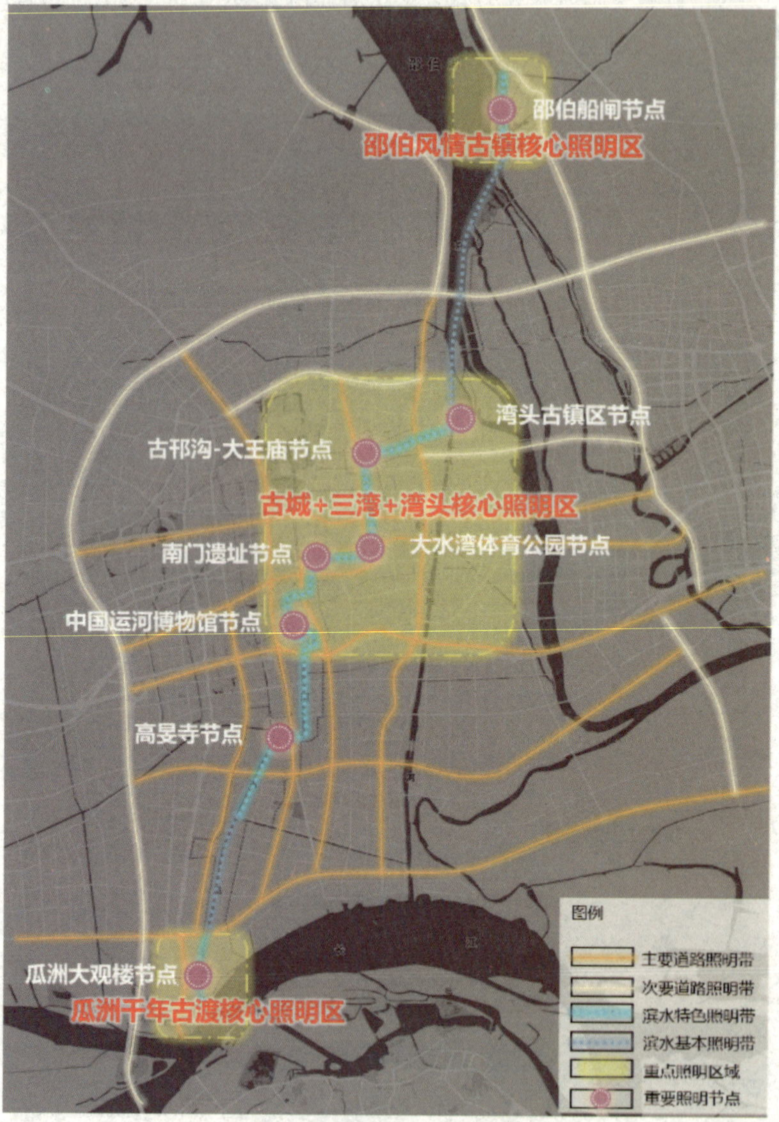

图 5-58　城区段运河夜景照明规划示意图
（图片来源：自绘）

四、实施行动有保障

在市域统筹与城区落实的基础上，为保障大运河扬州段规划的顺利实施，规划明确实施建设的项目库及时序安排，提出完善的城市文旅营销方案，并进一步提出组织机制的创新实践。

1. 项目实施建设

规划实施分为三期，近期为 5 年内，中期为 5 ～ 10 年，远期为 10 ～ 20 年。

近期实施：主要为片区重点项目及重要节点的开发建设和周边区域的环境整治，激发基地活力，最大限度保护生态景观，打造良好发展环境。

中期实施：主要以运河周边功能完善为主，优先进行滨水驳岸处理、水质优化，为品质居住、公园绿地、文化设施、休闲娱乐等提供基础条件，并不断完善基地生活配套和旅游休闲设施。

远期实施：主要为运河沿线的整体品质提升，进一步优化滨河景观环境，完善相关服务配套，包括居住小区、商业服务配套及公园绿地，同时对休闲度假等功能进行拓展，优化整体服务品质。

同时，规划依据分类型、分主题、分内容、分时序的原则，确定四类核心项目工程，包括文化示范类、旅游示范类、生态示范类及社会主义现代化示范类，合计项目共 79 项，具体项目内容如下所示。

1）文化示范类工程共 18 项。

古城片区：近期重点项目包括广陵戏台、望月阁、高旻寺禅修小镇、邗沟文化展示区 4 项；中期重点项目包括南门会馆、十里春风长廊 2 项。

瓜洲片区：近期重点项目包括大观楼复建、江河文化展示馆 2 项。

三湾片区：近期重点项目包括中国大运河博物馆、世界文明对话论坛永久会址、扬州非遗博物馆 3 项；中期重点项目包括文峰寺维护提升、龙衣庵修缮维护 2 项。

邵伯片区：中期重点项目包括老城隍庙、董府宴、甘棠名人游园、邵伯会馆博览园 4 项。

湾头片区：中期重点项目包括漆器艺术工坊 1 项。

2）旅游示范类工程共 21 项。

古城片区：近期重点项目包括壹点文创街区、南门休闲文化街区 2 项；中期重点项目包括滨水酒吧街 1 项。

瓜洲片区：近期重点项目包括低空旅游体验中心、民俗特色街、汉口老街提升 3 项；中期重点项目包括旅游综合服务中心 1 项。

三湾片区：近期重点项目包括国际酒店、慢生活街区、文创水街 3 项；中期重点项目包括文艺街区、国际剧场 2 项。

邵伯片区：近期重点项目包括邵伯湖旅游度假区、邵伯文化旅游风情街 2 项；中期重点项目包括运河主题酒店、禅修主题酒店、邵伯船舶文化体验 3 项。

湾头片区：近期重点项目包括艺术主题酒店 1 项；中期重点项目包括艺术创意集市、WTA 时尚艺术区 2 项。

学院片区：近期重点项目包括禅文化特色街 1 项。

3）生态示范类工程共 19 项。

古城片区：中期重点项目包括琼花公园 1 项。

瓜洲片区：近期重点项目包括古渡公园提升、印象瓜洲创意园 2 项；远期重点项目包括湿地科普展示园、滨江风光带 2 项。

三湾片区：近期重点项目包括运河疏浚维护、生态湿地保护、扬农工业用地修复 3 项；中期重点项目包括三湾六景、扬农工业遗址景观公园、水上秀场、湿地科普展示馆 4 项。

湾头片区：近期重点项目包括廖家沟滨河公园 1 项。

学院片区：近期重点项目包括禅乐园、凤栖湖公园、运河风光带、普同塔院 4 项；中期重点项目包括扬子津生态公园 1 项；远期重点项目包括禅宗园林 1 项。

4）社会主义现代化示范类工程共 21 项。

古城片区：近期重点项目包印象扬州、市民舞台、东关古渡口交通改造 3 项；远期重点项目包括品质居住 1 项。

瓜洲片区：中期重点项目包括古镇社区更新、镇区公共服务中心、运河精品商业街 3 项；远期重点项目包括国际商旅康养中心、古镇生态社区 2 项。

三湾片区：中期重点项目包括商办街区 1 项；远期重点项目包括居住配套、中小学公共服务配套、公园绿地配套、商业配套 4 项。

学院片区：近期重点项目包括国际佛学交流中心 1 项；中期重点项目包括高等教育校区扩建、国际社区、科文交流服务中心 3 项；远期重点项目包括禅修康养中心、艺术学院、艺术文化交流中心 3 项。

2. 城市文旅营销

规划秉承“迈向国际化、承接传统化、突出本土化”的城市营销原则，采用“通史式、全景式”手法讲好扬州和大运河故事。

（1）营销品牌与口号

从国家文化公园角度出发，联动长城整体策划营销，使长城和大运河成为中华传统文化象征的“一撇一捺”。与“不到长城非好汉，万里长城永不倒”的口号对应，提出大运河的营销口号为“不游运河真遗憾，千里运河永传承”。在总体营销口号的基础上，将扬州与运河 IP 进行关联，确定扬州品牌为“世界运河文化之都：世界运河典范，中华文明先锋”，提出“来扬州，遇见最美运河”“扬州，最美的运河之城”“扬州，一座体验运河的魅力之城”“来扬州，寻觅运河之源，感受魅力之都”等一系列营销口号。

（2）营销路径与策略

规划通过三大策略推动整体品牌营销。

其一，通过策划国际文化交流、运河联盟发展、顶级烹饪比拼、体育赛事对抗等四大事件，提升扬州大运河的国际影响力。

国际对话——作为世界运河典范，中华文明先锋，扬州肩负着中华文明与世界文明交流对话的国家责任，以运河为媒介，以文化为灵魂，建立国际对话永久会址，与世界文明对话。

运河联盟——以运河为纽带，促进运河城市间经济文化交流，共享发展经验，推动互利合作，促进运河城市共同发展和繁荣。扬州不仅在运河联盟中应成为中坚力量，更应为联盟的进一步发展壮大而承担更多责任。

烹饪比拼——扬州的淮扬菜名扬天下，在扬州举办顶级的烹饪世界大赛，不仅使淮扬厨师有机会与世界各地名厨切磋，同时也使淮扬菜的知名度进一步提升。

赛事对抗——通过龙舟赛、马拉松和自行车赛的举办，既是对中华传统文化的传承，同时又可以通过世界大赛，提升扬州的知名度，将中国传统文化传播到全世界。

其二，挖掘大运河的“幕后英雄”，招募扬州大运河的“形象大使”。

规划建议幕后英雄以“运河三老”为主，包括中国当代铜建筑之父——朱炳仁、中国古建筑学家——罗哲文、古建筑保护专家——郑孝燮。2005 年 12 月，运河三老起草了《关于加快京杭大运河遗产保护和“申遗”工作的信》，揭开了大运河申遗之序幕，随即，由国家文物局牵头，联合运河沿线 35 个城市共同参与全国大运河资源调查工作。运河三老是大运河申遗真正的幕后英雄。

形象大使则可以结合热门综艺与明星代言。联动国内热播的真人秀、亲子类节目，以新媒体方式为大运河推广造势；积极与国内各大卫视、网络名人、热播剧场、户外节目、明星名人合作，提供场地和赞助，扩大扬州大运河的知名度和影响力。

其三，以三大主题进行艺术创作，融合多元产品，推出扬州运河特色产品。规划引入教育、文创、艺术三大主题，教育主题通过动画片制作、教育产品系列、故事创作、书籍创作等方式吸引少年儿童；文创主题通过推出主题T恤、化妆品、纪念品等吸引青年群体；艺术主题通过舞台剧、影视剧、话剧、歌曲等方式吸引普罗大众。三管齐下，共同促进大运河扬州段知名度提升。

在营销策略基础上，规划整合推出盐漕文化、创意文化、休闲文化三条营销路径，通过多样文化景观资源串联多类文化线路，增强城市文化体验和文化可读性，组织可识、可赏的文化路径。

3. 创新组织机制

组织机制是推动规划顺利实施不可缺少的保障，重点从协调机制、组织制度、配套保障三个方面入手。

（1）建立健全协调机制

协调机制重在以人民政府为核心，充分调动主观能动性。

向上承接国家、区域的统筹安排，一方面，与文旅部、国家文物局、教育部等部门对接，推动大运河文化旅游带及国家公园、大运河遗产保护管理办公室、文化高地及人才培养高地等机构建设，与长城、长征文化公园积极互动，发挥联动优势。另一方面，与沿线区域进行统筹协调，通过共建共享机制推动生态运河、协同监测体系、基础设施配套及联合执法机制的建设。建立协同合作机制，充分发挥现有组织平台优势，支持 WCCO 及大运河文化带建设研究院进一步发展；积极构建各行业统计管理系统与平台，加快接入国家统一的数据共享交换平台。

向下协调各部门的工作重点，明确大运河保护传承利用的重大项目与重点工程，落实文化遗产保护、河道水系治理、绿色航运转型、生态环境修复、文化旅游发展及水资源管理六大方面的部门工作职责，切实推动扬州大运河的保护传承与利用的相关工作。

（2）强化组织制度保障

1）加强党的领导

扬州各级党委和政府应高度重视大运河文化带的重大意义和长远价值，切实保护好、传承好、利用好大运河文化。

充分发挥党领导全局、协调各方的作用，不断加强党的基层组织建设，把基层党组织建设成为推动大运河文化保护传承利用的坚强战斗堡垒。增强“四个意识”，坚定“四个自信”，将党的政治建设摆在首位，用习近平新时代中国特色社会主义思想指导实践、推动工作。

2）做好组织实施

为建立扬州大运河文化保护传承利用工作协调机制，各相关部门需加快制定遗产保护传承、水系治理管护、文旅融合发展等专项规划。

扬州市各部门应切实承担主体责任，精准把握方向定位，健全工作体制机制。创新工作思路方法，整合优化资源，扎实推进各项任务落到实处。加强规划协调，与国土空间规划、市县发展规划精准衔接，健全相关技术标准。

3）完善政策措施

扬州市政府应统筹现有资金渠道，大力支持大运河相关重大任务和重点项目。相关部门应按照职能分工，统筹自有财力与政府补助资金，确保重大任务落实。加强地方政府债务管理和金融监管，防止新增地方政府债务，注重防范重大风险。深化投融资体制改革，持续推进简政放权，推动文化等相关领域制定出台跨部门全流程综合审批指引。

4）健全法律保障

加快推动扬州市大运河保护条例的出台，落实建设项目遗产影响评估和遗产监测巡视制度。严格执行文物保护法、无形文化遗产法、水污染防治法等法律，规范和约束大运河文化保护传承利用相关行为。

5）抓好督察评估

扬州大运河文化保护传承利用工作协调机制应定期开展重大事项工程跟踪评估，及时总结。建立健全扬州市监督检查工作机制，定期开展自查，及时反映重大进展、问题和意见建议。适时对实施情况进行中期评估，重点评估在文化遗产保护、生态环境保护修复、文化和旅游融合发展等方面的工作进展并提出调整意见，规划实施期满需开展终期评估。

（3）完善配套保障机制

配套保障机制从搭建宣传平台、组建研究机构、强化人才队伍、完善资金保障、鼓励社会参与和构建时空大数据平台六个方面出发。

1）搭建宣传平台

以电视媒体、网络媒体、手机 App、城市发展论坛、赛事、会展活动等为主，旨在通过现代化新媒体方式提升大运河宣传普及程度。

2）组建研究机构

推动大运河遗产保护管理办公室实体化，切实履行大运河遗产保护职责，成立扬州大运河研究会，将其作为扬州大运河文化带建设高层次决策咨询机构；依托 WCCO 平台，建立新的国际合作平台，加强与外国政府、跨国企业交流，定期组织世界文明对话论坛，推进跨领域合作研究，掌握学术研究阵地，强化大运河文化旅游的国际合作；强化与世界其他主要运河相关管理机构和平台的交流，建立各类专业人才定期交流互访机制，强化与国际组织的合作，积极争取联合国教科文组织等世界遗产保护研究机构二类中心落位扬州。

3）强化人才队伍

综合协调高端智库、专家队伍及人才引进。加强与国内外各大高校、相关研究组织的交流联系，建立中国大运河院士专家工作站、省级以上学会服务站，加强各类院士专家的柔性引进力度，组建扬州大运河文化保护传承利用高端智库，充分发挥原点城市智力优势。出台中国大运河人才引进“百人计划”“精英计划”“人才绿卡”等制度，推动出台具体的高端人才引进新政，明确人才待遇，加强高端人才、紧缺人才、领军人才引入力度，完善专家队伍。强化人才培养引进，加快一流大学及一流学科建设，推动区域人才培育合作机制，不断深化产教融合、校企合作，利用职业院校和公共实训基地等为大运河沿线区域培养高水平专业化人才，健全人才柔性流动机制，完善人才服务体系，完善相关配套措施，重点吸引文化传承、旅游发展、生态保护等多方面人才。

4）完善资金保障

建立政府专项资金、企业投资平台、社会资本共建三位一体的运行方式。政府层面，设立东亚文化之都建设专项资金，设立大运河文化旅游带建设专项资金，协调各部门财政预算，优先保障大运河发展建设。企业层面，通过运河之帆基金公司、WCCO 等平台积极吸引投融资，采用多元化投融资模式，例如 PPP 综合开发项目，区域发展基金模式（GP+LP）、产业发展联盟模式等，支撑大运河建设。社会层面，落实国家经济产业“双创”发展的相关要求，搭建大学生创业服务平台、中小企业扶持平台以及创意孵化平台等，为各类民间力量提供全方位的支撑服务，动员民间力量参与大运河建设，依法依规推动政府与社会资本合作。

5）鼓励社会参与

建立健全社会力量参与大运河保护传承利用长效机制，发挥企业、基金会、社区组织等的积极作用，鼓励和引导社会资本通过兴办实体、资助项目、提供服务、捐赠物资等方式参与大运河文化保护传承利用。加强社会组织建设，发挥社会组织沟通政府部门、市场主体、社会大众的重要作用，依托大专院校、社会组织、企业等搭建志愿服务平台，组建常态化、机制化、多样化的志愿者队伍。完善信息公开制度、举报制度和权利保障机制，搭建公众参与平台，保障公众知情权与监督权。

6）构建时空大数据平台

规划建议可依托清华同衡“规划 + 大数据 + 信息化”的跨界优势，以及顶层设计、平台构建、辅助政府科学决策管理等一系列工作实践，建立基于大运河的扬州时空大数据平台，即 CIM 城市三维智慧信息平台。该平台通过全息数据关联集成，实现二、三维数据无缝同步联动与全天候 24 小时的数据集成。三维闭环的精细管控可以实现实时动态更新与全方位的体检评估，强化刚性管控，落实弹性引导。在此基础上，可以通过更多元交互的动态展示，为政府管理监测及公众互动监督等工作提供便利。

参考文献

[1] 崔连仲 . 世界通史（古代卷）[M]. 北京：人民出版社，1997.

[2] 张翠英 . 大运河文化 [M]. 北京：首都经济贸易大学出版社，2019.

[3] Nomination of the RIDEAU CANCAL.by the Government of Canada，2006 for inscription on the World Heritage List

[4] https: //wenku.baidu.com/view/4511c8303968011ca3009126.html

[5] http: //www.360doc.com/content/10/1217/20/4551898_79088920.shtml

[6] https: //www.sohu.com/a/363385599_700298

[7] [美] 陆威仪 . 哈佛中国史 · 挣扎的帝国 元与明 [M]. 北京：中信出版社，2018.

[8] [美] 陆威仪 . 哈佛中国史 · 分裂的帝国 唐朝 [M]. 北京：中信出版社，2018.

[9] [美] 陆威仪 . 哈佛中国史 · 分裂的帝国 清朝 [M]. 北京：中信出版社，2018.

[10] [美] 陆威仪 . 哈佛中国史 · 分裂的帝国 南北朝 [M]. 北京：中信出版社，2018.

[11] https: //z.hangzhou.com.cn/2019/yzwmdhdh/content/content_7193203.htm

[12] http: //www.qstheory.cn/zhuanqu/bkjx/2018-12/19/c_1123876088.htm

[13] http: //cn.chinagate.cn/news/2019-05/14/content_74782823.htm

[14] http: //gjzx.jschina.com.cn/TodayJiangsu/201909/t20190928_6350974.shtml

[15] https: //baijiahao.baidu.com/s?id=1653856197744386548&wfr=spider&for=pc

[16] 刘涛，钱钰，苏佳 . 从文明大动脉到国家治理的文化高地——对大运河文化带功能定位与空间布局的思考 [J]. 中原文化研究，2019，7(2): 105 ～ 111.

[17] https: //theory.gmw.cn/2019-11/21/content_33337546.htm

[18] 王伟光 . 努力推进国家治理体系和治理能力现代化 [J]. 求是，2014 (12): 5 ～ 9.

[19] https: //baijiahao.baidu.com/s?id=1678988887816212547&wfr=spider&for=pc

[20] http: //fangtan.china.com.cn/zhuanti/2019-12/31/content_75056764.html

[21] http: //www.qunzh.com/jdfc/qzgzyjjd/jdcg/201805/t20180515_39303.html

[22] 黄杰 . 建设大运河文化带的历史价值、时代意义与可借鉴的国际经验 [J]. 大运河印记，2019.2：67-70.

[23] https: //www.sohu.com/a/404004559_782050

[24] 黄杰 . 协同推进长三角一体化与大运河文化带建设 . 光明日报 2019 年 12 月 16 日 16 版 https://m.gmw.cn/baijia/2019-12/16/33402894.html

[25] 《国家“十三五”时期文化发展改革规划纲要》国务院新闻办公室网站 www.scio.gov.cn 2017-05-08，来源：新华社

[26] 《长城、大运河、长征国家文化公园建设方案》国务院新闻办公室网站 www.scio.gov.cn 2019-07-

24，来源：新华社

[27] http: //toptour.cn/tabid/2019/InfoID/272252/frtid/2006/Default.aspx

[28] 王健，王明德，孙煜．大运河国家文化公园建设的理论与实践[J].江南大学学报（人文社会科学版），2019（5）

[29] 孙杰．大运河精神是大运河文化的集中体现——大运河精神的时代价值[N].北京日报，2019，(014): 1—2.

[30] 姜师立．论大运河文化带建设的意义、构想与路径[J].中国名城，2017 (10): 92～96.

[31] 张秉政，《运河·中国》，北京时代华文书局，第29页

[32] http: //www.ihchina.cn/project

[33] 国家发展改革委负责人就《大运河文化保护传承利用规划纲要》答记者问，2019-12-31 来源：新华社 http://fangtan.china.com.cn/zhuanti/2019-12/31/content_75056760.html

[34] 《实施《世界遗产公约》的操作指南》（2021版），参见：45段、77段～89段

[35] http: //whc.unesco.org/en/guidelineshistorical

[36] 马炳坚．《威尼斯宪章》与中国的文物古建筑保护修缮[C].// 中国紫禁城学会．中国紫禁城学会论文集(第六辑 上).2007.

[37] 陈怡．大运河作为文化线路的认识与分析[J].东南文化，2010(01): 13～17.

[38] 联合国教科文组织世界遗产中心网站 https://whc.unesco.org/en/list/

[39] ICOMOS，TICCIH.The International Canal Monuments List，1996.

[40] 大运河、丝绸之路列入《世界遗产名录》，国家文物局网站，http: //www. sach.gov.cn/art/2014/6/22/art_722_92137.html，2014年6月22日

[41] 田德新．世界遗产运河文化保护传承利用的立法经验与借鉴[J].中国名城.2019(7): 4-12

[42] 张峰．大运河文化遗产保护利用传承的历史考察（2006～2017）[J].农业考古，2018(4): 237～244

[43] 刘庆余．国外著名运河遗产保护与利用经验借鉴[J].运河学研究，2018(02): 183～195.

[44] 姜师立，文啸．大运河扬州段遗产展示利用的实践与思考[J].中国文物报，2015 (008): 1～3.

[45] http: //www.yangzhou.gov.cn/xxgk_info/yz_xxgk/xxgk_desc_bm.jsp?manuscriptid=76afb39ae34f475fbba85f769d5070a3

[46] 束有春．"中国大运河"申遗中的古邗沟与太伯渎问题[J].江苏地方志，2020（2）.

[47] 苏伊士运河的地理优势有哪些，其效益为什么那么高，2021-01-16 13:16:47 来源：体育资讯观察 https://www.163.com/dy/article/G0FEC2710527N9JM.html

[48] 大运河保护和申遗2012-2013年行动计划 百度文库 https://wenku.baidu.com/view/6ea13a4ea78da0116c175f0e7cd184254a351b73.html?_wkts_=1670235466742&bdQuery=%E5%A4%A7%E8%BF%90%E6%B2%B3%E4%BF%9D%E6%8A%A4%E5%92%8C%E7%94%B3%E9%81%972012-2013%E5%B9%B4%E8%A1%8C%E5%8A%A8%E8%AE%A1%E5%88%92

后　记

非常荣幸，我们在 2019 年承接了大运河扬州段保护与发展的相关规划，在尹稚老师指导下，项目组集中了众多力量，采用集团会战的方式，历时近一年，冒酷暑严寒，详细调研，深入研究，从中华文明发展的高度，深刻理解国家申报大运河世界文化遗产和建设大运河国家文化公园的精神内涵，秉承“文明因交流而多彩，文明因互鉴而丰富”思想理念，强化中华文明在中华民族内的传承、在世界范围内的传播，大运河文化精神在扬州空间上的落地。该规划得到了地方政府高度认可，还获得了 2021 年度北京市规划设计二等奖。

规划项目的主题思想是由我提出核心观点、规划目标与立意、主要规划方向等主干内容，项目主要由马双全组织领导，具体规划设计编制由王佳总负责。项目组成员有邱晓翔、林凯旋、狄文莉、王凯、郭永成、柳青、高浥尘、曹彦斌、李晓晨、屠黄桔、董燕楠、柏林、杨祝鹏、施刚、张春叶、许涛和王倩。扬州市自然资源和规划局裴东伟副局长、扬州市规划编研中心蒋献忠在规划编制过程中也参与了大量工作，提出了具体修改意见，在此表示衷心感谢！编写整理成书主要是由王佳和狄文莉、柳青完成，我的研究生金费婷参与了部分工作，马双全进行了校核，最后由我统稿。

感谢同济大学出版社陈立群先生，他一丝不苟的专业精神和无私奉献值得敬仰。

要特别感谢清华大学尹稚教授对项目的悉心指导，为我们开拓了思路，坚定了信心，热心为本书作序并题字，尹老师“行稳致远、家国天下”的情怀和严谨治学的态度始终激励着我们，坚持把具体工作与理论研究相结合，不断追求卓越。

相秉军

2022.9.27